Como Planejar e Executar uma
CAMPANHA DE PROPAGANDA

MARCELO ABILIO PÚBLIO

Como Planejar e Executar uma
CAMPANHA DE
PROPAGANDA

2ª Edição

SÃO PAULO
EDITORA ATLAS S.A. – 2013

© 2008 by Editora Atlas S.A.

1. ed. 2008; 2. ed. 2013

Capa: Leandro Guerra
Composição: Formato Serviços de Editoração Ltda.

Dados Internacionais de Catalogação na Publicação (CIP)
(Câmara Brasileira do Livro, SP, Brasil)

Públio, Marcelo Abilio
Como planejar e executar uma campanha de propaganda /
Marcelo Abilio Públio. 2. ed. São Paulo: Atlas, 2013.

Bibliografia.
ISBN 978-85-224-7466-0

1. Comunicação 2. Marketing 3. Propaganda – Manuais, guias etc.
4. Propaganda – Planejamento 5. Publicidade – Planejamento I. Título.

08-00861
CDD-659.111

Índice para catálogo sistemático:

1. Campanha de propaganda : Planejamento : Administração de
empresas 659.111

TODOS OS DIREITOS RESERVADOS – É proibida a reprodução total
ou parcial, de qualquer forma ou por qualquer meio. A violação dos
direitos de autor (Lei nº 9.610/98) é crime estabelecido pelo artigo 184
do Código Penal.

Depósito legal na Biblioteca Nacional conforme Lei nº 10.994,
de 14 de dezembro de 2004.

Impresso no Brasil/*Printed in Brazil*

Editora Atlas S.A.
Rua Conselheiro Nébias, 1384
Campos Elísios
01203 904 São Paulo SP
011 3357 9144
atlas.com.br

À Mariana e ao Gabriel.

O que vale é a intenção da Joaninha.

Sumário

Prefácio, xiii

Apresentação, xv

Introdução, 1

PARTE I – Preliminares, 5

A Modelo de Sumário, 7

B Diagnóstico da Situação do Anunciante, 16

C Estilo de Texto, 26

D Tudo Começa no *Briefing*, 33

PARTE 2 – Análise da Situação de Mercado, 45

I Por que Começar com uma Introdução, 49

2 Ambiente Externo, 53

2.1 Macroambiente, 55

2.1.1 Ambiente físico, geográfico e natural, 59

COMO PLANEJAR E EXECUTAR UMA CAMPANHA DE PROPAGANDA · PÚBLIO

2.1.2   Ambiente demográfico, 60

2.1.3   Ambiente político, 61

2.1.4   Ambiente econômico, 62

2.1.5   Ambiente legislativo, 64

2.1.6   Ambiente tecnológico, 65

2.1.7   Ambiente cultural, 67

2.1.8   Ambiente social, 67

2.1.9   Abordagem de outros assuntos relacionados ao tema, 68

2.2   Mercado-alvo da organização, 70

2.2.1   Descrição dos resultados de uma pesquisa, 75

2.3   Microambiente, 83

2.3.1   Análise dos fornecedores e distribuidores, 88

2.3.1.1   Fornecedores, 89

2.3.1.2   Distribuidores, 89

2.3.2   Análise das organizações congêneres, 94

2.3.3   Análise dos demais públicos estratégicos, 100

3   Ambiente Interno, 103

4   Análise *Swot*, 108

5   Interpretação do Diagnóstico, 117

PARTE 3 – O Plano de Comunicação de Marketing, 121

6   Missão, Visão e Valores da Organização, 129

7   Objetivos e Estratégias de Marketing, 138

8   Objetivos e Estratégias de Comunicação, 146

8.1   Problema de comunicação, 148

8.2   Objetivo de comunicação, 149

8.3   Descrição do público-alvo da comunicação, 150

8.4   Estratégias de comunicação, 151

8.5   Ações de comunicação, 157

9   Posicionamento: o que Comunicar, 163

SUMÁRIO XI

10 Criação: como Comunicar, 173

11 Meios Planejados para a Difusão da Comunicação, 185

12 Verba do Cliente e Orçamento da Campanha, 204

13 Viabilidade Econômica, 217

14 Cronograma de Ações e Métodos de Avaliação e Controle, 223

Extras: Dicas e Lembretes, 233

EXTRA 1   Como montar um projeto de pesquisa em fontes primárias?, 233

EXTRA 2   Por que fazer citações e qual é a função do referencial teórico?, 257

EXTRA 3   Onde colocar os livros e textos importantes que não foram citados?, 258

EXTRA 4   Qual é a diferença entre apêndice e anexo?, 258

EXTRA 5   Coloque a programação completa de mídia no apêndice, 259

EXTRA 6   Onde colocar as pesquisas úteis que foram feitas por outros?, 260

EXTRA 7   Onde colocar os orçamentos enviados pelos fornecedores?, 260

EXTRA 8   *Links* interessantes, 261

Bibliografia, 265

PREFÁCIO

Após a leitura do livro, fiquei lembrando como é mágico para um publicitário viver o sentimento de concluir um trabalho bem-feito, que esse meu ex-aluno deve estar sentindo. Parabéns, Marcelo, valeu. Folheio o volume e meu pensamento vai além, dizendo que Propaganda é uma verdadeira cachaça para quem a pratica, é uma atividade que arrebata por muitas razões, sendo uma delas esta: abrir portas aos que desejam entrar no seu mundo, o que faz este livro.

Em seguida, pensando como ele pode ser útil na carreira de um sem-número de leitores, vem-me a pergunta: por que tantos jovens continuam cada vez mais atraídos pela atividade de fazer anúncios? Por quê? Arrisco dizer que há uma razão profunda, e a coloco para os leitores de Públio pensarem. Trata-se da realização pessoal que os estudantes pressentem haver dentro do mundo da criação de campanhas de propaganda.

Isso é bem justificado por uma citação que muitas vezes levei às classes de aula – uma colocação de Erich Fromm, filósofo da geração passada, que indiretamente comentou o que faz o publicitário, ao dizer mais ou menos o seguinte: "o homem quando cria encontra a si próprio, depois encontra o mundo, e finalmente encontra a Deus". Para mim, isso é uma forma que eu encontrara para explicar por que propaganda não era uma atividade como outras, mas uma fonte de grandes emoções. Contudo, sempre acrescentava, tudo não é simples e automático. A realização do profissional de propaganda vem não só da vontade e do talento, mas da aplicação, do esforço, com uma decorrente consistência profissional.

Vencem os que não ficam na área do "achômetro", o que eu metaforizava aos estudantes como um balão tripulado, que voava bem porque tinha um equilíbrio certo entre o gás e o lastro. Na metáfora, o gás era o talento da pessoa criativa, e o lastro era a sua base técnica, sua capacidade de planejar os caminhos a seguir. Com apenas gás, sem lastro, o balão se perde no voo, vai para os céus ilusórios dos enganadores. Então, este livro, ao dar caminhos preciosos para planejar e executar, fornece ao estudante o lastro para encaminhar-se na carreira de publicitário, na direção do sucesso.

Planejar é o primeiro passo, pois, se as grandes campanhas são resultantes de ideias originais, de ideias de quem "chutou o pau da barraca", eu repito aqui, finalizando, o que sempre disse ao aprendiz: para se chutar o pau da barraca com resultados, e não apenas machucar o pé no espeque, precisa-se saber onde ele está, e, para isso, você tem antes de aprender a fazer a barraca. Assim, para viver a alegria de uma campanha vitoriosa, é antes saber planejar.

São Paulo, fevereiro de 2008.

José Predebon

APRESENTAÇÃO

A Propaganda, durante muito tempo, foi considerada a ferramenta mais importante da Comunicação de Marketing. Entretanto, nos últimos anos, os demais elementos da Comunicação Integrada passaram a tomar posições importantes no *mix* de comunicação. Com isso a Propaganda se viu obrigada a transformar-se para não perder sua importância.

Hoje a posição da Propaganda mudou bastante em relação à Comunicação Integrada de Marketing. Outras ferramentas cresceram muito e para que sejam eficientes todas devem ser usadas em conjunto.

O livro *Como planejar e executar uma campanha de propaganda* indica passo a passo como desenvolver um planejamento estratégico de comunicação com o uso das ferramentas da Comunicação Integrada de Marketing com ênfase na Propaganda. O objetivo do livro é orientar todo tipo de organização a investir em comunicação para atingir seus resultados.

Este livro é dedicado àqueles que buscam um roteiro lógico e estruturado para o desenvolvimento de um planejamento estratégico de comunicação. A ideia surgiu da necessidade de unificar o discurso entre professores e consultores de comunicação além de alinhar os objetivos de um projeto experimental nos cursos de Comunicação Social. Além disso, o livro pretende estreitar a relação entre a teoria e a prática no desenvolvimento de projetos de comunicação.

Ele é destinado tanto a professores e estudantes como a profissionais de comunicação, propaganda e marketing que querem ampliar seus conhecimentos ou buscam um modelo conciso de planejamento estratégico, desde a análise do ambiente mercadológico até a criação das mensagens e definição dos veículos de comunicação.

Com uma linguagem prática e dinâmica repleta de exemplos e gráficos, o livro visa figurar como livro-texto nas disciplinas voltadas ao planejamento estratégico de comunicação e projetos experimentais de conclusão de curso. Além disso, visa desenvolver uma estrutura de planejamento acessível à maioria das empresas de pequeno e médio porte que pretendem desenvolver projetos de Comunicação Integrada de Marketing. O livro dedica também uma atenção especial às organizações da sociedade civil sem fins lucrativos que precisam desenvolver projetos de comunicação concisos e viáveis.

O intuito é adaptar e padronizar o modelo acadêmico de planejamento para servir como base para o desenvolvimento de projetos de comunicação, não só acadêmicos como também profissionais.

O livro é dividido em quatro partes. A primeira parte apresenta como deve ser a coleta de dados junto ao cliente, como deve ser a estrutura básica do projeto e a linguagem a ser utilizada. A segunda parte trata do diagnóstico da organização. Com isso, apresenta um modelo de análise do ambiente da organização e culmina com uma ferramenta muito usada em projetos que buscam identificar exatamente onde encontra-se a organização: a análise *Swot*. A terceira parte do livro dedica-se ao plano de comunicação propriamente dito. Nele é indicado como definir objetivos e estratégias mercadológicas e de comunicação. Nessa parte há também um capítulo sobre as principais ferramentas da Comunicação Integrada de Marketing, além da sugestão de etapas para construção de uma campanha de comunicação, como criação, mídia e orçamentos. Há também um capítulo dedicado à verificação de resultados, muito negligenciada na maioria dos projetos.

A quarta parte do livro corresponde às dicas extras que explicam a função dos elementos teóricos de um projeto, pois estes não entram no corpo do mesmo, mas o permeiam o tempo todo. Nesta parte há um modelo de projeto de pesquisa para coleta de dados em fontes primárias e indicações de fontes secundárias para coleta de dados.

O livro propõe o desenvolvimento de um projeto de comunicação de uma forma muito séria e científica. O fato de usar constantemente o humor para envolvimento do público não significa que a propaganda seja uma piada; pelo contrário, ela deve ser feita de uma maneira bastante profissional, cujo projeto deve ser montado de forma convincente e passível de comprovação científica sem, no entanto, ser demasiadamente formal. Muitas vezes um planejamento de comunicação convincente e bem estruturado vale mais – e traz melhores resultados – do que uma campanha engraçada.

Espero que o livro ajude no seu projeto experimental ou no seu próximo planejamento de comunicação de marketing.

Boa leitura.

O Autor

AGRADECIMENTOS

Senti na pele o que alguns autores dizem: "um livro é antes de tudo um projeto pessoal e intransferível". Mas ele não é só pessoal, acaba por envolver muitas pessoas. Tempo é uma questão de escolha, alguns escolhem viajar mais, outros escolhem escrever.

Meus agradecimentos são dedicados aos mestres de minha vida. Em primeiro lugar a Deus, que ensina através dos anos os valores da boa conduta. Em seguida aos principais mestres de minha vida, meu pai e minha mãe. A meu pai que me ensinou através de bons exemplos como ser um grande homem. Agradeço por ter lido todo material, mesmo sem conhecer o assunto em profundidade, e apontar página por página as milhares de dúvidas que surgiram. À minha mãe pelo apoio constante ao telefone, sempre preocupada com minha voz e se eu estava me alimentando direito.

Agradeço também aos novos mestres de minha vida, Ana Paula, minha esposa, que ensinou a importância de fazer só o que gosto, e aturou meu mau humor e minha ansiedade durante a preparação do texto. Aguentou firme nas madrugadas cuidando dos nenéns e me deu todo apoio necessário para escrever o livro. Aos aprendizes Mariana e Gabriel, que em breve se tornarão mestres. À minha sogra Bete, sempre presente nas discussões eufóricas sobre aprendizado, a meu sogro Chaker, pelos momentos de lazer. A meus irmãos Geórgia e Rafael, pelas dicas, parábolas e contatos, e aos novos irmãos Neto, pelo raciocínio estratégico, e Renato, pelas aulas sobre o corpo humano.

Aos mestres: Predebon, pelas dicas de criatividade no DCA (Departamento de Criatividade Aplicada) e pelo apoio com o livro, ao Gracioso, Garcia, Correa, Marcos Vinícius, Chamie, Lula, Nilson, Ramon, Gabriel, Maurício e Armando, por terem me ensinado o que sei, e aos companheiros Maria Paula, Mônica Fort, Quei-la, Haroldo, Marcos José, Gil Vaz, Graciela, Joaquin, Miriam, Maria Teresa, Jorge, Edi, Fernanda, Alex, Zanei, Luiz Afonso, Alessandro, Denise, Maria Regina, Nilma, Rosita, Leomar, Kaseker, Su, Cris, Lydio, Edu, Camilo, Florence, Cleusa, Ivana, Marjorie, Patrícia, Belao, Luciano, Marcinha e tantos outros que seria necessário abrir um novo capítulo do livro. Agradeço também aos alunos e companheiros que contribuíram com as dúvidas, críticas e os detalhes importantes.

Agradeço também ao Gullo e à Editora Atlas, sem os quais este material não chegaria às mãos de todos.

Muito obrigado.

INTRODUÇÃO

Desenvolver um projeto de comunicação em marketing não é uma tarefa simples como muitos pensam, exige um referencial teórico que passa por diversas áreas do conhecimento.

Uma das principais áreas da comunicação em marketing – a propaganda – é por si só uma área extensa, já que deriva da interseção entre a comunicação, as artes e um braço ainda pouco compreendido da administração: o marketing.

Encontrar livros sobre comunicação ou sobre propaganda no Brasil é uma atividade complicada, pois não há muito material de qualidade publicado nesta área. Os livros que se encontram no mercado, geralmente, estão misturados com livros de administração ou de planejamento estratégico, uma vez que quase todo mundo confunde propaganda com marketing. Pode-se encontrar também literatura sobre propaganda em prateleiras de arte ou *design*, pois são áreas que funcionam como ferramentas para a mesma.

Dificilmente encontra-se em uma *megastore* uma prateleira dedicada exclusivamente à propaganda, exatamente porque esta área do conhecimento, em sua essência, toma de empréstimo informações das mais variadas disciplinas que compõem o conhecimento humano.

Como se não bastasse, o termo *propaganda* está ganhando novas responsabilidades, por isso em muitos casos é substituída pelo termo *comunicação em marketing*, ou *comunicação integrada de marketing*.

A multidisciplinaridade que compõe a comunicação de marketing, apesar de bastante fértil, lhe é prejudicial, pois abre brechas a interpretações errôneas e por vezes até sem nenhum fundamento científico, que podem lhe dar um ar de picaretagem, ou charlatanismo. Esse fato faz com que sua imagem, e consequentemente a imagem do profissional dessa área, chegue até o mercado de forma distorcida, fazendo parecer que é pouco sério.

Esta impressão também corre entre clientes e potenciais clientes, principalmente aqueles que já foram atendidos por profissionais pouco capacitados e que carecem da visão abrangente que este campo de conhecimento necessita. Parte da culpa pela má qualificação profissional é da própria academia que é pouco exigente com relação a seus alunos, mas, por outro lado, grande parte da culpa é dos próprios acadêmicos que não dão a devida importância ao cientificismo da matéria.

Outra parte da culpa fica com os próprios anunciantes que exigem pouco dos profissionais de comunicação com relação à seriedade da análise de seu diagnóstico, utilizando-a apenas para suprir problemas emergenciais – apagar incêndios – e não utilizam a comunicação como ferramenta estratégica. Nesse aspecto a comunicação perde sua característica básica e fica relegada a uma tática elaborada displicentemente por baixos escalões da hierarquia organizacional.

Numa conversa informal com um executivo de uma montadora de caminhões ele me confessou que existe uma carência de profissionais qualificados à comunicação dentro das empresas para as quais ele trabalhou. Isso não é uma observação exclusiva dele, muitos outros profissionais reclamam da qualificação do profissional de comunicação dentro das próprias organizações, eis aí um nicho interessante para trabalhar. A falta de qualificação do profissional de comunicação prejudica enormemente a relação agência de comunicação-anunciante, pois cria uma dificuldade do desenvolvimento de um planejamento estratégico, uma vez que os pontos de vista e as linguagens tornam-se completamente divergentes.

Na experiência como professor orientador de projetos de conclusão de cursos nas áreas de Publicidade de Propaganda, Marketing, Relações Públicas e Jornalismo – os famosos TCCs – percebe-se que, apesar de ter caminhado bastante em direção ao profissionalismo, a academia ainda carece de um modelo teórico conciso que ao mesmo tempo aborde as áreas do conhecimento necessárias e demonstre cientificismo e profissionalismo.

Esta é uma tarefa complicada, pois a academia exige um formalismo teórico que chega a ser cansativo para o mercado e para os alunos; por outro lado, o mercado trabalha com uma linguagem demasiadamente informal que negligencia bases teóricas importantes para a seriedade do trabalho.

Numa analogia simples, suponha que determinado cliente procurou um profissional de criação visual para desenvolver sua nova marca. O profissional passou alguns dias – ou meses – pesquisando qual deveria ser a cor e a forma mais apropriada para aquele trabalho. Na apresentação do material, a escolha da cor é questionadas, não segundo autores que tenham pesquisado sobre o assunto, mas segundo as pessoas ao redor, que provavelmente são leigas no assunto. Por outro lado, dificilmente um cálculo de um material para projetos de engenharia da área de pesquisa e desenvolvimento da empresa (P&D) seria questionado por "pessoas comuns", esse tipo de projeto exigiria um time de profissionais qualificados para ser analisado segundo pesquisas e teorias da área. Dessa forma, parece que um projeto de engenharia é mais profissional que um projeto de comunicação, o que não é verdade, pois ambas as áreas exigem conhecimentos específicos. Infelizmente, ainda há muitos projetos de comunicação desenvolvidos sem bases teóricas e isso abre margem para conclusões equivocadas.

O intuito deste livro é adaptar o modelo acadêmico de planejamento de comunicação de marketing com a finalidade de servir como base para desenvolvimentos de projetos não só acadêmicos como, também, profissionais.

Não existe uma receita capaz de se adaptar a todos os problemas de comunicação a serem resolvidos, cada caso possui suas particularidades. O modelo de planejamento deve ser utilizado como "uma partitura de aprendizado de música".[1] Para tocar bem um instrumento, você deve exercitar exaustivamente a partitura até que ela passe a se tornar um modelo mental, a partir daí você passa a tocar a música sem pensar sobre a sua estrutura e então é capaz de criar e improvisar sobre ela dando-lhe estilo e harmonias próprias e realizando apresentações magistrais.

Para apresentar o planejamento estratégico de comunicação, o livro é dividido em três partes das quais somente as Partes 2 e 3 são realmente praticadas durante um projeto experimental. Por esse motivo, a numeração dos capítulos inicia-se na Parte 2. Os capítulos da Parte 1 são indicados por letras.

A Parte 1 apresenta algumas teorias e definições de termos extensamente utilizados no planejamento estratégico de comunicação de marketing. Na Parte 2 você encontra a pesquisa e análise do ambiente do projeto, onde são coletados os dados do mercado e do próprio cliente para a construção da análise. Na terceira parte do livro encontra-se um roteiro para o projeto de comunicação de marketing propriamente dito, onde são definidos os objetivos e estratégias, e onde é construída a campanha de comunicação.

O livro começa com a apresentação de um modelo de sumário e uma explicação sobre ele. É exatamente este modelo que utiliza o próprio livro a partir da Parte 2. A Parte 1 apresenta também o significado do termo *diagnóstico*, de extrema importância para qualquer planejamento. O próximo tópico da Parte 1 é dedicado à língua portuguesa e ao estilo de linguagem, pois um projeto mal compreendido ou chato de ler é um projeto inviável. Por último, há um item dedicado a uma dúvida comum dos acadêmicos: depois de tudo isso, onde colocar o *briefing*?

Na Parte 2 do livro é possível encontrar subsídios para uma análise completa da situação de mercado do anunciante. Há esclarecimentos sobre os diversos ambientes de uma empresa, divididos em ambiente interno e externo. Este último é subdividido em macroambiente e microambiente. Com isso, há análises de ambien-

---

[1] Como Corrêa (2002, p. 105) evidenciou.

4 COMO PLANEJAR E EXECUTAR UMA CAMPANHA DE PROPAGANDA · PÚBLIO

tes ou questões públicas, concorrentes, fornecedores distribuidores, mercado-alvo e públicos estratégicos. Nesta parte do livro há também um capítulo muito importante dedicado ao relatório da pesquisa de fontes primárias, pois é dessa pesquisa que surgem os dados novos do projeto. Por último, há um capítulo dedicado a comparação, análise e interpretação dos dados obtidos até então. Essa interpretação dos dados é realizada através de uma ferramenta denominada *análise Swot*.[2]

Na terceira parte do livro está o projeto de comunicação de marketing. Esta parte começa com a descrição da organização através de sua missão, visão e valores, passa por um capítulo dedicado aos objetivos e estratégias de marketing, e depois um capítulo dedicado aos problemas e estratégias de comunicação. Há também um capítulo muito importante dedicado ao posicionamento da organização, que usa principalmente as teorias cunhadas por Ries e Trout. Nesta parte do projeto aparece o capítulo dedicado à criação e defesa das peças publicitárias. Este é o capítulo mais colorido e valorizado do projeto, pois é nele que estão inseridas as peças da criação. Nesta parte do livro há ainda um capítulo dedicado à mídia que é a principal responsável pela amplitude – tanto de visualização quanto de investimento – da campanha. Por fim, há capítulos dedicados à apresentação do orçamento, principal responsável pela viabilidade do projeto. Há também um capítulo que justifica o investimento em comunicação e apresenta as negociações com a mídia, denominado Viabilidade Econômica, e por fim um capítulo dedicado à verificação dos resultados obtidos.

No final deste livro você pode encontrar algumas dicas extras sobre a elaboração de projetos de pesquisa em fontes primárias, *sites* e fontes interessantes para coleta de dados secundários. Esta parte apresenta também a importância de um bom referencial teórico para dar credibilidade e cientificidade ao trabalho, pois há muitos trabalhos de comunicação baseados em "achismos" e crendices sem nenhum fundamento. Há diversos autores que pesquisam seriamente a comunicação, a publicidade e todas as áreas do conhecimento que as tangenciam, é importante pesquisá-los e citá-los usando suas teorias e conclusões.

Com isso, este livro propõe um manual prático para a construção de um projeto completo de comunicação de marketing, desde a análise da situação até a sua viabilização. Além disso há dicas de como se pode fazer para dar mais credibilidade a seu projeto, deixando-o mais científico sem acabar com a informalidade que lhe é característica.

Boa leitura, espero que este livro consiga esclarecer as dúvidas e auxiliar na construção de um projeto magistral. Desejo a você a realização de um excelente trabalho e que você tenha uma excelente banca de defesa. Ou, se estiver no mercado, que consiga implementar seu projeto e com isso contribuir para o crescimento de seu anunciante.

---

[2] Método em que se identificam as forças, fraquezas, ameaças e oportunidades de uma organização. *Swot* é uma sigla do inglês referente a: *Strengths, Weaknesses, Opportunities, Threats*.

Parte I

PRELIMINARES

Psicologicamente, as preliminares diminuem a inibição e aumentam o conforto emocional dos envolvidos.

Esta parte do livro pretende responder às seguintes dúvidas:

- Qual deve ser a estrutura do projeto?
- Por que meu projeto deve ter essa estrutura?
- Por que a análise do macroambiente vem antes da análise da empresa?
- Onde eu devo colocar o *briefing* dentro do projeto?
- Qual é a melhor maneira de escrever? Cheia de citações ou sem nenhuma citação?
- Como fazer citações?

Tudo aquilo que é importante exige uma preparação inicial e uma consciência daquilo que estamos fazendo, as chamadas preliminares. Para um atleta, o aquecimento é fundamental, para um corredor de fórmula 1 é importante conhecer a pista, para um planejador é importante conhecer a estrutura, a linguagem e a definição dos termos que irá utilizar. Esta primeira parte do livro tem a função de esclarecer questões simples que aparecem logo no início do desenvolvimento

6 COMO PLANEJAR E EXECUTAR UMA CAMPANHA DE PROPAGANDA · PÚBLIO

do projeto e que por causa da pressa e da ansiedade da realização do mesmo são deixadas de lado.

Se você tem pressa para o desenvolvimento do projeto, vá direto à Parte 2 deste livro. Agora, se você quer saber por que está fazendo um projeto dessa magnitude, qual o tipo de linguagem mais apropriada, qual deve ser a estrutura, e com isso pretende fazer um trabalho consciente, é importante conhecer alguns assuntos discutidos aqui nas preliminares. Principalmente porque tais questões não entram efetivamente no corpo do trabalho, são apenas dúvidas pessoais que não devem ser negligenciadas.

Por esse motivo esta primeira parte foi chamada de preliminares, é importante ler e levantar algumas questões pessoais antes do início da realização do projeto. Esta parte do livro pretende sanar dúvidas com relação a estrutura e ordem de apresentação dos tópicos de um projeto e por que fazer um sumário. Além disso, apresenta um capítulo sobre o termo *diagnóstico* que faz uma metáfora com o diagnóstico médico. Nessa metáfora é possível entender exatamente o porquê da estrutura do projeto e as formas de apresentação das soluções.

Esta parte do livro dedica também um capítulo ao estilo de texto de um projeto, dando dicas de como fazer citações e como apresentar o seu referencial teórico sem tornar o seu texto cansativo.

MODELO DE SUMÁRIO

Qual é a importância do sumário?

Sem um guia, você deixa de passar por lugares importantes.

Conteúdo deste capítulo:

- Importância do sumário
- Modelo de estrutura de projeto
- Quais os principais itens que devem fazer parte de seu sumário
- Quais itens não entram no sumário, mas mesmo assim são importantes

O sumário parece algo extremamente acadêmico e chato, mas tem uma função muito importante que não pode ser negligenciada: organizar o trabalho e deixá-lo mais fácil de ser manuseado.

O sumário de um planejamento estratégico deve seguir as temidas normas da ABNT que todo acadêmico de comunicação abomina. Para aqueles que não gostam das normas da ABNT e vivem a questionar sua função, seguem algumas sugestões para uma convivência pacífica: elas possuem o intuito de padronizar os trabalhos e facilitar sua interpretação.

Tente apreciar a frase acima com um olhar de comunicador. Certamente você irá perceber que a função das NORMAS é adaptar – ou padronizar – a mensagem para facilitar a compreensão pelo seu público-alvo. Na prática, isso não é nada além de transformar um bom *briefing* numa campanha de comunicação compreensível. O sumário está para o projeto assim como a diagramação está para a peça publicitária. Ou seja, uma peça publicitária bem diagramada facilita enormemente sua leitura e compreensão.

Pensando dessa forma, tudo aquilo que vier a ajudar a compreensão de seu texto é bem-vindo. Observe que este livro também possui um sumário para orientá-lo, imagine como seria difícil se você tivesse que encontrar um tópico rapidamente no meio desse emaranhado de texto se não existisse um sumário para orientá-lo. Um sumário é fundamental para facilitar a vida de qualquer leitor, inclusive (e principalmente) de seu cliente.

O modelo de sumário apresentado a seguir segue uma linha de raciocínio comum nos trabalhos científicos que inicia com áreas mais abrangentes e caminha em direção de áreas mais específicas. Dessa forma, é possível destacar que, para uma organização, as estratégias de comunicação estão subordinadas às suas estratégias mercadológicas; estas, por sua vez, devem ir ao encontro das filosofias da organização.

Entretanto, a hierarquia não termina nos portões da organização,[1] mas extrapola para o mercado onde ela está inserida. Esse mercado é dividido em dois ambientes: um mais próximo à empresa, denominado de microambiente, e outro mais abrangente, denominado de macroambiente. Essa hierarquia é apresentada na Figura A.1 e será abordada em mais detalhes no decorrer do texto.

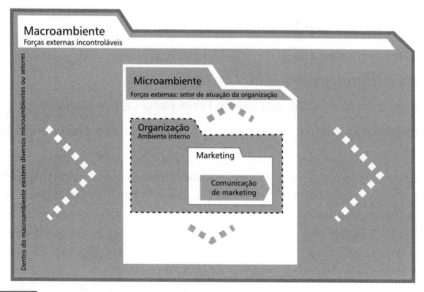

Figura A.1 Subordinação da comunicação de marketing.

---

[1] Campanhas de comunicação baseadas somente nas informações internas da empresa são mais comuns do que se possa imaginar.

O modelo de sumário apresentado segue essa estrutura da subordinação da comunicação partindo do maior para o menor. É importante lembrar que, como tudo em comunicação, trata-se apenas de um modelo e não uma fórmula pronta. Isso faz com que cada caso exija uma adaptação. É permitido excluir alguns itens, incluir outros e principalmente mudar os seus títulos de acordo com sua necessidade. Em comunicação, assim como num projeto, um bom título deve instigar a curiosidade e ao mesmo tempo revelar partes do que o texto descreve. Dificilmente um cliente achará interessante um texto sob o título "Ambiente Físico", ou "Ambiente Legislativo", entretanto títulos como "Malha Rodoviária para Escoamento da Produção" ou "Restrições à Publicidade" podem indicar mais claramente do que tratará o capítulo. Use a criatividade também na elaboração de seus títulos.

Quadro A.I Modelo de sumário para projetos de comunicação em marketing.

1. INTRODUÇÃO	Apresentar o tema, problemática, objetivos, justificativa, metodologia e marco teórico de todo o projeto. Além de apresentar resumidamente os capítulos e fazer uma introdução ao documento.
PARTE 1 – ANÁLISE DA SITUAÇÃO DA ORGANIZAÇÃO E DO AMBIENTE MERCADOLÓGICO	
2. AMBIENTE EXTERNO	Diz respeito aos aspectos mais importantes que acontecem externamente à empresa. Este item é dividido em: Macroambiente, Mercado-alvo e Microambiente.
2.1 Macroambiente	Apresenta e analisa os aspectos mais importantes do meio onde a empresa está inserida. Escolha o ambiente que mais interessa para o seu estudo e nomeie de acordo com sua criatividade. Os ambientes mais comumente analisados são: 2.1.1 Ambiente físico, geográfico e natural 2.1.2 Ambiente demográfico 2.1.3 Ambiente político 2.1.4 Ambiente econômico 2.1.5 Ambiente legislativo 2.1.6 Ambiente tecnológico 2.1.7 Ambiente cultural 2.1.8 Ambiente social 2.1.9 Abordagem de outros assuntos relacionados ao tema
2.2 Mercado-alvo	É um recorte do macroambiente onde se encontra o consumidor/usuário do benefício ofertado pela organização; trata-se de um estudo da satisfação da necessidade. Não confundir com público-alvo da comunicação.

2.3 Microambiente	Microambiente, também chamado de análise do setor, ainda faz parte do ambiente externo da empresa, mas está relacionado principalmente com seus fornecedores, distribuidores e congêneres (concorrentes). Pode também incluir alguns públicos estratégicos, por isso pode ser subdividido em:
	
	2.3.1 Fornecedores
	
	2.3.2 Distribuidores
	
	2.3.3 Congêneres ou concorrentes
	
	    2.3.3.1 Congêneres ou concorrentes diretos
	
	    2.3.3.2 Congêneres ou concorrentes indiretos
	
	2.3.4 Demais públicos estratégicos

3. ANÁLISE DO AMBIENTE INTERNO DA ORGANIZAÇÃO	Desenvolva uma análise sobre a organização estudada, destacando seu histórico, portfólio de produtos, preços, sistemas de distribuição, força de vendas, principais diferenciais. Não se esqueça de que a maioria das informações podem ser obtidas a partir do *briefing*.
4. ANÁLISE *SWOT*	4.1 Forças da organização 4.2 Fraquezas da organização 4.3 Ameaças do mercado 4.4 Oportunidades do mercado
5. INTERPRETAÇÃO DO DIAGNÓSTICO	Fechamento e conclusão da análise teórica. Indicar as conclusões que foram extraídas da análise e que servirão de base para a construção do projeto que será desenvolvido na próxima fase (Parte 2).

PARTE 2 – O PLANO DE COMUNICAÇÃO DE MARKETING

6. MISSÃO, VISÃO E VALORES DA ORGANIZAÇÃO	Antes de desenvolver a comunicação da organização é importante conhecer sua filosofia que irá nortear o planejamento da comunicação de marketing.
7. OBJETIVOS E ESTRATÉGIAS DE MARKETING	Descrever os objetivos e estratégias que foram planejadas pelo sistema de marketing da organização, ou por uma agência autônoma.
8. OBJETIVOS E ESTRATÉGIAS DE COMUNICAÇÃO	Lembre-se de que num projeto de comunicação de marketing a comunicação colocará suas ferramentas à disposição da organização para atingir suas metas, portanto é interessante descrever: 8.1 Problema de comunicação – descrever o problema que gerou o projeto 8.2 Objetivos da comunicação – determinação dos objetivos da comunicação de marketing.

MODELO DE SUMÁRIO **II**

8.3 Descrição do público-alvo da comunicação – descrever em detalhes o público-alvo da comunicação para adequação de linguagem.

8.4 Estratégias de comunicação – descrever as estratégias de comunicação da organização com base nos elementos do *mix* de comunicação.

8.5 Plano de ações ou táticas de comunicação – descrever quais deverão ser as ações realizadas em cada uma das estratégias.

9. POSICIONAMENTO: O QUE COMUNICAR

Descrever o posicionamento do produto/serviço/marca diante do mercado para que todos os envolvidos consigam entender como a organização pretende ser percebida.

10. CRIAÇÃO: COMO COMUNICAR

Apresentar os materiais que serão utilizados na campanha de comunicação e sua defesa. Para tanto, apresente:

10.1 Problema que a comunicação pretende resolver (novamente)

10.2 Objetivo da criação (novamente)

10.3 Descrição sucinta do público-alvo (pois ele já fora descrito no item 8.3)

10.4 Posicionamento pretendido (trata-se também de um resumo do item 9, com: promessa básica, justificativa da promessa básica e atributos complementares à imagem desejada)

10.5 Conceito criativo

10.6 Tema

10.7 Abordagem da campanha

10.8 *Slogan*/assinatura

10.9 Descrição e apresentação das peças

10.10 Defesa das peças

11. MEIOS PLANEJADOS PARA A DIFUSÃO DA COMUNICAÇÃO

Apresentar a amplitude da campanha ao descrever:

11.1 Objetivo de mídia

11.2 Estratégias de mídia

11.3 Justificativa dos meios

11.4 Táticas de mídia

11.5 Programação de mídia

12. VERBA DO CLIENTE E ORÇAMENTO DA CAMPANHA

Determinação do investimento necessário. Discriminação das verbas de veiculação, produção, ponto de venda etc., por veículo e por peça, e investimento total.

13. VIABILIDADE ECONÔMICA

Apresentar as negociações, descontos, prazos de pagamento e formas de captação financeira para investimento na campanha.

14. CRONOGRAMA DE AÇÕES E MÉTODOS DE AVALIAÇÃO E CONTROLE	Determinação dos sistemas ou métodos de avaliação dos resultados da campanha de comunicação.
15. REFERÊNCIAS	15.1 Referências bibliográficas 15.2 Referências digitais
16. LITERATURA CONSULTADA	Apresentar os livros que deram suporte ao seu trabalho, mas no entanto não foram citados.
17. APÊNDICES	Colocar os materiais **desenvolvidos por você** e que não entraram no corpo do trabalho. 17.1 *Briefing* 17.2 Pesquisas em fontes primárias 17.3 Relatórios 17.4 Entrevistas 17.5 Análises 17.6 Textos, esboços, roteiros etc. das peças criadas 17.7 Programação das mídias 17.8 Outros assuntos relacionados à campanha
18. ANEXOS	Colocar os materiais coletados **desenvolvidos por outros** que você considera importantes, mas que também não entraram no corpo do trabalho. 18.1 Pesquisas 18.2 Leis e regulamentações 18.3 Outros assuntos relacionados à campanha

Note que o sumário, diferentemente dos modelos acadêmicos convencionais, foi dividido em duas partes. Isso porque a primeira parte refere-se à análise, e exige um referencial teórico, uma metodologia e também uma conclusão.[2]

Já a segunda parte é referente à proposição de um projeto de comunicação, o que aparentemente não possui conclusão, pois não há como concluir algo ainda a ser feito. Entretanto, isso não isenta a segunda parte de possuir também uma

---

[2] Mesmo que não conclusiva. Aliás, essa é uma discussão corrente entre os professores, uma vez que todo projeto científico exige conclusão. Entretanto, como o projeto de comunicação é uma proposta e não uma análise do resultado daquilo que foi veiculado, não há como concluir nada sobre ela. Por isso, a interpretação do diagnóstico pode ser considerada a conclusão da análise da situação da organização e a partir de então propor-se-á um plano de ações futuras, que constitui então a parte 2.

metodologia e um referencial teórico, apenas o torna mais flexível, permitindo dessa forma o uso mais intensivo da criatividade – matéria-prima da comunicação.

Na introdução você deve apresentar o tema que será estudado. O tema geralmente possui uma estreita relação com a área de atuação do anunciante que você escolheu, portanto, se você escolheu uma Ong que defende os direitos dos animais, provavelmente seu tema passará pelos direitos dos animais. Se por outro lado você está atendendo uma organização que produz carros, provavelmente seu tema tangenciará a mobilidade urbana moderna.

A introdução é muito importante para que a pessoa que está lendo seu trabalho entenda do que se trata e qual é a área de atuação da empresa em questão. Além do tema e da breve descrição da área de atuação é importante também indicar qual é o problema que gerou seu trabalho, quais são os objetivos do trabalho. Também justifique-o indicando sua relevância para a sociedade, comunidade científica, seu cliente etc. É importante também indicar a metodologia empregada e quais autores lhe deram sustentação. Por fim, apresente resumidamente os capítulos.

No ambiente externo você irá analisar os aspectos mais importantes que acontecem externamente à empresa. Este item é dividido em: macroambiente, mercado-alvo e microambiente. No macroambiente você irá apresentar e analisar os aspectos mais importantes do meio onde a empresa está inserida. Os ambientes mais comumente analisados são:

2.1.1   Ambiente físico, geográfico e natural

2.1.2   Ambiente demográfico

2.1.3   Ambiente político

2.1.4   Ambiente econômico

2.1.5   Ambiente legislativo

2.1.6   Ambiente tecnológico

2.1.7   Ambiente cultural

2.1.8   Ambiente social

2.1.9   Abordagem de outros assuntos relacionados ao tema

Cada um deles será abordado em mais detalhes adiante.

A análise do mercado-alvo de seu anunciante é um dos capítulos mais importantes do seu trabalho, pois trata da necessidade da sociedade que está sendo suprida pelo trabalho da organização. Cuidado para não confundir com análise do público-alvo da comunicação de marketing, esse item será apresentado mais adiante.

A análise do microambiente refere-se ao setor de atuação da organização, e com isso deve-se analisar o comportamento das demais organizações que buscam satisfazer às mesmas necessidades do mercado-alvo, e também das organizações que fornecem insumos e matérias-primas e aquelas responsáveis pela distribuição do resultado da produção.

A análise do ambiente interno da organização refere-se à organização propriamente dita. Desenvolva uma análise destacando seu histórico, portfólio de produtos, preços, sistemas de distribuição, força de vendas, principais diferenciais.

Depois de analisar a organização, o setor de atuação, o mercado-alvo e o ambiente de marketing, destaque os elementos mais importantes para construir a sua análise *Swot*, onde devem ser enfatizadas as forças e fraquezas da organização e as ameaças e oportunidades do mercado.

Em seguida você deverá desenvolver o plano de comunicação de marketing para seu anunciante, e para embasá-lo deverá usar os argumentos coletados até agora. Comece reafirmando a missão, visão e valores da organização, pois sua filosofia irá nortear todo o planejamento da comunicação de marketing.

Em seguida descreva os objetivos de marketing que foram traçados pela organização, por você, por uma agência de propaganda ou uma empresa de consultoria. Não se esqueça de indicar as estratégias de marketing traçadas e indicar em quais delas sua atuação será mais efetiva.

Em seguida defina quais serão os objetivos de comunicação. Para tanto comece indicando o principal problema de comunicação da organização estudada. E lembre-se de que num projeto de comunicação de marketing a comunicação colocará suas ferramentas à disposição da organização para atingir suas metas.

Após descrito o problema que gerou o projeto, determine quais serão os objetivos de comunicação, cuidado para não definir um objetivo fora da alçada da comunicação. Não esqueça que a função principal da comunicação é comunicar!

Em seguida descreva em detalhes o público-alvo da comunicação para adequação de linguagem. E depois indique quais serão as estratégias de comunicação com base nos elementos do *mix* de comunicação de marketing. Em seguida defina um plano de ações ou táticas de comunicação descrevendo o que fazer, como fazer e quem deverá fazer.

É importante também em seu plano indicar um posicionamento comunicando a percepção do produto/serviço/marca frente ao mercado e indicando a percepção que o anunciante pretende ter para que todos os envolvidos entendam qual é a identidade da organização.

Em seguida apresente os materiais que serão utilizados na campanha de comunicação e sua defesa, mas não se esqueça de seguir a indicação do posicionamento, para que a campanha não perca o foco. A defesa deve conter o conceito criativo utilizado, o tema, a abordagem, o *slogan* e a descrição das peças.

Em seguida descreva qual será a amplitude da campanha ao abordar a mídia que será utilizada. Não esqueça que não é só de televisão que vive a comunicação.

Por fim, indique, detalhadamente, quanto irá custar a campanha, como será a sua viabilização e qual é o resultado esperado, nos itens orçamento da campanha e viabilidade econômica. É importante também indicar quais serão os sistemas e métodos de avaliação e controle da campanha, pois todo planejamento, para ser bem-sucedido, envolve controle e monitoramento constante.

Cada item do sumário será analisado em detalhes nos próximos capítulos.

PERGUNTAS PARA REFLEXÃO

1. Qual é a importância do sumário para seu projeto?
2. Por que os trabalhos acadêmicos devem partir das áreas mais abrangentes para as áreas mais específicas?
3. Por que o planejamento estratégico foi dividido nas partes 1 e 2?
4. O que constitui cada uma das partes do plano?
5. Onde deve ser escrita a conclusão do trabalho? Por quê?

DIAGNÓSTICO DA SITUAÇÃO DO ANUNCIANTE

Por que diagnóstico chama-se diagnóstico?

Diagnóstico não é só coisa de médico, é coisa de quem pensa.

Este capítulo do livro pretende responder às seguintes dúvidas:

- O que significa diagnóstico?
- Qual é a relação entre o diagnóstico médico e o diagnóstico de uma organização?
- Qual deve ser a estrutura de um diagnóstico?
- Onde entra a pesquisa no diagnóstico?
- Como fazer para comunicar um diagnóstico?
- E depois do diagnóstico, o que fazer?

Identificação e análise de problemas não é uma particularidade da comunicação ou da publicidade. Toda ciência que se preze trabalha com esse tipo de metodologia. Entre as ciências, aquela em que o termo *diagnóstico* é mais utilizado é a medicina, por isso é oportuno fazer uma analogia entre a medicina e a identificação de problemas de comunicação nas organizações.

O filósofo Hipócrates foi a primeira pessoa a usar a palavra *diagnóstico*. Para ele essa palavra significava discernimento, pois é formada pelo prefixo *dia*, que significa *através de*, associado à palavra *gnosis*, que significa conhecimento. Dessa forma, diagnóstico ao pé da letra significa: através do conhecimento.

Para a medicina, segundo o Dicionário de Termos Técnicos, diagnóstico é "a arte ou técnica de identificar uma infecção, doença ou enfermidade pela *anamnese* e exame dos sintomas e sinais clínicos apresentados pelo paciente, ou mediante exames de laboratório, técnicas de imageamento, etc...".[1]

Da mesma maneira, o diagnóstico proposto para um planejamento de comunicação pretende identificar um problema que esteja impedindo, ou no mínimo prejudicando, uma organização a atingir seu objetivo. Assim, é até possível imaginar que da mesma forma que podem surgir "infecções, doenças ou enfermidades" nas pessoas físicas, estas podem ocorrer nas empresas, só que não são chamadas de doenças de pessoas jurídicas, mas sim de problemas.

O diagnóstico deve ser desenvolvido através da *anamnese*, ou seja, pelo "relato feito pelo paciente (ou alguém responsável por ele) sobre os antecedentes, detalhes e evolução da doença".[2] Nesta analogia, a *anamnese* é equivalente ao *briefing*, onde o cliente – suposto paciente – relata os detalhes dos sintomas, seus antecedentes e como está sua evolução. O *briefing* é o "conjunto de dados **fornecido** [grifo meu] pelo anunciante para orientar a sua agência na elaboração de um trabalho de propaganda, promoção de vendas ou relações públicas".[3]

Além da *anamnese* e dos exames dos sintomas e sinais clínicos, existem outros métodos investigativos para o desenvolvimento do diagnóstico, como exames de laboratório e técnicas de imageamento. Isso equivale em comunicação ao desenvolvimento de pesquisas em fontes primárias e análises referentes ao paciente/anunciante.

Quando há um mau funcionamento em uma das partes de um dos sistemas que compõem um organismo vivo surgem alguns sinais que podem ser detectados e observados por uma percepção treinada. Os sinais podem ser: dores de cabeça, dor de garganta, falta de reflexo, cansaço, febre, tosse etc. Por outro lado, um sintoma de mau funcionamento de uma organização pode ser: queda nas vendas, queda do faturamento, perda de participação no mercado, ou até necessidade de fôlego para lançamento de um novo produto.

Esses sintomas indicam que alguma parte do sistema não está desempenhando seu papel como deveria e por isso deve ser investigado. Entretanto, dificilmente consegue se detectar de imediato a raiz do problema, uma vez que esta pode não ser pontual.

---

[1] Rey (2003, p. 213).

[2] Idem, p.157.

[3] Corrêa (2002, p. 107).

18 COMO PLANEJAR E EXECUTAR UMA CAMPANHA DE PROPAGANDA • PÚBLIO

Por esse motivo é importante investigar não só todo o organismo, como também o meio onde ele está inserido. A esta investigação, sistemática e estruturada, dá-se o nome de diagnóstico ou análise da situação.

Suponha que uma pessoa física tenha o seguinte sintoma: tosse nos últimos quinze dias sem explicação aparente e na última noite seu corpo produziu uma febre de trinta e nove graus Celsius. No dia seguinte esta pessoa se cansa desse sintoma e vai até a farmácia para se automedicar. Evidentemente esse tipo de atitude está longe de ser o ideal e pode até prejudicar sua saúde, entretanto este tipo de ação é comum para algumas pessoas. E não é diferente para pessoas jurídicas. Algumas organizações, ao detectarem problemas superficiais preferem a automedicação: para que procurar um profissional de comunicação se "tem o filho daquele amigo meu lá do clube? O pai dele e o meu eram sócios, dá um emprego para o garoto, põe o título no cartão dele".[4]

Bem, se a desastrosa estratégia da automedicação não funcionou – e não deve funcionar mesmo – o próximo passo mais prudente é procurar um especialista para diagnosticar o problema. Este, como de costume, realiza uma série de perguntas a fim de investigar o modo de vida e algumas características que sejam comuns a uma determinada gama de "maus funcionamentos orgânicos", ou seja, está fazendo uma *anamnese* ou um *briefing*.

Para não tirar conclusões precipitadas, provavelmente ele optará por fazer uma pesquisa exploratória através de uma radiografia, ou alguns exames laboratoriais – desconfie do especialista que tem a solução pronta nas mangas, tanto o médico quanto o comunicador. Mas, se depois de revelada a radiografia ou realizado o exame não aparecer nenhum mau funcionamento dos órgãos respiratórios, talvez o sintoma – tosse – seja resultante de apenas uma leve irritação de garganta, talvez!

Um médico astuto, assim como um bom comunicador, deve investigar mais profundamente o problema para não tirar conclusões precipitadas. Por outro lado, se não se tratar de um profissional dedicado, este pode receitar algumas pastilhas que resolvem temporariamente o problema, até que, após um tempo, a tosse volta ainda mais forte e acompanhada de dores no peito e cansaço físico.

Esse tipo de ação leva a um ciclo vicioso que exige cada vez mais medidas paliativas sem, no entanto, atacar o âmago do problema.

Um bom diagnóstico deve analisar todas as alternativas que levaram ao aparecimento daquele sintoma, propor hipóteses de acordo com estudos já efetuados, verificar outros órgãos que poderiam ter acarretado aquele sintoma, enfim, estudar o problema de uma forma generalizada para propor um plano com mais

---

4   Cahen (1990, p. 26).

chances de solucioná-lo. Nesses casos a técnica do *brainstorm*[5] pode ser útil para tentar detectar possíveis motivos para os problemas – tanto das pessoas quanto das organizações.

O diagnóstico precipitado de uma empresa pode levar a erros desastrosos e às vezes irreparáveis, pois em comunicação existe apenas uma chance de acerto. Se, por exemplo, após uma análise *superficial* percebe-se que seu problema de baixa nas vendas é causado por falta de propaganda, opta-se por investir numa nova campanha publicitária, entretanto o problema pode ser outro. Certa vez uma cadeia de lojas de varejo procurou uma agência de propaganda com um problema de quedas sucessivas nas vendas e buscava desenvolver uma nova campanha publicitária.[6] Para o diagnóstico foi desenvolvido um estudo que revelou que aproximadamente 70% das pessoas que circulavam nas lojas dessa cadeia saíam sem comprar absolutamente nada. Com isso, a solução aparentemente mais óbvia seria fazer uma campanha publicitária promocional, instigando as vendas.

Entretanto, num estudo mais profundo junto aos vendedores, percebeu-se que estes desempenhavam excelentemente sua função de *atender bem o cliente*, mas não contribuíam para o desenvolvimento da empresa, pois: "Vender, acreditavam eles, só quando requisitados. Os vendedores ficavam atrás dos balcões ou seguiam o cliente a distância, como assombrações."[7]

> **IMPORTANTE**
>
> O diagnóstico deve ser resultado de uma análise aprofundada da organização, das pesquisas realizadas em fontes primárias e secundárias e também do referencial teórico dos pesquisadores que já analisaram tais assuntos.

Voltando à analogia médica, numa investigação mais completa do caso da dor de garganta proposto acima pode-se verificar o seguinte:

1. ao realizar uma série de perguntas, o médico percebe que o paciente tem um tipo de vida agitada;
2. não tem tempo para prática de exercícios físicos e nem uma alimentação saudável;
3. alimenta-se às pressas entre as reuniões; e

---

[5] *Brainstorm* – termo inglês cuja tradução pode ser explosão de ideias. Consiste em enumerar numa folha de papel uma série de ideias que vão surgindo na sua cabeça com uma determinada ordem. Devem ser descritas desde as mais absurdas até as mais racionais.

[6] Esse caso é contado pelo publicitário Júlio Ribeiro no seu livro *Fazer e acontecer* (1994, p. 29).

[7] Idem, ibidem.

4. frequentemente trabalha em ambientes com ar-condicionado.

Com isso, o médico formulou mentalmente uma hipótese e passou a investigá-la. Antes de qualquer coisa, ele pediu uma radiografia do pulmão como manda o protocolo médico, apenas para certificar-se de que não era um problema pulmonar.

Ao receber o resultado, imediatamente descartou a hipótese da infecção pulmonar, e detectou – como indicado anteriormente – uma leve inflamação da garganta. Na verdade esta inflamação, segundo sua hipótese, não era a causa do problema e sim mais uma das consequências.

O médico pediu então um exame de sangue, e neste detectou um aumento de um determinado fator que, segundo alguns autores da área, pode ser explicado como uma espécie de reação alérgica. Faltava então descobrir qual era o agente que havia desencadeado tal processo alérgico. Como o médico não conhecia muito sobre alergia desse tipo, decidiu investigar em publicações científicas, ao mesmo tempo em que conversava com seus colegas de faculdade, pois alguns eram especialistas nesta área.

É impossível ser especialista em tudo, pela própria definição da palavra, e por isso deve-se recorrer a outras opiniões, novas investigações ou busca de novas fontes bibliográficas. Um diagnóstico de empresa deve ser feito de forma semelhante.

O médico hipotético do exemplo poderia ter encontrado na literatura um estudo de diversos casos atuais com os sintomas semelhantes, todos desencadeados principalmente pela diminuição, aparentemente sem sentido, da imunidade. Entretanto, na maioria dos casos, os pacientes pesquisados estavam sob uma carga de trabalho exaustiva comumente chamada de *stress*.

Com essas evidências foi possível traçar um diagnóstico sobre a atual situação do paciente. Existem diversas maneiras e técnicas para desenvolver um relatório a ser apresentado ao paciente sobre os dados extraídos das pesquisas, entrevistas e exames.

Entre elas, a mais simples e eficiente parece ser a técnica de apresentar inicialmente os (a_1) aspectos positivos do paciente e só depois os (b_1) aspectos negativos. Em seguida é interessante mostrar (c_1) o que pode acontecer se essa situação não mudar, e também apresentar um (d_1) quadro positivo com relação às novas pesquisas na área que poderiam ajudar no tratamento.

Esta técnica de organização dos dados do diagnóstico encontra similar na área de planejamento estratégico denominada análise *Swot*. A análise *Swot* é uma ferramenta que, apesar de antiga, é bastante eficiente no diagnóstico da situação atual de uma determinada empresa, marca ou produto.

A análise *Swot* verifica a competitividade de uma organização, e consequentemente seus problemas, segundo quatro variáveis que dão origem ao seu nome: (a_2) forças (*Strengths*), (b_2) fraquezas (*Weaknesses*), (d_2) oportunidades (*Oppor-*

tunities) e (c_2) ameaças (*Threats*). Há uma semelhança muito grande entre análise *Swot* e a técnica que a maioria dos médicos utiliza para apontar as forças e fraquezas de seus pacientes.

Através da metodologia da *Swot* é possível fazer a análise da situação da organização em relação ao seu ambiente e em relação a seus concorrentes. Os dois primeiros itens – forças e fraquezas – estão relacionados à análise dos aspectos internos da empresa e devem ser sempre relativos aos congêneres, ou concorrentes. Já os dois itens seguintes – oportunidades e ameaças – estão relacionados ao meio externo à empresa.

Por esse motivo, um bom diagnóstico deve levantar dados referentes ao ambiente interno e externo à empresa. Quando os pontos fortes de uma organização estão em conformidade com os fatores críticos de sucesso para satisfazer as oportunidades de mercado a empresa será competitiva, ou seja, está com um motor bom, apontando para o lado certo e o vento está a favor.

Entretanto, a apresentação dos problemas ou mesmo dos pontos fortes para o paciente/anunciante deve ser o mais sucinto e preciso possível: "essas análises devem, se possível, conter apenas uns poucos parágrafos de comentários focando somente os fatores chave".[8]

Os autores que não explicam com grande familiaridade os termos que empregam deixam a suspeita de que são muito mais inseguros do que aqueles que explicitam cada referência e cada passagem, e essa percepção pode ser ruim para você. Os grandes cientistas ou os grandes críticos, com raríssimas exceções, são "sempre claros e não se envergonham de explicar bem as coisas".[9]

O mesmo deve acontecer na descrição de um diagnóstico, pois em ambos os casos – tanto do paciente quanto do anunciante – uma demonstração de insegurança pode ser extremamente prejudicial para o relacionamento, portanto é importante evitar termos técnicos de difícil compreensão, ou pelo menos explicá-los da melhor maneira possível.

Após uma longa análise dos dados coletados durante o diagnóstico o médico pode ter encontrado mais evidências para sua hipótese e formular então seu diagnóstico.

O diagnóstico poderia, por exemplo, apontar os termos técnicos utilizados na coleta e análise dos dados, assim:

Ao realizar um estudo doppler *com mapeamento de fluxo a cores demonstrou-se um escape sistólico mitral.*

---

8   McDonald (2004, p. 40).
9   Eco (1977, p. 177).

Entretanto, este dado não possui função nenhuma sem uma interpretação. Por isso ao apresentar o diagnóstico é muito importante desenvolver um parecer, ou uma interpretação sobre os dados apresentados, tanto num diagnóstico médico como num diagnóstico para analisar a situação atual de uma organização.

> ### DICA
>
> O parecer acerca do diagnóstico de uma organização é o momento mais oportuno para se fazer uma conclusão nos moldes acadêmicos, pois trata-se da interpretação dos dados coletados até o momento. Entretanto, metodologicamente, é complicado desenvolver um trabalho cuja conclusão encontra-se exatamente do meio do trabalho. Esse é um dos motivos por que o modelo de projeto deste livro é dividido em duas partes, assim a conclusão encerra a primeira parte e indica exatamente a atual situação de seu paciente/anunciante.

Voltando ao exemplo médico, de acordo com suas interpretações pode ser válido apresentar o seguinte raciocínio:

1. as dores no corpo do paciente são derivadas de uma febre;
2. a febre é derivada da inflamação da garganta;
3. que é derivada de uma tosse;
4. que por sua vez é derivada de um processo alérgico;
5. que só surgiu por causa de uma queda na imunidade;
6. derivada do *stress*;
7. o *stress* do paciente é provocado principalmente pelo trabalho excessivo.

Para apresentar este raciocínio, provavelmente o melhor caminho é apresentar quais são os elementos que indicam a força do indivíduo, como seu grande poder de imunidade, sua saúde (todos os demais órgãos com exceção daqueles afetados), sua capacidade física etc. Na sequência é interessante apresentar os problemas que estão surgindo, como o problema da febre, irritação na garganta e principalmente a queda na imunidade.

Seguindo o modelo da análise *Swot*, é interessante apresentar as oportunidades de acordo com o que está acontecendo de bom no meio, como tendências e pesquisas sobre tratamentos alternativos. Depois disso é interessante apresentar as ameaças no cenário do mundo atual com a necessidade cada vez maior de dedicar tempo ao trabalho, como está o mercado de trabalho, como caminha o problema do *stress* etc.

DICA

Ao apresentar o resultado do diagnóstico a um anunciante/paciente, seja claro e objetivo. Comece enumerando quais são as sua forças e seus diferenciais em relação aos outros, depois enumere os pontos fracos, afinal ninguém é perfeito – mas ninguém gosta de ouvir os defeitos –, depois indique quais elementos do mercado podem ser uma ameaça a sua saúde – tanto física, no caso do paciente, quanto financeira, no caso do anunciante – e por último indique o que pode ser aproveitado como oportunidade no ambiente. Se conseguir fazer isso, de forma clara e sucinta, você será um profissional muito valorizado por conseguir desenvolver um bom diagnóstico.

O plano de comunicação, por sua vez, deve possuir um objetivo bem claro, caso contrário é bastante complicado conseguir implementá-lo, pois "para quem não sabe aonde quer chegar, qualquer caminho está errado".[10]

Assim, retornando à analogia, o objetivo do plano poderia ser: trazer bem-estar ao paciente, o que não foge muito à realidade, pois a maioria dos planos de comunicação possuem o objetivo genérico de trazer bem-estar ao seu cliente, no caso, o paciente/anunciante.

Frente aos resultados obtidos na análise do diagnóstico proposto acima, podem-se também imaginar objetivos secundários como: melhorar sua qualidade de vida, melhorar seu desempenho no trabalho e longevidade.

O plano deve ser hierarquizado em: objetivos, estratégias e táticas (ou ações). Dessa forma as estratégias que poderiam ser propostas para o paciente em questão podem ser duas:

1. utilização de produtos químicos (remédios);
2. busca de hábitos de vida saudáveis.

Neste caso, a utilização de remédios faz parte da competência profissional do médico e somente com esta estratégia já seria possível atingir o objetivo proposto que é proporcionar bem-estar ao paciente, entretanto esta estratégia não sustenta o objetivo no médio e longo prazo e, portanto, para um plano completo é importante a sugestão da segunda estratégia.

Uma vez definido onde se quer chegar (objetivo) e quais caminhos serão utilizados para chegar até ele (estratégias), falta definir as formas de transporte que serão utilizadas, ou seja, quais ações, ou táticas, serão implementadas.

---

[10] Ribeiro (1994, p. 72).

Assim, para a estratégia 1 – utilização de remédios – é possível pensar as seguintes ações:

1.1   minimizar as dores do corpo através da ingestão de um analgésico;

1.2   amenizar a febre utilizando um antitérmico;

1.3   amenizar a tosse através de um antihistamínico, ou antialérgico.

Com estas ações já é possível eliminar o problema original, entretanto, para uma manutenção do objetivo principal (bem-estar do paciente), é importante que sejam tomadas uma série de medidas complementares, que caracterizam a estratégia 2 – proposição de hábitos de vida saudáveis – e poderiam ser as seguintes ações:

2.1   introduzir na rotina diária um sistema de realização de exercícios físicos;

2.2   desenvolver uma estratégia alimentícia mais saudável;

2.3   buscar formas de aliviar o *stress* do trabalho com alguma atividade prazerosa.

Esta segunda estratégia funciona como uma medida de manutenção do objetivo, e dessa forma, se for bem desenvolvida, evita que o problema que deu origem a tudo isso volte a se manifestar, funcionando como uma barreira.

Essa analogia é interessante porque para um plano de comunicação é aconselhável desenvolver um diagnóstico investigando as possíveis causas do problema. Em seguida é importante descrever os principais resultados da análise de uma maneira clara e objetiva, e também interpretar os resultados em uma linguagem compreensível pelo anunciante através de uma conclusão ou uma interpretação sobre os dados.

Depois de feita a análise, é interessante desenvolver o plano com base no objetivo principal do anunciante. Para se chegar a este objetivo descrevem-se algumas estratégias e para a realização destas estratégias descrevem-se as ações.

Todo este roteiro deve ser desenvolvido numa linguagem simples e objetiva, mas também convincente, transparecendo credibilidade. Para tanto, no desenvolvimento de um projeto de comunicação há diversas características de textos científicos que devem ser aproveitadas. As características do texto científico serão abordadas no próximo capítulo.

PERGUNTAS PARA REFLEXÃO

1. O que significa o termo *diagnóstico*?

2. Qual é a relação do diagnóstico médico e o diagnóstico de uma organização?

3. O que significa o termo *anamnese*? Num diagnóstico de uma organização, como se faz a anamnese?

4. Como deve ser anunciado o resultado do diagnóstico?

5. Qual é a relação entre os exames laboratoriais e a pesquisa?

6. Depois de anunciado o resultado, quais providências devem ser tomadas? Como?

7. O que corresponde às análises clínicas no diagnóstico de uma organização?

8. O que significa *Swot*?

9. Qual deve ser a característica de um bom médico? Diagnosticar rapidamente ou analisar todas as possibilidades?

10. Como deve ser traçado um plano de ações para resolver o problema diagnosticado?

11. Qual é a diferença entre objetivo e estratégia?

12. Qual é a diferença entre estratégia e tática?

C

ESTILO DE TEXTO

Qual tipo de linguagem devo utilizar num projeto de comunicação?

"Um psiquiatra que descreve a linguagem dos doentes mentais não se exprime como eles" (ECO, 1977).

Este capítulo aborda os seguintes tópicos:

- Por que fazer citações?
- Como fazer citações?
- Por que eu fui treinado durante muito tempo para escrever textos curtos e agora tenho que escrever detalhadamente?
- Qual estilo de texto eu devo ter?
- Quantas citações e quantos autores meu texto deve ter?
- Se for citar algum autor eu preciso explicar o que entendi da citação?
- Posso copiar trechos da Internet?

O texto do projeto deve ser universal e, portanto, deve ser compreendido por você, pelo seu orientador, pelos professores que compõem a banca e também – e principalmente – pelo anunciante.

O comunicólogo italiano Umberto Eco (1977) desenvolveu um estudo bastante interessante sobre metodologia científica voltada principalmente à redação de teses científicas – isso fica evidente ao ler o título de seu livro. Entretanto ele dedica um capítulo voltado ao estilo de texto, que pode ser aplicado a qualquer texto que busque ter um pouco de embasamento.

O capítulo inicia-se desmistificando a necessidade de complexidade e dificuldade de compreensão de um texto científico, portanto desconfie de um texto pouco claro e repleto de expressões de difícil compreensão, pois provavelmente seu autor está escondendo-se atrás de uma falsa intelectualidade.

Por isso, os termos utilizados em seu trabalho devem ser claros e objetivos. Se houver necessidade de mais esclarecimentos para que se entenda exatamente o que você quer dizer, não poupe palavras, pois interpretações erradas dos termos empregados levam a má compreensão daquilo que diz o projeto.

Evidentemente, termos muito óbvios não precisam ser explicados, senão o seu texto vai ficar parecendo que foi escrito para idiotas, e isso é ruim para a banca e para seu cliente. O limite entre o que deve ser explicado e o que não deve ser explicado depende de você, por isso faça um teste com seu texto, passe para outras pessoas lerem e peça para lhe explicarem o que entenderam. Somente assim você vai se familiarizar com o que deve ser explicado e o que é óbvio. Recomenda-se escrever o trabalho várias vezes, ou escrever outras coisas antes, pois escrever exige treino. Um bom projeto é aquele todo rabiscado e reescrito várias vezes, pois somente assim ele se torna dinâmico e consegue refletir melhor a realidade do anunciante.

Defina também – e principalmente – os termos técnicos polêmicos, como a palavra *signo*, pois existem casos em que o termo se refere a coisas diversas em autores diversos. Defina sempre um termo ao introduzi-lo pela primeira vez. Não sabendo defini-lo, evite-o. Agora, "se for um dos termos principais da sua tese e não conseguir defini-lo, abandone tudo. Enganou-se de tese (ou de profissão)".[1]

As definições necessárias devem aparecer apenas na primeira vez que o termo surgir no trabalho, a partir daí pressupõe-se que – se a explicação foi bem clara – o leitor já se familiarizou com a sua interpretação sobre o termo e por isso não há necessidade de explicá-lo novamente.

Além de definir os termos técnicos de seu trabalho, ao escrever é importante que você faça referências a autores consagrados para um bom embasamento. Infelizmente, a área de comunicação e principalmente a propaganda costuma ser considerada pela grande maioria das pessoas – inclusive por alguns publicitários ou aspirantes a publicitários – como um trabalho para artistas criativos por natureza e por isso não se pensa a necessidade de nenhum embasamento científico. Esta ideia é totalmente errônea, pois comunicação e propaganda são áreas tão sérias quanto administração, economia, engenharia ou medicina.

---

[1] Eco (1977, p. 90).

28 COMO PLANEJAR E EXECUTAR UMA CAMPANHA DE PROPAGANDA • PÚBLIO

Há diversos autores que realizam pesquisas científicas para as mais diversas áreas que a comunicação abrange. Basta encontrá-los e usá-los com todo o rigor que a ciência exige, somente assim será possível mudar a equivocada ideia de que para ser comunicador não precisa muito estudo, basta ser criativo. Inclusive, estudos recentes sobre criatividade indicam que só é criativo em comunicação aquele sujeito que possui um grande repertório. Portanto, criatividade não é um dom natural como muitos pensam, pois ela é derivada de 99% de transpiração.

A primeira coisa a ser feita ao utilizar um autor para embasar sua ideia é torná-lo familiar ao seu leitor, por isso apresente sucintamente o autor quando ele aparecer pela primeira vez no seu texto. Mostre de que área de estudo ele vem, em qual época viveu, qual foi a sua contribuição e quais os aspectos importantes a serem ditos sobre este autor, mas não exagere, e também não fique apresentando pessoas notórias, pois dessa forma também estará chamando o leitor de idiota.

Note que quem vai organizar o que deve ser dito sobre o autor é você mesmo, por isso é importante usar o bom-senso para que a apresentação consiga cumprir a sua função sem ser demasiadamente cansativa. Cuidado também para não cometer um erro muito comum num texto científico: o juízo de valor.

Juízo de valor é quando o autor do texto emite claramente uma opinião pessoal dentro de um contexto que deveria ser supostamente imparcial. Esse tipo de erro é capaz de excluir grande parte da credibilidade do texto, por isso deve ser evitado. Por exemplo, ao apresentar um autor evite dizer gratuitamente que ele é "sem dúvida o maior, ou o melhor, ou o mais respeitado no assunto", limite-se a simplesmente apresentá-lo e deixe que o seu leitor o julgue.

Evite começar os textos com citação. É comum, quando não se tem muita experiência, fugir da responsabilidade de escrever e colocar uma citação logo no início do capítulo. Esse tipo de ação faz com que o texto pareça quebrado e a citação nem sempre faz sentido. Ao citar alguém, em primeiro lugar situe o leitor no assunto que se está trabalhando, tente convencê-lo daquilo que você considera verdade – mas evite juízo de valor –, somente então use um autor consagrado (que provavelmente você tenha estudado para escrever seu trabalho) em uma citação não muito longa.

Logo após a citação, comente a sua interpretação sobre ela. Assim fica mais fácil entender a sua interpretação sobre o assunto, além de deixar o texto com melhor fluidez, pois um texto repleto de citações sem ligação entre elas é de difícil compreensão, além de cansativo e irritante.

Não se esqueça de que ao escrever não terá mais sob os olhos o texto original, e provavelmente copiará longos trechos de suas anotações em forma de citação, por isso anote todas as informações importantes dos textos que você encontrar, incluindo datas e número de páginas. É preciso certificar-se de que os trechos que copiou são interpretações suas e não citações sem aspas. Pois, nesse caso, terá cometido um plágio.

ESTILO DE TEXTO **29**

Essa forma de plágio, comum nos trabalhos, deve ser evitada. Mesmo que o estudante informe que está se referindo àquele autor, quando se percebe na página uma verdadeira cópia sem aspas, pode causar uma péssima impressão.

O conteúdo deve ser passado em doses homeopáticas para que consiga ser digerido e compreendido, por isso evite períodos muito longos. Se for inevitável, escreva-os longos mesmo e depois corte-os. Não fique policiando seu estilo pois isso poderá causar dificuldades na hora de escrever, mas depois de escritos releia--os e desmembre-os em períodos mais curtos. Para melhor compreensão do seu texto, não receie repetir o sujeito e elimine o excesso de termos como *que, onde* e *ou seja* e orações subordinadas.

Evite também o excesso de adjetivações, a rima e palavras difíceis, você não está escrevendo uma poesia e sim um texto que deve ser compreendido pelo seu cliente. Excesso de criatividade também é prejudicial para seu texto. Você terá oportunidade para abusar dela mais adiante, por enquanto limite-se a ser bem compreendido. Escrever sobre criatividade ou arte não te obriga a aplicar suas técnicas no texto.

A linguagem do texto é uma metalinguagem, isto é, uma linguagem que fala de outras linguagens. Portanto, escrever sobre pintores famosos não lhe obriga a pintar, assim como falar do estilo dos futuristas não lhe obriga a escrever como um deles. Pelo contrário, "um psiquiatra que descreve a linguagem dos doentes mentais não se exprime como eles".[2]

Preocupar-se com a clareza do texto, seu estilo e sua compreensão é tão importante que Umberto Eco demonstra sua irritação ao afirmar que o "pseudopoeta que faz a sua tese em versos é um palerma (e com certeza um mau poeta). [...] os poetas de vanguarda, quando queriam falar de sua poesia, faziam-no em prosa e com clareza. Quando Marx falava dos operários, não escrevia como um operário de sua época, mas como um filósofo. Mas quando, em parceria com Engels, redigiu o *Manifesto de 1848*, empregou um estilo jornalístico, de períodos curtos, muitíssimo eficaz e provocatório. Diferente do estilo de *O Capital*, destinado a economistas e políticos".[3]

Para facilitar seu trabalho use um rascunho – hoje com o computador fica muito mais fácil – e escreva o que lhe vier à cabeça. Depois perceberá que se afastou do núcleo do tema. Elimine então as divagações excessivas, colocando-as em nota ou apêndice. Mantenha o foco, a finalidade do trabalho não é provar que sabe tudo.

Pode ser que eu me arrependa do que vou escrever agora... Use o orientador como cobaia, peça-lhe para ler os capítulos. Uma segunda opinião é muito importante para seu texto, mas envie os trabalhos com boa antecedência. Ele pos-

---

[2] Eco (1977, p. 116).

[3] Idem, ibidem.

sui mais experiência para compreender o que você está tentando dizer. Use esse trunfo com inteligência, de nada adianta ficar lhe enviando textos sem intervalos suficientes para que o orientador possa ler e enviar o *feedback*. Evite também enviar todo o texto poucos dias antes da entrega, pois ao ler um texto sem tempo hábil os detalhes importantes serão fatalmente negligenciados.

Depois de um tempo você e seu orientador ficarão viciados no texto, e com isso muitos erros começarão a passar despercebidos. Nesses momentos recorra a um amigo, preferencialmente que não tenha conhecimento sobre o tema. Suas reações serão de grande valia.

Não se preocupe em começar pelo primeiro capítulo. Talvez esteja mais preparado para o segundo ou o terceiro, com isso você passará a ganhar confiança.

Seu texto deve de preferência ser escrito em linguagem referencial – com os termos bem definidos e unívocos – mas às vezes é útil empregar uma metáfora ou uma ironia para dar um tempero diferente. Evite também reticências para indicar pausas longas. As reticências [...] só se empregam no corpo de uma citação para assinalar os trechos omitidos. Não use pontos de exclamação ou interrogação, a não ser que seja extremamente necessário.

Com relação aos pronomes pessoais, é importante tentar escrever usando a terceira pessoa ao invés de eu ou nós.

> Escrever é um ato social: escrevo para que o leitor aceite aquilo que lhe proponho. Quando muito deve-se procurar evitar o pronome pessoal recorrendo a expressões mais impessoais, como "cabe, pois, concluir que", "parece acertado que", "dever-se-ia dizer", "é lícito supor", "conclui-se daí que", "ao exame deste texto percebe-se que" etc. Não é necessário dizer "o artigo que citei anteriormente", ou "o artigo que citamos anteriormente", basta dizer "o artigo anteriormente citado". Entretanto, é válido escrever "o artigo anteriormente citado *nos* demonstra que", pois expressões assim não implicam em nenhuma personalização do discurso científico.[4]

Sempre que possível, evite usar primeira pessoa em seus textos científicos. O estilo do texto é fundamental para a boa fluidez de seu projeto, ele deve ser claro, conciso, limpo e ainda assim demonstrar a existência de uma base teórica sólida e consistente.

---

4 Eco (1977, p. 120).

PERGUNTAS PARA REFLEXÃO

1. Quais são as características de um bom texto?
2. O que deve ser feito com termos que possuem definições diferentes?
3. Quais são as atitudes a serem tomadas ao citar alguém?
4. É permitido usar expressões como: "sem dúvida nenhuma"?
5. Os parágrafos devem ser longos ou curtos?
6. É melhor escrever de uma forma erudita ou simples?
7. O que fazer com relação às interrogações, exclamações e reticências?
8. O texto deve ser escrito em primeira pessoa ou terceira pessoa?

DICAS PARA O DESENVOLVIMENTO DE UM TEXTO

1. Deixe seu texto claro e conciso.
2. Evite períodos muito longos.
3. Se for inevitável, escreva-os longos mesmo e depois corte-os.
4. Explique os termos de difícil compreensão ou de interpretações diferentes.
5. As definições necessárias devem aparecer apenas na primeira vez que o termo aparecer.
6. Comunicação e propaganda são áreas tão sérias quanto administração, economia, engenharia ou medicina.
7. Faça referências a autores consagrados para embasar a sua ideia.
8. Torne os autores citados familiares ao seu leitor.
9. Evite ao máximo exprimir uma opinião parcial através de um juízo de valor.
10. Evite começar os textos com citação.
11. Logo após a citação, comente a sua interpretação sobre ela.
12. Evite o plágio.
13. Anote todas as informações importantes dos textos que você encontrar, incluindo datas e número de páginas.
14. Sempre que possível, releia seu trabalho e desmembre os períodos longos em períodos mais curtos.
15. Não receie repetir o sujeito.
16. Elimine o excesso de termos como *que*, *onde* e *ou seja* e orações subordinadas.
17. Evite o excesso de adjetivações.
18. Evite a rima pois trata-se de prosa e não poesia.
19. Evite palavras difíceis.
20. Use um rascunho e escreva o que lhe vier à cabeça.
21. Mantenha o foco, a finalidade do trabalho não é provar que sabe tudo.

22. Teste seu texto com o orientador e com os amigos, veja se eles entendem o que você está tentando dizer com o texto.

23. Não se preocupe em começar pelo primeiro capítulo. Talvez esteja mais preparado para o segundo ou o terceiro.

24. Não use pontos de exclamação ou interrogação, a não ser que seja extremamente necessário.

25. Se inevitável, use apenas um ponto de exclamação ou interrogação, não use: [!!!] ou [???] em hipótese nenhuma, afinal é um trabalho sério e não uma sala de bate-papo.

26. Não use abreviações e "adaptações da língua portuguesa e sinais gráficos" do tipo: vc, naum, ;-),:P, etc.

27. Sempre que possível, evite usar primeira pessoa em seus textos científicos.

TUDO COMEÇA NO *BRIEFING*

Mas, depois de pronto, onde colocar o *briefing?*

Não há pão sem farinha, assim como não há projeto sem briefing. Mas, depois de pronto, onde está a farinha do pão?

Este capítulo aborda os seguintes tópicos:

- Qual é a origem do termo *briefing?*
- Como desenvolver um *briefing?*
- Quais itens deve conter um *briefing?*
- Qual é a importância do *briefing* para o projeto?
- Onde colocá-lo depois de pronto?
- Como manter um bom relacionamento com o cliente?
- Como o *briefing* pode ajudar no desenvolvimento do projeto?

O *briefing* é o documento que informa do ponto de vista do anunciante: seu mercado, seus concorrentes, seu produto/serviço, sua marca e seu público-alvo, além de indicar seu problema.

A palavra teve a sua origem na Segunda Guerra Mundial, sendo utilizada inicialmente pelo militares da aeronáutica. Para evitar o vazamento de informações e ainda assim informar o pessoal envolvido na missão, foram idealizadas reuniões

34 COMO PLANEJAR E EXECUTAR UMA CAMPANHA DE PROPAGANDA • PÚBLIO

de *briefing* com os pilotos e equipes de combate cerca de 40 minutos antes do início do ataque.[1]

Provavelmente, os generais responsáveis pelas estratégias de guerra tinham que lidar com diversas informações importantes. Entretanto, a troca dessas informações deveria acontecer somente com o pessoal envolvido. Os militares responsáveis pela parte tática da missão deveriam conhecer apenas as informações relevantes de um ataque específico, e não se preocupar com toda campanha. Imagine o que aconteceria a cada um dos pilotos se a cada nova reunião de *briefing* fossem passados todos os dados referentes à situação de seu país na guerra toda, inclusive como estavam as outras frentes de batalha. Informações desse nível servem somente para aumentar o tempo da reunião e consequentemente aumentar o risco de fracasso da missão.

Briefing significa passagem de uma informação de uma pessoa para outra. Nas agências de comunicação a passagem da informação se dá do anunciante – detentor do problema – para os profissionais da agência – responsáveis pela elaboração, criação e viabilização do projeto. Portanto, é importante verificar quais informações são relevantes para as pessoas que as receberão.

Um *briefing* muito grande é ruim não apenas porque é extenso, mas principalmente porque não é seletivo. Quando excessivamente reduzido significa que está incompleto e em consequência deixa muito espaço para a imaginação das pessoas que irão trabalhar na tarefa. A imaginação é fundamental, é claro, mas para resolver o problema e não para se ficar imaginando como de fato seria. Não deve ser um documento muito rígido, pois ele partiria de tantas imposições, regras e preconceitos que estrangularia a criatividade das pessoas e rapidamente traria desmotivação às pessoas envolvidas no processo.

Ele deve ser um documento simples e objetivo: "um bom *briefing* deve ser tão curto quanto possível, mas tão longo quanto necessário. Em outras palavras, o *briefing* deve conter todas as informações relevantes e nenhuma que não seja".[2]

Após o *briefing* inicial recomenda-se o desenvolvimento de *briefings* específicos e complementares para as áreas específicas da agência, tais como: mídia, promoção, pesquisa, criação etc. O *briefing* se popularizou sendo aplicado indistintamente pelos diversos departamentos de uma agência para designar um pedido de trabalho. A cada novo pedido de trabalho exige-se a produção de um novo *briefing*. Elaborar um novo documento a cada departamento é uma prática saudável, desde que não seja levada ao extremo.

---

[1] Corrêa (2002, p. 74).

[2] Sampaio (1995, p. 284).

TUDO COMEÇA NO *BRIEFING* **35**

A urgência da maioria dos trabalhos de uma agência faz com que grande parte das informações importantes sejam perdidas ao longo do projeto. Sem um *briefing* por escrito fatalmente o anunciante chega à seguinte pergunta:

– Mas foi isso mesmo que eu pedi?

Se o anunciante fizer esse tipo de questionamento com um tom de desaprovação, pode ter certeza de que você está diante de um trabalho de "alta-voltagem".[3] Agora, se for um tom de satisfação, você está diante de um bom trabalho: está indo além do que o cliente esperava.

Os trabalhos de "alta-voltagem" são extremamente desgastantes para a relação agência-anunciante, uma vez que cada trabalho que "bate na trave" irrita o pessoal de criação e mídia desmotivando-os e desmotiva o anunciante fazendo-o pensar que a agência que ele escolheu não é boa o suficiente.

Um bom *briefing* no início do processo pode evitar esse tipo de desgaste. Entretanto, o simples fato de escrevê-lo não garante uma campanha de sucesso. Não se deve depositar excesso de confiança no papel, nem o contrário, passar *briefing* sem apoio documental nenhum. É importante documentar o trabalho e ainda assim estabelecer uma relação pessoal para estimular os envolvidos. Também é importante cultivar relacionamentos e atmosferas adequadas, pois seu objetivo não é apenas passar dados, mas estimular ideias e encorajar os envolvidos a descobrir mais por si próprios.

O atendimento da agência que recebe o *briefing* do anunciante deve ter autonomia e poderes suficientes para aprovar algo concreto, pois a agência precisa de uma base segura para trabalhar. Constantemente encontramos os famosos "*briefings mutantes*", documentos que mudam de forma e composição de acordo com bel-prazer do cliente. Esse tipo de documento não possui credibilidade nenhuma na agência e serve apenas para desvalorizar o atendimento da conta.

O tempo da reunião de *briefing*, assim como qualquer reunião dentro da agência, deve ser o mínimo possível. Por menos democrático que pareça, a reunião é o momento de passar informações e delegar trabalhos, não é o momento de discutir soluções possíveis – a menos que seja uma reunião de *brainstorm*.

Ok! Já montei um *briefing* completo com todas as informações do anunciante, e agora onde eu devo colocá-lo no projeto?

A resposta é bastante simples e ao mesmo tempo confusa:

– Em todos os lugares!

É difícil compreender isso, uma vez que não há no planejamento um item específico destinado ao *briefing*. Assim ele deve ser pulverizado ao longo de todo

---

[3] Um trabalho de "alta-voltagem" resume-se a um trabalho difícil de ser aprovado pelo anunciante, pois toda vez que é apresentado ele percebe que falta algo ou lembrou-se de algo de última hora, com isso o trabalho entrará num processo de vaivém constante. Daí o nome: "alta-voltagem".

o trabalho. Ele deve aparecer um pouco no macroambiente e um pouco no microambiente.

Deve também ditar descrição da missão, visão e valores da empresa bem como sua área de atuação e suas pretensões. Dessa forma, ele também funciona como linha guia para o desenvolvimento dos objetivos e estratégias. Para facilitar o entendimento, o Quadro D.1 apresenta uma metáfora simples associando o *briefing* ao trigo para fazer pão.

Quadro D.1 **A metáfora do pão e trigo.**

O *briefing* está para o projeto assim como o trigo está para o pão: o último não pode existir sem o primeiro, entretanto dificilmente você encontrará o trigo no pão.

Pensar no pão e no trigo é interessante porque o trigo está em todas as partes do pão mesmo invisível. O processo de fazer pão se assemelha bastante à comparação entre *briefing* e planejamento.

No início do processo, o *briefing* – assim como o trigo – é colhido diretamente no cliente, através de dados que ele fornece e através de uma entrevista.[4] De posse desses dados o planejador deve organizá-los e prepará-los de forma que possam ser utilizados no projeto. Esse processo é equivalente à técnica de secagem e moagem do trigo, para a produção de farinha.

Depois que o *briefing* foi preparado e virou farinha, introduzem-se os dados externos que foram coletados pelo planejador, semelhantemente à água necessária para a preparação do pão. Note que esses dados externos, assim como a água, devem ser abundantes, pois somente assim o resultado será satisfatório. Mesmo assim muita água será descartada durante o processo de preparação.

Depois de misturada a água à farinha, é introduzido o tempero. Esse é derivado diretamente do perfil de cada empresa. Caso o tempero não seja adequado ao que foi solicitado no *briefing*, as chances de o resultado sair satisfatório são reduzidas ao mínimo.

Ainda nesse processo falta o ingrediente ligado à criatividade, que o professor Francisco Gracioso[5] – em uma suas divertidas aulas ilustradas de planejamento (culinário) – compara ao fermento. É a criatividade, não só na criação publicitária, mas em todo processo de planejamento, que faz o resultado crescer e tomar forma.

Por último, mas não menos importante, entra a competência e o empenho de quem está fazendo o trabalho, que podem ser comparados à potência de um forno. Uma boa receita malfeita torna-se uma massa quase crua e mal digerível, enquanto que um bom empenho e um bom forno fazem um bom pão.

É a partir do *briefing* que se pode ter noção da área de atuação da empresa e com isso é possível se delinear o macroamenbiente e quais forças ambientais exercem mais influências ao tipo de atividade da empresa.

---

[4] Que para o diagnóstico médico é chamada de *anamnese*, como apresentado no Capítulo B.

[5] Professor e diretor presidente da ESPM (Escola Superior de Propaganda e Marketing).

As informações extraídas do cliente são de fundamental importância para o desenvolvimento do trabalho, por isso um bom relacionamento com o cliente é fundamental.

É possível fazer uma interessante analogia entre relacionamento amoroso e o relacionamento com um anunciante. Imagine receber um formulário de páginas contendo todo tipo de pergunta logo no primeiro encontro. Quais são as chances de você querer sair com esta pessoa novamente?

Para evitar constrangimentos no primeiro encontro, não se esqueça de que você não é o melhor amigo do cliente (pelo menos por enquanto). Seja breve, escute, mostre um valor imediato, e principalmente mostre que você escutou. Essas dicas são apresentadas com mais detalhes na Tabela D.1.

Tabela D.1 Dicas para um bom relacionamento com o cliente.

Não se esqueça de que você não é o melhor amigo de seu cliente	Não espere que ele lhe conte tudo nem tente contar toda a sua experiência de vida no primeiro encontro.
Seja breve	Se você falar demais vai inibir seu cliente, afinal ele é o centro das atenções.
Escute	Já dizia um sábio filósofo: Deus nos deu dois ouvidos e apenas uma boca.
Anote	Não há nada mais chato do que ficar dizendo a mesma coisa várias vezes.
Mostre um valor imediato	Mas não tente achar a solução do problema logo de cara; seu cliente já pode ter tentado achá-la sem sucesso. Além do mais, soluções óbvias podem indicar que você está chamando seu cliente de ignorante.
Demonstre que você escutou	Ao fazer a proposta, certifique-se de ter refinado as informações recebidas. Explique que o que você está fazendo tem como base a informação que ele está lhe passando.

Com um bom relacionamento com o cliente é possível conhecer qual é a visão da empresa e quais são considerados por ele os principais concorrentes. Com isso já é possível pesquisar como o setor tem se comportado.

O *briefing* também deve deixar claro qual é o perfil da empresa, qual é o seu portfólio de produtos, qual a sua área de atuação, quais estratégias de marketing estão sendo utilizadas, quais já foram testadas, quais são as dificuldades que a empresa está enfrentando etc.

Ao saber qual é o perfil da empresa, torna-se mais fácil delinear seus objetivos, sua missão, sua visão e seus valores. Esses itens são muito importantes para guiar o planejamento e detectar o posicionamento pretendido da empresa.

É a partir deste instrumento que se tem uma noção dos problemas de marketing e de comunicação da empresa, e esses dados são primordiais para se proporem os objetivos que irão determinar as estratégias de marketing e comunicação.

A partir do *briefing* é possível se ter uma noção da dimensão da campanha e com isso já é possível imaginar qual será a verba necessária a se investir. De nada adianta superdimensionar uma campanha, ou subdimensioná-la. Cada projeto deve ser construído na dimensão exata das necessidades e recursos dos clientes.

É importante também que o *briefing* apresente a verba que o anunciante pretende investir na comunicação, pois isso facilita enormemente a descrição do objetivo, além de indicar qual será o tamanho da campanha apropriada ao cliente.

A criação publicitária deve construir um conceito e um tema de acordo com o posicionamento pretendido da empresa, e esse posicionamento deve ser delimitado pelo *briefing*, caso contrário a criação corre o risco de desenvolver uma belíssima campanha que não serve para solucionar os problemas do cliente.[6]

A dimensão da campanha também serve para delimitar os objetivos e estratégias de mídia, por isso o *briefing* deve indicar diretrizes para a sua realização.

Depois de tudo isso, onde deve ser colocado o *briefing*?

O *briefing* deve ser quebrado, assim como a farinha é moída, e pulverizado ao longo de todo o trabalho. Se mesmo assim você, ou seu cliente, fizer questão de descrevê-lo na íntegra, o melhor lugar para colocá-lo é nos apêndices[7] do trabalho.

---

[6] Infelizmente, isso ocorre com frequência.

[7] Segundo a coleção Normas para a Apresentação de Documentos Científicos da Universidade Federal do Paraná, no livro número dois sobre teses, dissertações, monografias e trabalhos acadêmicos, é indicado que "Apêndices são textos elaborados pelo autor a fim de complementar sua argumentação", enquanto que "anexos são documentos não elaborados pelo autor, que servem como fundamentação, comprovação ou ilustração, como mapas, leis, estatutos, entre outros" (UFPR, 2002).

PERGUNTAS PARA REFLEXÃO

1. Quais ao as principais dicas para um bom relacionamento com o cliente?
2. O *briefing* é a última coisa a ser feita no planejamento?
3. Qual é a relação entre o *briefing* e o planejamento?
4. Quais são os itens mais importantes que devem constar no *briefing*?
5. Onde eu devo colocar o *briefing* no planejamento estratégico?
6. Qual é a origem do termo *briefing*?
7. O que é *briefing*?
8. Quais itens devem constar no *briefing*?
9. Qual é o *briefing* do seu anunciante?

DICA: Use a simplicidade, sempre que possível. A Tabela D.2 apresenta um roteiro para um *briefing* completo, porém extenso. Veja quais informações são relevantes para o seu projeto.

Tabela D.2 Itens de um *briefing* completo: não precisa coletar todos esses dados, apenas as informações mais relevantes para o trabalho.

1. Organização	1.1	Nome
		1.1.1 Nome do contrato social
		1.1.2 Nome Fantasia
	1.2	CNPJ
	1.3	Localização
	1.4	*Site*
	1.5	Contato
		1.5.1 Nome do contato
		1.5.2 Telefones do contato
		1.5.3 *E-mail* do contato
		1.5.4 Cargo/função do contato
	1.6	Breve histórico
	1.7	Áreas de atuação
	1.8	Organograma/fluxograma
	1.9	Esboço geográfico e dos mercados
	1.10	Faturamento
	1.11	Balanço financeiro
2. Dados sobre o Produto/Serviço	2.1	Nome do produto/serviço anunciado
	2.2	Descrição do produto/serviço anunciado
	2.3	Propriedades do produto/serviço
	2.4	Histórico do produto/serviço anunciado
	2.5	Aparência física
	2.6	Embalagem do produto/serviço anunciado
	2.7	Preço e tendência
	2.8	Custo-benefício
	2.9	Vantagens do produto/serviço anunciado

40 COMO PLANEJAR E EXECUTAR UMA CAMPANHA DE PROPAGANDA • PÚBLICO

2.10 Desvantagens:
(Qual é a "verdadeira" razão pela qual esse tipo de produto é consumido? Qual o "desejo" especial por ele satisfeito, e até que ponto satisfaz?)

2.11 Como é usado (local e forma)

2.12 Frequência de uso

2.13 Local de fabricação

2.14 Capacidade de produção

2.15 Disponibilidade

2.16 Concorrentes

2.17 Vantagens e desvantagens (relativas aos concorrentes): Quais são as vantagens maiores de nosso produto, face à concorrência? Quais as vantagens e desvantagens oferecidas pelos principais concorrentes?

2.18 Qualidade aparente

2.19 Diferenciais:
Cada indústria, produto ou serviço se diferencia em algum particular dos concorrentes. Essas diferenças poderão exercer grande influência sobre a nossa escolha dos fatores mais eficazes na propaganda, venda e distribuição. Fazer um resumo desses pontos, em que o produto se diferencia dos outros.

2.20 Imagem da marca

2.21 Em qual fase se encontra? No ciclo da existência de um produto há três fases: a introdução, a consolidação e a reativação. Em que fase se encontra o produto no momento?

2.22 Qual é o total das vendas?

2.23 Qual é a estimativa das vendas a indivíduos ou famílias (conforme o uso mais importante)?

---

3. Mercado

3.1 Quais os tipos de estabelecimentos que vendem o produto?

3.2 Importância relativa de cada canal de venda

3.3 Como se vende o produto: unidades, pacotes, grandes quantidades, varejo tradicional, autosserviço, distribuidores exclusivos, revendas etc.

3.4 Como se presta o serviço: direta ou indiretamente, de forma centralizada ou descentralizada, pessoalmente, via telefone, através de terminais informatizados

3.5 Tamanho do mercado:
   3.5.1 em volume
   3.5.2 em valores

3.6 Sobreposições de mercado

3.7 Influência do atacado e varejo

3.8 Tendências de vendas:
   3.8.1 Do produto
   3.8.2 Da categoria
   3.8.3 Do mercado

3.9 Influências:
   3.9.1 Regionais
   3.9.2 Sazonais
   3.9.3 Demográficas

3.10 Como se dá a distribuição

3.11 Organização do mercado

3.12 Atitudes dos distribuidores

3.13 Influência da força de vendas

3.14 Efeitos da propaganda

3.15 Investimento total de comunicação do mercado

3.16 Qual a marcha das vendas: crescem, diminuem ou estão paradas? Por quê?

3.17 Qual a proporção das vendas desse produto nas vendas totais da indústria? Esta proporção cresce, diminui ou está parada? Por quê?

3.18 Quais as vantagens ou desvantagens do produto ou dos métodos de venda que mais contribuíram a esse quadro:
O produto?
A embalagem (inclusive o tamanho)?
Preço?
Métodos de venda?
Distribuição?
Propaganda?

3.19 Legislação (para alguns produtos existem normas que restringem a comunicação)

---

4. Concorrência

4.1 Participações e tendências de evolução do *share of market*

4.2 Grau de organização de cada concorrente

4.3 *Share-of-voice* (quanto cada organização participa no total de comunicação do setor)

4.4 Quais são as estratégias de marketing dos principais concorrentes

4.5 Propaganda dos concorrentes
   4.5.1 Objetivos percebidos de propaganda e dos demais elementos de comunicação dos principais concorrentes

4.6 Quais os outros produtos que fazem concorrência ao seu? (concorrentes indiretos)

4.7 O mercado dos concorrentes indiretos está crescendo, diminuindo ou é estável? Por quê?

4.8 Qual a importância da concorrência dos produtos sem marca ou a granel?

---

5. Pesquisas

5.1 Disponíveis

5.2 Regulares

5.3 *Ad Hoc* (Encomendadas)

---

6. Consumidores

6.1 Dados dos compradores:
   6.1.1 Do produto
   6.1.2 Da concorrência
   6.1.3 Potenciais compradores

6.2 Ocupação/profissão

6.3 Quantidade de compra

6.4 Nível de escolaridade

6.5 Localização

6.6 Grupos de idade

6.7 Sexo

6.8 Nível de renda

6.9 Segmentação psicodemográfica

6.10 Decisões de compra: formais e informais

6.11 Influenciadores de compra: dentro de casa/empresa e fora de casa/empresa

6.12 Necessidades satisfeitas pelo produto

6.13 Atitudes do consumidor com relação a:
   6.13.1 Preço
   6.13.2 Qualidade
   6.13.3 Utilidade e conveniência

6.14 Atitudes subconscientes

6.15 Graus de conscientização sobre o produto

6.16 Hábitos de compra/uso

6.17 Frequência de compra/uso
    6.17.1 Qual a frequência da compra do produto?
    6.17.2 Qual a frequência de uso?
6.18 Sazonalidade:
    6.18.1 Hora do dia
    6.18.2 Estação do ano
    6.18.3 Feriados
    6.18.4 Ocasiões especiais
    6.18.5 Seria possível aumentar as ocasiões oportunas para a venda?
6.19 Principais razões de compra/uso
6.20 Quem toma a decisão de comprar o produto?
6.21 Quem efetivamente faz a compra?
6.22 Até que ponto poderá ser vendido a outros tipos de consumidores?

7. Objetivos

7.1 Objetivos estratégicos da empresa
7.2 Objetivos de marketing da mesma em termos de:
    7.2.1 Volume
    7.2.2 Valor
    7.2.3 Participações
    7.2.4 Ampliação do mercado
    7.2.5 Rentabilidade
7.3 Objetivos de vendas
7.4 Objetivos de comunicação:
    7.4.1 Quem atingir
    7.4.2 Quantos atingir
    7.4.3 O que comunicar
    7.4.4 Que atitude/resposta deseja motivar a curto e longo prazos
7.5 Problemas (que atrapalham a obtenção dos objetivos)
7.6 Oportunidades que facilitam a obtenção dos objetivos

8. Estratégia Básica

8.1 Ferramentas de comunicação sugeridas pelo anunciante
8.2 Peças sugeridas e conteúdo básico
8.3 Posicionamento (como a empresa, linha, produto, marca quer ser percebida no mercado)
8.4 *Approach* criativo sugerido pelo anunciante
8.5 Pontos obrigatórios (a serem destacados ou evitados)
8.6 *Target*
8.7 Mercados a serem cobertos (região e segmentos)
8.8 Meios de comunicação sugeridos
8.9 Período de comunicação desejado
8.10 Estilo da empresa
8.11 Histórico de comunicação
8.12 *Merchandising* e promoção
8.13 Objetivos:
    Encontrar novos consumidores?
    Incrementar o consumo entre os atuais consumidores?
    Modificar a tendência atual do consumidor?
    Induzir o consumidor a mudar de marca?
8.14 Quais as promoções especiais que têm sido empregadas para aumentar as vendas?
8.15 Qual o grau de atividade desenvolvido pelo cliente nos campos de pesquisas e desenvolvimento?
8.16 Que pensa o cliente sobre:
    Fusão de firmas?
    Compra de marcas?
    Diversificação de produtos?

9. Verba	9.1 Quanto o anunciante está disposto em investir na comunicação
	9.2 Como é determinada a verba para a comunicação?
	9.3 A verba do período passado:
	Foi suficiente para assegurar uma distribuição inicial adequada?
	Foi suficiente para alcançar e manter vendas repetidas, em número que assegure a distribuição continuada?
	9.4 Qual a parcela dessa verba que deverá ser destinada à manutenção do nível atual de vendas, e qual a parcela destinada ao desenvolvimento de novas medidas?
	9.5 Como se distribuiu a verba entre os veículos no último período?

Parte 2

ANÁLISE DA SITUAÇÃO DE MERCADO

Mais importante que saber onde você quer ir é saber onde você está.

Esta parte do livro pretende responder às seguintes dúvidas:

- Como está o mercado?
- Como fazer uma análise do ambiente de marketing?
- Quais são as principais variáveis do ambiente?
- Como fazer uma análise do setor?
- Como fazer uma análise da concorrência?
- Quais são os elementos do mercado que impulsionam sua empresa?
- Quais são os elementos do mercado que inibem o crescimento?
- Onde estão os diferenciais e as vantagens competitivas de sua empresa?
- Quais são suas fraquezas?

Toda empresa, seja ela com fins comerciais ou não, está inserida numa determinada sociedade e estabelece com ela uma relação. Por causa dessa interação, ao mesmo tempo em que a empresa possui influências sobre o seu meio, o meio também a influencia. Com isso a empresa deve estar preparada para se adaptar a qualquer mudança do ambiente.

É importante que a empresa conheça as principais variáveis do meio onde está inserida para que consiga reagir positivamente a elas. Este estudo do meio de atuação da empresa costuma receber o nome de análise do ambiente de marketing, ou análise da situação de mercado.

Este estudo envolve uma alta gama de conhecimentos em diversas áreas, dependendo muito da área de atuação da empresa e do momento em que ela se encontra, por esse motivo na área acadêmica costuma-se dedicar um semestre a este estudo, dando origem a uma monografia, devido à complexidade de temas abordados.

Já no mercado não há necessidade de desenvolver uma monografia a cada novo estudo, entretanto, um bom conhecimento sobre as variáveis que influenciam a empresa é de grande valia no desenvolvimento do projeto. Este item corresponde a responder a uma série de perguntas, cujas principais estão descritas na Tabela 1.

Tabela 1   Perguntas que a análise da situação pretende responder.

Qual é a empresa?
Onde a empresa atua?
Quais são seus produtos e serviços?
Qual a necessidade de mercado que a empresa pretende suprir?
Quais são seus fornecedores e distribuidores?
Qual é o perfil das empresas e marcas participantes neste mercado?
Qual é o perfil da empresa?
Como se comporta seu público-alvo?
Como se comporta o setor?
Que fatores influenciam o desempenho da empresa e de seus concorrentes?

Responder onde a empresa atua não é tão simples quanto parece (veja o Quadro 1). Não bastam as informações do cliente, para um bom planejamento você deve conhecer a fundo quais são as condições de mercado onde está inserido o produto ou serviço de seu cliente.

Para tanto, é bom começar por uma pesquisa exploratória em dados secundários, que forneçam informações necessárias para esboçar um planejamento.

ANÁLISE DA SITUAÇÃO DE MERCADO **47**

Quadro I Por que direcionar a pesquisa?

Um bom planejamento não é aquele bem organizado em sua fase inicial, e sim, aquele cheio de rasuras e anotações de ideias que foram surgindo no decorrer do caminho.

Na sua fase final – se é que esta existe, pois planejamento é um processo e não um fim – é que devem ser organizadas e encadeadas as ideias.

Qual é o produto ou serviço da empresa?

Em alguns casos, é fácil responder a esta pergunta. Por exemplo, qual é o produto ou serviço da Volkswagen? Carros, claro!

Mas qual é o produto da Nestlé? Bem, há vários!

Dessa forma, você pode trabalhar com todos os produtos da empresa, uma determinada linha, ou um determinado tipo de produto, e para cada restrição torna-se mais fácil buscar informações, uma vez que seu objetivo torna-se mais específico. Mesmo no caso da Volkswagen, é interessante fazer restrições.

Por exemplo, se você for analisar a situação da Volkswagen no mercado de transportes, encontrará uma determinada situação, além, é claro, de ter um mercado imenso a analisar.

Mas você pode se restringir a analisar a Volkswagen sob a ótica do mercado de automóveis. E também terá uma série de dados à disposição.

Se você quiser se aprofundar mais, pode restringir a análise ao mercado de utilitários de luxo.

Ou pode analisar somente um produto, seu comportamento e seus concorrentes – por exemplo, analisar a *performance* do Touareg, da Volkswagen.

Fazendo estas restrições você torna o direcionamento de seu trabalho muito mais fácil, e diminui o risco de se perder dizendo coisas que não são interessantes para seu mercado e nem para seu cliente.

Enfim, defina precisamente quais são os produtos e serviços em que a empresa atua, quais deles você irá analisar para evitar perder tempo com coisas menos importantes.

A análise da situação é basicamente um histórico da empresa e serve para responder perguntas como: onde a empresa se encontra no momento? Como ela chegou lá? A análise da situação também deve incluir: o crescimento da empresa, oferta de produtos, volume de vendas e mercados. Também é incluída uma análise dos diversos ambientes que podem ter impacto na organização (social, econômico, tecnológico, legal, político, competitivo, natural e outros).

Cada um dos tópicos relacionados à análise de situação será abordado em detalhes no decorrer deste livro. Os tópicos a seguir – principalmente aqueles referentes aos estudos do macroambiente – podem ter títulos mais criativos e mais explicativos. Por exemplo, ao analisar a legislação que envolve a produção de embalagens no mercado alimentício, ao invés de se colocar o monótono título de Ambiente Legislativo, pode ser colocado um título do tipo: Influências da Legislação nas Embalagens dos Produtos Alimentícios. Ao deparar com um título desses, o leitor já consegue imaginar o que irá encontrar nesse capítulo, e consegue, inclusive, perceber a sua relevância.

48 COMO PLANEJAR E EXECUTAR UMA CAMPANHA DE PROPAGANDA • PÚBLIO

Entretanto, alguns capítulos do projeto devem permanecer com os títulos originais, como a introdução, por exemplo, que já é autoexplicativa – não é necessário alterá-la para: Introdução ao Projeto de Comunicação. Vale o bom-senso na escolha dos títulos dos capítulos.

PERGUNTAS PARA REFLEXÃO

1. Por que é importante fazer uma análise da situação de mercado da organização?

2. Quais são as principais perguntas que a análise da situação pretende responder?

3. Ao desenvolver a pesquisa é bom escolher um tema abrangente ou específico? Por quê?

4. Deve-se trabalhar com todas as áreas de atuação da empresa ou apenas com uma linha de produtos?

POR QUE COMEÇAR COM UMA INTRODUÇÃO

Qual é a função da introdução?

Não se julga um livro pela capa, mas pela sua contracapa.

Este capítulo do livro pretende responder às seguintes dúvidas:

- Como fazer a introdução?
- Quais itens deve conter a introdução?
- Por que a introdução é importante?
- A introdução deve ser a primeira coisa a ser escrita, ou a última?

Antes de qualquer coisa, o primeiro texto que deve constar no projeto é a introdução para que o leitor saiba do que se trata. Como o próprio nome diz, introdução é o primeiro contato que o leitor terá com seu texto, e nesse primeiro contato ele deve ficar ciente de tudo que irá encontrar pela frente.

A introdução não deve ser muito longa para não se tornar cansativa e nem muito resumida para que não deixe de informar do que trata o projeto. Deve ser escrita em prosa, evitando-se ao máximo segmentá-la em tópicos como: problema, objetivo etc. Essa segmentação pode ter sido útil na fase de projeto para facilitar a sua construção, mas agora, na introdução, o texto deve ser um só.

A introdução deve funcionar exatamente como um *trailer* de filme. Um bom *trailer* provoca os sentidos, apresenta o enredo, apresenta os personagens, mas não revela tudo, deixa um suspense que instiga o público a assisti-lo.

Não se esqueça de que você está escrevendo a introdução do trabalho e, portanto, é ele quem deve ser descrito e não a empresa analisada. Existem alguns itens que são fundamentais na introdução; esses itens serão abordados ao longo deste capítulo.

O primeiro deles é a apresentação da área de atuação de seu cliente, que é equivalente ao tema do estudo. A área de atuação de uma empresa é sempre maior que ela mesma, e geralmente surge com uma necessidade de mercado. Inicie a introdução indicando quais foram as necessidades de mercado que levaram a formação da organização, como elas foram percebidas.

Dedique pelo menos um parágrafo para apresentar ao seu leitor e qual é a área de atuação de seu cliente. Se possível, apresente o tema de uma maneira geral e depois de uma maneira mais específica.

Apresente também sucintamente seu cliente, dizendo somente o necessário para o leitor saber do que se trata. Se for um cliente conhecido é mais fácil; agora, se não for um cliente muito conhecido, tente usar exemplos para fazer o cliente soar de maneira mais familiar possível para o seu leitor.

Indique na introdução qual é a necessidade de comunicação do anunciante e o que ele pretende que a agência (no caso, você) faça para resolver esse problema. Indique quais as soluções propostas por ele. Por exemplo, se ele pretende fazer uma campanha institucional ou promocional, quais meios ele pretende usar, quais públicos ele pretende atingir. Todos esses dados são derivados diretamente do *briefing* e serão analisados ao longo do projeto.

Outro elemento interessante para ser colocado na introdução é a verba que o cliente disponibiliza para o desenvolvimento do projeto, que é chamada geralmente de *budget*. Essa verba serve para indicar qual será a dimensão do projeto e consequentemente qual será a dimensão da campanha. Portanto, aproveite que você está descrevendo o anunciante e indique também seus objetivos iniciais e o montante que ele está disposto a investir para atingir os mesmos.

Em seguida, escreva qual é o problema que o levou a escrever este trabalho. O problema pode ser do cliente, como uma queda nas vendas, do mercado, como uma tendência ou ameaça detectada por hipótese e que precise ser testada, ou pode ser um problema acadêmico como falta de informações nesta área de estudo.

O problema também pode estar situado na área de atuação da organização como, por exemplo, aumento de criminalidade ou degradação ambiental. A esse problema, academicamente, dá-se o nome de problemática. Geralmente ele foi indicado na fase de projeto, e só deve ser reescrito.

Ainda junto ao problema encontra-se a proposição do trabalho, ou seja, qual foi o objetivo ao escrevê-lo (onde você quer chegar com ele). Note que estamos falando da primeira fase do trabalho, ou seja, da fase de análise. Geralmente o problema está diretamente ligado ao objetivo, pois o trabalho deve ser elaborado com o propósito de resolver o problema detectado, caso contrário, não há uma aplicação prática para o trabalho.

Em seguida, deve ser descrita a justificativa da elaboração do trabalho, que está relacionada com a relevância e motivação para a realização do trabalho, e por isso, ela geralmente engloba três esferas do conhecimento: pessoal, social e acadêmica.

Na esfera pessoal a justificativa deve indicar quais os fatores que levaram o escritor/pesquisador a realizar este trabalho de análise. Entre as motivações pessoais estão inclusive a necessidade de obtenção da titulação pretendida. A justificativa na esfera social deve indicar qual é a relevância do trabalho para a sociedade, em que ela se beneficia com esta pesquisa e análise. Por último, há a justificativa na esfera acadêmica, que deve indicar qual é a relevância acadêmica do trabalho, ou seja, qual lacuna de dados e informações ele pretende preencher e quais discussões ele pretende suscitar.

Após a justificativa, é interessante indicar a hipótese (ou as hipóteses) que pretende testar neste trabalho, se é que ela (ou elas) existe(m). Geralmente, um trabalho que vai gerar um plano de comunicação não possui hipóteses, mas isso não é uma regra.

Para que o trabalho tenha relevância acadêmica e dessa forma gere credibilidade, é interessante utilizar autores e teorias consagradas na área de comunicação e afins. Estes devem ser indicados num parágrafo dedicado ao referencial teórico do trabalho. Neste parágrafo devem ser indicados quais foram os autores utilizados como base e quais as principais teorias.

Depois de apresentado o referencial teórico do trabalho, é interessante descrever qual a metodologia utilizada para o seu desenvolvimento. Onde os dados foram coletados, como foram processados, quais foram os métodos utilizados, quais foram as principais fontes de pesquisa, quais foram as principais dificuldades, enfim, indicar tudo o que tem relação com o método utilizado desde o surgimento da ideia até o resultado final, passando pelas pesquisas, forma de descrever o texto, análises etc.

Depois de descrever o método, é interessante descrever também a estrutura de seu projeto. Para isso dedique alguns parágrafos para descrever sucintamente cada capítulo que compõe o trabalho, mas cuidado para não revelar muitos segredos. Faça com que o leitor fique curioso para ler cada capítulo, e ao mesmo tempo deixe-o ciente do que irá encontrar pela frente.

A introdução, apesar de ser o primeiro item que o leitor vê logo após o sumário, geralmente é o último a ser finalizado, pois somente depois do trabalho concluído é que você terá autonomia suficiente para introduzi-lo. Como um *trailer* de filme, que só é produzido depois de concluído o filme, ou depois de concluída uma boa parte dele.

COMO PLANEJAR E EXECUTAR UMA CAMPANHA DE PROPAGANDA • PÚBLIO

Note, também, que a introdução é derivada diretamente da fase do projeto, ou do pré-projeto – como alguns autores preferem descrevê-lo –, assim, é importante retomar o pré-projeto da fase inicial e utilizá-lo como base para redigir a introdução.

PERGUNTAS PARA REFLEXÃO

1. Por que a introdução funciona como um *trailer* de um filme?
2. Quais são os itens que devem constar numa introdução?
3. Por que a introdução é tão importante?
4. A introdução deve ser escrita em parágrafos ou em tópicos?
5. Qual é o tamanho ideal de uma introdução?
6. Posso colocar os resultados da pesquisa na introdução?
7. Qual é a relação entre a introdução e o projeto inicial (ou pré-projeto)?

Importante: itens que devem aparecer na introdução:

1. Apresentação da área de atuação de seu cliente, ou tema do estudo.
2. Apresente sucintamente seu cliente, dizendo somente o necessário para o leitor saber do que se trata.
3. Indique qual é a necessidade de comunicação do anunciante e o que ele pretende que a agência faça para resolver esse problema.
4. Indique quais as soluções propostas por ele; por exemplo, se ele pretende fazer uma campanha institucional ou promocional.
5. Coloque na introdução a verba que o cliente disponibiliza para o desenvolvimento do projeto.
6. Descreva qual é o problema que o levou a escrever este trabalho.
7. Descreva o objetivo do trabalho (onde você quer chegar com ele).
8. Qual é a relevância pessoal, social e acadêmica do trabalho.
9. Indique a hipótese (ou as hipóteses) que pretende testar neste trabalho, se é que ela (ou elas) existe(m).
10. Indique o referencial teórico do trabalho.
11. Indique a metodologia utilizada para o desenvolvimento do trabalho.
12. Indique a estrutura do trabalho descrevendo sucintamente cada um dos capítulos que o compõem.

2

AMBIENTE EXTERNO

Por que eu tenho que olhar em volta? Não basta analisar a empresa?

Uma residência agradável num ambiente hostil vale menos do que uma residência hostil num ambiente agradável.

Este capítulo do livro pretende responder às seguintes dúvidas:

- Qual é a diferença entre ambiente externo e interno?
- Por que eu devo analisar o ambiente externo?
- Por que o ambiente externo divide-se em macroambiente e microambiente?

O ambiente externo à empresa é tudo aquilo que acontece fora das portas da mesma e que influencia seu funcionamento. Ele pode ser dividido de diversas formas. A maneira mais conveniente para seu estudo em comunicação é dividi-lo em macroambiente e microambiente.

O macroambiente influencia diretamente as atividades da organização, por outro lado a empresa dificilmente influencia diretamente seu macroambiente.[1] A análise do macroambiente é fundamental para o diagnóstico da situação da em-

---

[1] A influência da empresa no macroambiente depende da situação concorrencial do setor. O ambiente concorrencial mede o nível de concentração do setor, assim o setor pode ser classificado desde pouco concentrado, com grande número de empresas atuantes, até mercado altamente concentrado, o que caracteriza monopólios e oligopólios. Nestes casos extremos, a influência da empresa no seu macroambiente é mais percebida do que em mercados pouco concentrados.

presa, pois ele é constituído por forças incontroláveis que indicam as ameaças e oportunidades da organização.

Na prática o macroambiente é todo o meio externo da empresa excluindo seu microambiente: fornecedores diretos, distribuidores diretos, concorrentes e empresas reguladoras do setor. O macroambiente pode ser dividido em partes menores para facilitar a sua compreensão, entretanto essas partes não atuam sozinhas, sempre há uma correlação entre elas. Pode-se dividir o macroambiente em: ambiente físico, ambiente geográfico, ambiente natural, ambiente demográfico, político, econômico, legislativo, tecnológico, cultural e social. Em cada projeto, cada um deles possui a sua carga de importância, cabe ao planejador eleger qual ambiente deve ser analisado com mais profundidade. As partes componentes do macroambiente de uma organização serão tratadas em detalhes nas próximas subseções do capítulo.

O ambiente externo é também constituído por uma parte mais específica denominada microambiente. O microambiente nada mais é do que o setor de atuação da organização. Além de influenciar diretamente as atividades de uma empresa, possui uma probabilidade maior de receber influências das ações da mesma.

Podem ser considerados como componentes do microambiente de uma empresa os fornecedores diretos, os distribuidores, os concorrentes, as organizações reguladoras e os públicos de relacionamento, ou *stakeholders*.[2]

As partes componentes do microambiente de uma organização serão tratadas em detalhes na seção 2.3.

PERGUNTAS PARA REFLEXÃO

1. O que se encontra no ambiente externo da organização?

2. Como o ambiente externo se divide?

3. Macroambiente e ambiente externo são sinônimos?

4. O microambiente encontra-se no ambiente interno da organização?

5. Quais são os elementos que compõem o microambiente de uma organização?

6. Quais são as partes em que o macroambiente pode ser dividido?

7. O que são *stakeholders*?

---

[2] Termo utilizado por Kotler, para públicos de relacionamento.

AMBIENTE EXTERNO **55**

2.1 MACROAMBIENTE

Nenhuma organização é uma ilha.

Leia as manchetes da mídia amanhã cedo
e você encontrará os tópicos de seu macroambiente.

Essa seção pretende responder as seguintes dúvidas:

- O que eu devo analisar no macroambiente?
- O ambiente físico faz parte de meu macroambiente?
- O que eu devo analisar no ambiente político?
- Por que é importante analisar o macroambiente?
- Como definir os pontos mais importantes para serem analisados no macroambiente?
- Como realizar uma pesquisa exploratória para reconhecer o ambiente de marketing da organização?

Para uma análise global de um determinado problema, é fundamental verificar as principais variáveis de uma maneira ampla, somente assim se terá acesso às ferramentas mais eficazes e eficientes para propor a solução mais apropriada. Macroambiente é o conjunto de forças e tendências que definem as oportunidades e apresentam ameaças à organização. São consideradas forças incontroláveis que a empresa deve monitorar e responder a elas sempre que necessário.

É fundamental conhecer o meio no qual a organização está inserida, pois a sociedade é um organismo dinâmico, em constante mutação. É preciso estar atento aos menores sinais de transformação. Os primeiros sinais podem ser tão sutis que passam despercebidos e quando detectados pode ser tarde demais, ou, por outro lado, quando detectados por olhos mal treinados podem ser superdimensionados.

As mudanças no ambiente são fatos que acontecem cotidianamente e que afetam os hábitos de uma população. Eles podem ser encontrados constantemente nas manchetes dos jornais ou nas revistas. Alguns fatos são relevantes, outros acabam caindo no esquecimento; é importante que se identifique quais fatos podem ser importantes para a sua organização.

Esses fatos provocam mudanças de comportamento que levam a uma reação em cadeia incontrolável. Com as mudanças sociais muda a economia, que muda o mercado, que muda os hábitos de compra e consumo. As relações comerciais passam a ser regidas por novas leis. E dessa forma a capacidade da organização de lidar com os sinais que indicam as grandes modificações pode explicar grande parte dos sucessos e dificuldades empresariais. A Tabela 2.1 apresenta alguns dados sobre o atual perfil de consumo do brasileiro.

56 COMO PLANEJAR E EXECUTAR UMA CAMPANHA DE PROPAGANDA · PÚBLIO

Tabela 2.1 — Mudanças constantes no perfil de consumo.

Existem diversos estudos que mostram a evolução do perfil de consumo no Brasil. A maioria deles pode ser encontrada na Internet em *sites* de revistas econômicas ou estudos setoriais como Associação Nacional dos Fabricantes de Veículos Automotores (Anfavea), Associação Brasileira dos Supermercadistas (Abras), Associação Nacional de Fabricantes de Eletrodomésticos (Eletros) ou em *sites* de institutos de pesquisas.

Dados do IBGE mostram a redução da taxa de natalidade e o aumento da expectativa de vida, o que fez com que a participação de crianças e jovens do país diminuísse substancialmente.

Nas última década a classe média passou a investir cerca de 200 a 300 reais mensais com produtos que há dez anos simplesmente não existiam, como celular, TV a cabo, Internet, além da conta telefônica, pois telefone era muito caro e tinha fila de espera, hoje se instala da noite para o dia e não se paga nada por ele, apenas a assinatura mensal pelo serviço.

O volume de empréstimos financeiros cresceu mais de 100% em uma década e com isso carros, casas próprias e viagens deixaram de ser objetos de desejo para virar realidade para uma parcela da população brasileira. A indústria automobilística vem acumulando recordes históricos em volume de vendas.

As alterações no sistema de consumo obrigaram também o varejo a mudar. O número de supermercados, por exemplo, passou de 1.000 para 74.000 nas últimas quatro décadas. E surgiram formatos desconhecidos pelos brasileiros como os hipermercados – introduzidos no Brasil através da rede Jumbo do grupo Pão-de-Açúcar em 1971, que prometia vender de "verduras a helicópteros" – e as lojas de conveniência. Além disso, o número médio de itens oferecidos por esses estabelecimentos mais que triplicou nesse tempo.

Segundo Goldman Sachs – um banco de investimentos americano –, em dez anos mais 60 milhões de pessoas serão incorporadas à classe média brasileira oriundas sobretudo das classes sociais mais baixas. Principalmente por causa da expansão da indústria turística, da melhoria de renda com o aumento do salário-mínimo e com a ajuda de programas governamentais.

As transformações do perfil de consumo atingem todas as classes sociais, desde as mais baixas até as classes altas. As distintas senhoras que faziam suas compras na rua Augusta em São Paulo deram lugar a consumidoras de grifes nos *shoppings*. A grife francesa Louis Vuitton mantém em São Paulo sua quinta loja em faturamento por metro quadrado. Segundo a representante da marca no Brasil estima-se que existam no país mais de 100.000 pessoas com renda familiar superior a 50.000 reais por mês.[3]

Tentar entender esse novo consumidor é uma das funções que surgiram ao longo das últimas décadas com o aparecimento do marketing moderno no Brasil. Os executivos responsáveis pela marca Brastemp, por exemplo, aumentaram de 50 para 80 o número de pesquisas anuais desde 2005. Algumas delas são feitas dentro da casa dos consumidores, acompanhando parte de seu dia a dia para detectar com maior precisão seus hábitos e necessidades. Hoje, o consumidor sai de casa sabendo o que quer comprar, porque já se informou na Internet.

A Internet, portanto, além de canal de compras, é uma rede de informações muito importante para influenciar as mesmas. O comércio eletrônico já movimenta mais de 3 bilhões de dólares em vendas por ano, mas esse número aumenta substancialmente quando se incorpora ao comércio eletrônico a pesquisa feita dentro de casa na Rede, sobre as características e preço dos produtos, antes de sair às ruas para comprar. O consumidor é muito mais consciente, e pechincha mais, pois é mais informado.

---

[3] Lima (2007, p. 57).

AMBIENTE EXTERNO **57**

> Esse mesmo cliente, que compra (ou pesquisa) com um clique de *mouse*, paga com cartão de crédito e recebe notícias de sua encomenda pela mensagem de texto do celular, e principalmente escolhe, cada vez mais, seus fornecedores pelo comportamento social e ambiental que eles adotam.
>
> Preço competitivo deixou de ser diferencial para ser pré-requisito. Qualidade também é pré-requisito para a sobrevivência do produto/serviço no mercado. Mas o comportamento da empresa pode decidir. Trata-se de uma grande mudança que não se via desde 1991, quando entrou em vigor no Brasil o Código de Defesa do Consumidor.
>
> O direito à qualidade, na época, foi empurrado pela lei. Agora, é pressionado pela sociedade da informação. Além disso a cobrança pela sustentabilidade empresarial também é movida a informação, e de nada adianta tentar enganar os consumidores, eles deixaram de ser bobos há muito tempo.
>
> Com o novo perfil de consumo, surgem e se consolidam novos mercados, como o de produtos *light/diet* ou orgânicos. Dados do instituto de pesquisa LatinPanel mostram que o público para artigos *light* e *diet* cresceu três vezes nos últimos cinco anos. Inclusive a PepsiCo, com sua H2OH!, inaugurou um mercado que há dois anos nem existia, o mercado de águas "saborizadas levemente gaseificadas".
>
> Esse tipo de comportamento exige mudanças rápidas nas empresas, principalmente naquelas "politicamente incorretas" como as produtoras de cigarros, redes de *fast food* e montadoras que produzem carros com alto consumo de gasolina e alto nível de emissão de poluentes.
>
> Um levantamento do Instituto Akatu mostrou que 35% dos entrevistados levam em conta fatores como a postura ética das companhias e seu comprometimento com a preservação do meio ambiente. Questões como essa só surgem em países onde o mercado se encontra num estágio minimamente sofisticado e o cidadão tem acesso irrestrito à informação.

Portanto, muito do que se sabia deixou de funcionar. As repostas que decoramos depois de anos de esforço já não respondem às perguntas que estão sendo feitas. É preciso desenvolver a capacidade de previsão de eventos futuros e explorá-los ou neutralizá-los em benefício próprio.

Por outro lado, um excesso de ferramentas de pesquisa e análise pode causar um outro problema que é saber qual delas utilizar em qual situação. Neste caso é preciso mais uma análise que dará mais ferramentas que levarão a outras análises e outras ferramentas, o que acarretará um problema aparentemente sem fim: analisar o que deve ser analisado.

Por isso, antes de fazer a análise do macroambiente é importante definir quais são os ambientes que realmente valem a pena de serem investigados. Para isso, a sugestão mais simples é iniciar o trabalho realizando uma pesquisa exploratória, descompromissada e, portanto, não estruturada. Isso lhe dará munição suficiente para saber qual é o campo em que vale a pena investir e em qual campo é melhor não mexer por hora.

Para fazer este tipo de pesquisa basta analisar a área de atuação da organização utilizando a mídia geral ou especializada. É sempre bom, também, conversar com pessoas, consumidoras ou não, especialistas ou não. Fazer uma pesquisa rá-

58 COMO PLANEJAR E EXECUTAR UMA CAMPANHA DE PROPAGANDA · PÚBLIO

pida na Internet utilizando palavras chaves. E procurar uma biblioteca para ver qual o tipo de material mais acessível, para isso basta ler os títulos dos livros e alguns itens de seu sumário. Só isso já é suficiente para encorajar uma pesquisa mais profunda e indicar quais áreas é melhor evitar.

Uma vez eleito qual deve ser o ambiente, ou os ambientes, que mais influenciam a empresa em questão, deve-se partir para uma análise mais profunda. Entretanto, na redação do projeto devem-se omitir todas as questões que **não** forem fundamentais para os problemas de marketing da empresa. Portanto **evite** a inclusão de relatórios completos de pesquisa ou de históricos de desempenho de vendas excessivamente detalhados por produto, esse tipo de informação serve somente para roubar o foco da análise e reduzir sua relevância. Não perca tempo buscado informação que você mesmo considera irrelevante, enfoque somente o que poderá ser aproveitado para a sua comunicação, ou que no mínimo influenciará o desempenho da empresa. Cuidado para não ficar escrevendo relatórios somente para engrossar o corpo do trabalho, o texto deve ser curto e preciso, evite as "gordurinhas indesejáveis".

Os dados coletados sobre o macroambiente devem englobar também (e principalmente) os padrões de comportamento do consumidor e do mercado-alvo da organização estudada, uma vez que este último nada mais é do que uma delimitação do macroambiente.

Encontrar esses dados não é uma tarefa tão fácil quanto parece, principalmente porque somos constantemente bombardeados de dados todos os dias, e para pesquisar um assunto, basta digitar uma palavra chave no google e o mundo das informações se abre na nossa frente. O bom planejador é aquele que sabe filtrar e processar os dados obtidos e transformar isso numa informação relevante para a organização, pois os dados estão disponíveis para qualquer mortal com acesso à Internet, e já são 30 milhões no Brasil segundo o Ibope.

Infelizmente no mercado não há muito tempo para se desenvolver uma análise profunda como uma monografia a cada anunciante novo, por isso a análise acaba sendo bastante superficial. Entretanto, é importante que a análise seja feita de maneira séria e competente, levando sempre em consideração os recursos disponíveis. Todo lançamento de campanha, produto, marca etc. deve vir acompanhado de um estudo do ambiente.

Os dados estão aí para quem quiser ver, basta processá-los e usá-los a seu favor.

Dicas para a construção do macroambiente:

> Comece fazendo uma pesquisa exploratória para se familiarizar com o objeto de seu estudo. A pesquisa exploratória pode ser realizada de diversas maneiras:
> - revistas e jornais;
> - conversa com consumidores;
> - conversa com não consumidores;
> - conversa com especialistas;
> - institutos de pesquisa;
> - análises setoriais;
> - livros sobre o assunto (bibliotecas), basta ler os títulos dos livros e alguns itens de seu sumário;
> - palavras chaves na *web*.

Para facilitar a compreensão do macroambiente ele pode ser dividido em diversos ambientes menores, mas é importante que o planejador tenha em mente que esses ambientes não são isolados, eles se inter-relacionam constantemente. Sua divisão possui apenas fins didáticos para facilitar a análise. Se julgar necessário, pode juntar ambientes que não conseguir dissociar, como, por exemplo: político--legislativo ou sociocultural.

Seguem algumas dicas dos principais fatos que podem influenciar o macroambiente da organização.

2.I.I Ambiente físico, geográfico e natural

O mercado de uma empresa, ou o local onde as trocas acontecem, possui um ambiente físico e geográfico. Mesmo as trocas virtuais, como compras na Internet, necessitam de um contraponto físico no momento da entrega da mercadoria. Evidentemente, há algumas exceções em que é impossível se determinar conclusivamente qual é o ambiente físico e geográfico em que a empresa atua. Nesses casos a análise do ambiente físico pode ser irrelevante.

Dentro do ambiente físico e geográfico deve estar tudo aquilo que pode influenciar fisicamente o funcionamento da empresa. Por exemplo, para empresas que trabalham com distribuição e logística, a topografia da região pode ser um empecilho e por isso deve ser analisada, assim como a malha viária e ferroviária. Por outro lado, para empresas do agronegócio, pode ser fundamental conhecer as tendências climáticas da região.

Para prestadores de serviço, o ambiente físico pode ser irrelevante ou não, por isso cada caso deve ser analisado isoladamente. Os dados referentes ao ambiente físico e geográfico devem ser levantados para ajudar o planejador a entender quais áreas geográficas são fundamentais, seja devido a uma forte posição que o

60 COMO PLANEJAR E EXECUTAR UMA CAMPANHA DE PROPAGANDA · PÚBLIO

anunciante tem na área, seja devido aos problemas associados com a realização de negócios em uma determinada área geográfica. Outra vantagem desta análise só virá à tona no desenvolvimento do projeto, pois os dados reunidos na análise de mercado fornecem informações extremamente úteis ao desenvolvimento de um plano de mídia, facilitando a compra e alocação de verbas.

Para ajudar na coleta de dados existem diversas empresas especializadas. Entre elas destaca-se o Instituto Brasileiro de Geografia e Estatística (IBGE), um órgão governamental que publica diversos levantamentos acerca do ambiente físico e demográfico do país em seu *site* (http://www.ibge.gov.br). Entre esses levantamentos encontram-se os censos demográficos, censos industriais, censos prediais, censos de serviços, censos agropecuários, a Pesquisa Nacional por Amostra de Domicílios (PNAD), a Pesquisa de Orçamento Familiar (POF), além de índices econômicos. Além do IBGE, os *sites* das prefeituras e dos estados da federação fornecem dados físicos e geográficos que podem ser úteis para o desenvolvimento do trabalho.

Na Tabela 2.2 encontram-se as principais variáveis relacionadas ao ambiente físico, geográfico e natural que podem influenciar o funcionamento de uma organização.

Tabela 2.2	Variáveis do ambiente físico, geográfico e natural.

- Variações climáticas
- Superprodução e escassez
- Nível de poluição
- Nível de desmatamento
- Fertilidade do solo
- Índice pluviométrico
- Altitude
- Proximidade do litoral

2.1.2 Ambiente demográfico

Os dados demográficos estão relacionados às características da população que podem influenciar o funcionamento da empresa. Esses dados refletem a forma de comportamento de uma determinada fatia da população, o que permite trabalhar com segmentação de mercado, e também facilitam o plano de mídia, por permitirem saber com quem falar e onde encontrá-lo.

Entre as variáveis do ambiente demográfico encontram-se: o tamanho da população (em número de habitantes), a concentração (em número de habitantes por m^2), a divisão por sexo e idade, níveis de escolaridade, renda individual, ren-

AMBIENTE EXTERNO **61**

da familiar, classe social, número de habitantes por residência, número de filhos por casal, idade, raça, chefe da família, tamanho da família, número de famílias, ciclo de vida da família, e qualquer outro dado relacionado à população em geral. A maioria desses dados também podem ser encontrados no IBGE ou nos *sites* do governo federal, governos estaduais ou prefeituras.

Da mesma maneira, a quantidade de dados disponíveis para a elaboração do trabalho é cada vez maior e cabe ao planejador julgar quais deles devem ser considerados mais importantes em cada situação. A Tabela 2.3 apresenta algumas variáveis que mais se destacam na análise do ambiente demográfico.

Tabela 2.3   Algumas variáveis do ambiente demográfico.

- O tamanho da população em número de habitantes
- Taxa de natalidade e mortalidade infantil
- Expectativa de vida
- Crescimento demográfico
- Pirâmide etária e de sexo
- Quantidade de matrimônios e divórcios
- Número de filhos por casal
- Mobilidade rural e urbana (migração)
- População economicamente ativa
- Índice de Desenvolvimento Humano (IDH)
- Renda individual
- Renda familiar
- Tamanho da família
- Número de famílias
- Ciclo de vida da família
- Classe social
- Concentração em número de habitantes por m^2
- Número de habitantes por residência
- Taxa de crescimento populacional
- Níveis de escolaridade

2.1.3 Ambiente político

O ambiente político também pode influenciar o andamento da organização principalmente através da legislação e das políticas econômicas. Política e a economia sempre andaram juntas, e isso está sendo reafirmado a cada ano, pois os planos econômicos influenciam cada vez mais os planos políticos dos governantes, e vice-versa. Por isso, em muitos casos é possível colocar esses três ambientes

62 COMO PLANEJAR E EXECUTAR UMA CAMPANHA DE PROPAGANDA · PÚBLIO

dentro de um mesmo item: ambiente político, econômico e legislativo. Entretanto, para fins didáticos esses itens serão apresentados isoladamente.

É extremamente válido que se conheça o ambiente político em que a empresa se encontra, pois somente assim se consegue planejar o que fazer no futuro. Algumas decisões governamentais possuem influência direta no cotidiano das empresas, cabe ao planejador eleger quais decisões exercem mais influência e quais são irrelevantes para aquele determinado momento. Por exemplo, decisões relativas às taxas e impostos, ou proibição da comercialização ou transporte de determinados gêneros de produtos, como no caso das sementes e grãos transgênicos no Paraná.

Outras decisões governamentais dizem respeito às políticas de vigilância sanitária, ou até políticas relativas a preços e controle de mercado. As chamadas leis antitruste que podem influenciar diretamente alguns segmentos de mercado enquanto que pouco afetam o andamento de outros.

As variáveis mais importantes do ambiente econômico encontram-se na Tabela 2.4 a seguir.

Tabela 2.4	Variáveis do ambiente político.

- Relação entre União, estados e municípios
- Identidade e ideologia partidária
- Número de partidos políticos e partidos dominantes
- Movimentos sociais
- Pressão e participação de grupos de interesse
- Fiscalização de atos do governo pela sociedade
- Transparência das ações políticas
- Principais políticas governamentais
- Plano de governo
- Quantos e quais recursos do governo
- Quantos e quais projetos da iniciativa privada na área de atuação

2.1.4 Ambiente econômico

A economia, num sentido amplo, lida com a capacidade produtiva de um país. Entre os focos desta ciência estão: produtividade, alocação de recursos de um país, relações de oferta e demanda, disponibilidade e alocação de renda, nível de poupança, taxa de juros, nível de emprego e desemprego, taxas de câmbio, entre outras variáveis.

Este ambiente é o que mais exerce influência no cotidiano das empresas, ele possui uma estreita relação com o ambiente político e, por consequência, com o ambiente legislativo.

O ambiente econômico é reflexo do comportamento de compra e venda dos consumidores e também do comportamento de compra e venda do próprio governo, assim como de suas políticas de controle de inflação, estímulo ou de exportações, abertura do mercado ou controle cambial.

Existem diversas medidas econômicas acontecendo concomitantemente, cabe ao planejador eleger qual ou quais delas são importantes para a empresa analisada.

As organizações econômicas ditadas pela política são geralmente chamadas de políticas econômicas e dizem respeito às relações de poder, estabilidade, crescimento e desenvolvimento de uma nação. Elas são elaboradas a partir de um conjunto de medidas adotadas pelo governo destinadas a produzir efeitos na produção, distribuição e consumo de bens e serviços.

Dentro da política econômica destacam-se principalmente as políticas internas e externas. A política externa diz respeito principalmente à criação de barreiras ou incentivos com relação a entrada ou saída de produtos, serviços, empresas e capitais, além de relações econômicas e diplomáticas com outros países.

Dados sobre as políticas econômicas podem ser encontrados em quaisquer jornais diários, revistas de grande circulação, revistas de economia, grandes portais de Internet, enfim, eles estão sempre saltando à sua frente. Isso não quer dizer que basta capturá-los e apresentá-los no projeto, eles devem ser analisados, conflitados com outros dados, verificados sobre a credibilidade de sua fonte, e principalmente devem-se analisar suas consequências. A Tabela 2.5 apresenta as principais variáveis que indicam mudanças no ambiente econômico.

64 COMO PLANEJAR E EXECUTAR UMA CAMPANHA DE PROPAGANDA • PÚBLIO

Tabela 2.5   Variáveis do ambiente econômico.

- Crescimento econômico – PIB
- Nível de capacidade ociosa
- Nível de obsolescência setorial
- Concentração de renda
- Concentração setorial
- Nível de regulamentação setorial
- Crescimento setorial
- Déficit público
- Carga fiscal e tributária
- Políticas governamentais
- Dívida externa
- Dependência internacional
- Interdependência internacional
- Abertura da economia
- Desequilíbrios regionais
- Gastos do setor público
- Balança comercial
- Barreiras à entrada e saída de capitais
- Política externa
- Blocos continentais
- Relações políticas
- Perspectivas de crescimento
- Protecionismo
- Competitividade dos produtos manufaturados
- Cesta de produtos exportados
- Cesta de produtos importados
- Taxa de câmbio
- Índices da Bolsa de Valores
- Índices de poupança e fundos de aplicação
- Endividamento da população
- Níveis de empréstimos financeiros
- *Spreads* bancários
- Facilidades de crédito
- Níveis de consumo

2.1.5   Ambiente legislativo

Qualquer empresa ou pessoa dentro de uma determinada sociedade está sujeita a uma legislação. Por isso, as leis referentes àquela determinada empresa, ou àquele determinado mercado, devem ser analisadas. O ambiente legislativo está relacionado ao conjunto de leis, decretos e outros instrumentos legais que o país utiliza para regular as relações entre indivíduos, entre empresas e entre indivíduos e empresas.

É impossível tomar decisões estratégicas sem conhecer quais leis dão suporte a tais decisões e se existe alguma lei que as proíbe. Por exemplo, depois de todo um planejamento feito, é inconcebível que uma determinada campanha publicitária ou uma determinada ação mercadológica venha a ferir determinados direitos embasados pela lei. Tais análises devem ser feitas antes do desenvolvimento das ações, ainda no processo do diagnóstico, e por isso é muito importante que se conheça o campo jurídico em que se está pisando. Alguns autores defendem inclusive que as decisões estratégicas das organizações devem ser tomadas por um grupo de profissionais, entre eles um advogado.

Dados relativos à legislação são publicados frequentemente no *Diário Oficial da União* e podem ser encontrados em *sites* governamentais.[4] Por outro lado, existem alguns *sites* privados que copiam e organizam a maior parte da legislação em vigor, eles podem ser encontrados facilmente na Internet.

Mas não se esqueça, essas leis devem ser interpretadas para a situação da empresa analisada, de nada adianta copiar inteiramente a Constituição Brasileira e inseri-la na sua análise sem uma aplicação prática para seu anunciante. Na Tabela 2.6 estão apresentadas as principais variáveis do ambiente legislativo.

Tabela 2.6	Variáveis do ambiente legislativo.

- Código de Defesa do Consumidor
- Leis de proteção ambiental
- Leis *antidumping*
- Leis antitruste
- Legislação trabalhista
- Legislação tributária e fiscal
- Legislação de importação/exportação
- Órgãos reguladores: CVM, Cade, Conar etc.

2.1.6 Ambiente tecnológico

Para algumas empresas, ou para alguns projetos, é importante conhecer o ambiente tecnológico, pois dessa forma se tem mais informação para a tomada de decisão.

---

4 <http://www.presidencia.gov.br>.

66 COMO PLANEJAR E EXECUTAR UMA CAMPANHA DE PROPAGANDA • PÚBLIO

Tecnologia não está relacionada apenas com computação, tecnologia da informação ou Internet. Ela é o conjunto de conhecimentos aplicados para a obtenção de determinado fim. As mudanças tecnológicas permitem que as pessoas continuem a fazer o que sempre fizeram de uma forma mais rápida e eficiente.

A tecnologia pode ser entendida também em termos de produtos e processos. A tecnologia de produtos possui maior influência sobre o consumidor final, pois altera as características dos produtos, dos serviços, embalagens etc. enquanto que a tecnologia em processos influencia a competitividade das empresas em termos de eficiência e eficácia.

Apesar da tecnologia estar relacionada a processos, a tecnologia mais evidente nos últimos anos e que possui maior influência no padrão de consumo é a tecnologia da informação, por isso é impossível não pensar nela. Com o advento da tecnologia da informação o ambiente vem se tornando cada vez mais importante, principalmente porque cada vez mais ele vem se difundindo no cotidiano das pessoas. Por isso, assim como é importante para uma empresa de desenvolvimento de *softwares* conhecer a tecnologia que está em sua área, é importante também para uma empresa de consultoria agropecuária saber quais tecnologias ela tem a sua disposição e quais recursos ela terá para usá-las.

Conhecer o desenvolvimento da linguagem da *Web* pode parecer banal para empresas voltadas ao terceiro setor, entretanto é um meio bastante interessante para desenvolver estratégias eficientes de comunicação.

Por isso, é importante já ter em mente qual é o tipo de projeto que se pretende desenvolver para que a análise do ambiente tecnológico consiga ser suficiente para se ter uma boa visão sobre sua viabilidade.

Na Tabela 2.7 encontram-se em evidência as principais variáveis relacionadas ao ambiente tecnológico.

Tabela 2.7 Variáveis do ambiente tecnológico.
• Transmissão e recepção de informações
• Robotização
• Investimentos em P&D
• Número de patentes
• Métodos e processos
• Industrialização e automação dos serviços
• Tecnologias de banco de dados
• Sistemas de produção industrial
• Sistemas de gerenciamento

AMBIENTE EXTERNO **67**

2.1.7 Ambiente cultural

No ambiente cultural está o conjunto de ideias, conhecimentos, técnicas, artefatos, padrões de atitude e comportamento que caracteriza uma sociedade como um todo. Há diversos pontos em comum com o ambiente social, por isso, em alguns casos eles são colocados juntos num ambiente chamado sociocultural. A Tabela 2.8 destaca algumas das principais variáveis do ambiente cultural.

Tabela 2.8 Variáveis do ambiente cultural.

- Permanência no lar
- Preocupação com saúde
- Preocupação com ecologia e natureza
- Adoção do faça-você-mesmo
- Qualidade, preço e informações sobre produtos e serviços
- Racionalização dos gastos domésticos
- Nível de escolaridade

2.1.8 Ambiente social

As variáveis do ambiente social dizem respeito às relações e às inserções do indivíduo na sociedade. Dizem respeito também à maneira como a sociedade está estratificada e desenvolve suas relações sociais. Essas variáveis exercem forte influência na estrutura dos bens e serviços colocados à disposição da população.

No ambiente social é importante também analisar o nível de renda e posses da população, o que caracteriza uma estratificação da sociedade em classes sociais – as famosas classes A, B, C etc.

Neste item é importante também analisar os padrões de comportamento das classes sociais, o que pode influenciar enormemente os padrões de compra e consumo. A Tabela 2.9 indica algumas das variáveis que podem fazer parte da análise do ambiente social em que se encontra uma empresa.

Tabela 2.9 Variáveis do ambiente social.

- Divisão da sociedade em classes sociais
- Reivindicações dos trabalhadores
- Relações trabalhistas e sindicais
- Demanda de lazer e saúde
- Consciência e cidadania
- Prioridades sociais
- Qualidade de vida
- Marginalização da população
- Nível de informação e conhecimento
- Crescimento do terceiro setor

2.1.9 Abordagem de outros assuntos relacionados ao tema

Além dos ambientes apresentados acima, existem casos em que se necessite analisar ambientes diferentes dos que foram listados acima. Nesses casos o ambiente estudado pode entrar em um novo item.

É importante ressaltar que os ambientes apresentados não são estanques, ou seja, eles fazem parte de um complexo emaranhado de fatores que influenciam fortemente as decisões das organizações. É impossível analisá-las de forma isolada como foi apresentado acima.

Em muitos casos pode ser mais interessante agrupar ambientes que tenham relação entre si em tópicos comuns, e é importante nomear esses tópicos com títulos mais criativos e elucidativos, para que o anunciante se sinta mais à vontade para ler seu projeto. Por exemplo, ao invés de apresentar todos os ambientes relacionados a uma indústria do varejo e ficar repetindo dados em cada um dos ambientes, é mais interessante juntá-los sob alguns poucos títulos.

Para o ambiente legislativo, político e econômico poder-se-ia dar o título: Análise das questões políticas e legislativas do setor supermercadista. Para o ambiente sociocultural poder-se-ia utilizar o título: Comportamento de compras do brasileiro nos últimos dez anos. E assim por diante.

Cada elemento do macroambiente pode ser descrito de maneiras diversas: desde apresentação em tópicos até um texto complexo que mais parece uma monografia ou tese de doutorado.[5] Isso depende de sua relevância para o projeto. Em algumas universidades o macroambiente é analisado em tal profundidade que chega a se transformar na monografia de alguns alunos.

---

[5] Aliás, algumas análises de macroambiente podem ser complexas e férteis o suficiente para transformarem-se em monografias ou dissertações de mestrado.

Entretanto, é preciso cautela, pois a monografia exige uma metodologia, forma de apresentação e linguagem completamente diferentes do estilo de um projeto de comunicação.

PERGUNTAS PARA REFLEXÃO

1. O que é macroambiente da organização?
2. Quais são os ambientes mais comuns de uma organização?
3. Todos os elementos do macroambiente possuem a mesma importância para todas as organizações?
4. Ao redigir o projeto, como devem ser os títulos dos capítulos relacionados ao macroambiente?
5. Na organização que você está estudando, quais elementos do macroambiente são mais importantes? Por quê?
6. Quais dados você encontrou acerca do macroambiente de seu anunciante?
7. Quais variáveis de quais ambientes são mais importantes para seu anunciante?

70 COMO PLANEJAR E EXECUTAR UMA CAMPANHA DE PROPAGANDA · PÚBLIO

2.2 MERCADO-ALVO DA ORGANIZAÇÃO

As organizações se formam para satisfazer às necessidades de um grupo de pessoas.

Não dá para jogar bem em todas as posições.

Esta seção pretende responder às seguintes dúvidas:

■ Quais as necessidades do mercado que meu produto/serviço satisfaz?

■ Qual é a diferença entre público-alvo e mercado-alvo?

■ Por que eu devo definir um mercado-alvo?

■ Quais são os papéis que as pessoas podem desempenhar no comportamento de compra?

Já vimos que é possível compreender o comportamento e tendências da sociedade na qual uma determinada organização está inserida a partir da análise de seu macroambiente. Entretanto, é impossível suprir todas as necessidades de todos os indivíduos ao mesmo tempo e, por isso, a organização deve fazer um recorte, ou uma segmentação do mercado, e com isso identificar seu mercado-alvo.

O mercado-alvo serve para indicar o grupo de pessoas para o qual a organização ou empresa decide direcionar seus esforços de marketing.

Profissionais de algumas organizações relutam em definir seu mercado-alvo, pois não querem se amarrar a uma posição determinada: acham que isso limitará suas vendas. Organizações desse tipo querem ser todas as coisas para todas as pessoas ao mesmo tempo, o que é um suicídio. É impossível atingir tal posição devido à diversidade de marcas e produtos existentes hoje em dia e também devido à diversidade de públicos existentes.[6] É imprescindível determinar quem é o seu mercado-alvo, mesmo que isso faça com que você perca algumas oportunidades.

O mercado-alvo é um resultado natural da análise das oportunidades de mercado, e com isso é possível destacar que a detecção do mercado-alvo é consequência direta da análise do macroambiente. A despeito das diversas definições do termo encontradas em diversos autores, a grande maioria delas refere-se em sua essência à satisfação de necessidades de um grupo de pessoas.

Com base neste conceito é possível dizer que uma organização somente se consolida a partir de detecção e posterior busca da satisfação das necessidades de uma pessoa ou um grupo de pessoas. A esse grupo de pessoas que vê as suas

---

[6] Ries e Trout (1998, p. 47).

necessidades satisfeitas por uma determinada organização dá-se o nome de: mercado-alvo.

A análise do mercado-alvo e públicos estratégicos da organização é extremamente importante para o projeto e merece uma dedicação e análise minuciosa. Em primeiro lugar porque é a partir das necessidades do mercado-alvo que a organização se estruturará. Daí a importância de identificar qual necessidade será suprida, de que forma e principalmente qual deve ser o tipo de linguagem mais apropriada a atingir este público. Em segundo lugar a análise minuciosa do mercado-alvo é importante porque este item possui diversas particularidades que podem confundir o planejador.

O mercado-alvo é tão importante que deve ser descrito com base em uma pesquisa que envolva: problemática, justificativa, objetivos, tamanho do universo, tamanho da amostra, referencial teórico, metodologia, tipo de pesquisa etc. São tantos itens que é possível escrever outra monografia sobre o tema apenas para explicar a pesquisa para seu cliente e demonstrar seu resultado.

Por outro lado, uma quantidade muito grande de texto científico como uma monografia acaba desviando o foco da atenção de seu cliente, além de ser cansativa sob o ponto de vista prático. Por isso, para desenvolver sua pesquisa é necessário envolver o maior número possível de variáveis relevantes. Entretanto, ao descrevê-la para seu cliente, seja o mais objetivo possível, exemplificando com dados estritamente necessários.

Para não perder a seriedade da pesquisa, elabore o projeto completo da pesquisa sobre as necessidades do mercado-alvo e seu comportamento de consumo e coloque-o nos apêndices do trabalho a ser entregue ao cliente, pois assim, se for necessário verificar mais dados, é fácil encontrá-los. No corpo do projeto devem ser descritos apenas os detalhes mais importantes da pesquisa, como: metodologia, tamanho da amostra, objetivos e principais resultados. Na sequência irá se trabalhar como descrever no projeto de comunicação os resultados obtidos através da pesquisa em fontes primárias.

O mercado-alvo é detectado com mais facilidade em organizações que trabalham com um único público. Por exemplo, uma venda de bairro que satisfaz as necessidades de consumo de hortifrutigranjeiros de uma determinada região tem como mercado-alvo as pessoas que buscam esse tipo de produto, têm tempo para prepará-lo e moram nas redondezas. Esse grupo de pessoas é definido por um perfil preestabelecido, e nele somente estão incluídos pessoas que:

1. possuem a necessidade a que se destina o produto/serviço;
2. conhecem a existência do produto;
3. estão dispostas a comprar o produto;

72 COMO PLANEJAR E EXECUTAR UMA CAMPANHA DE PROPAGANDA · PÚBLIO

4. podem comprar o produto (tanto física quanto monetariamente).[7]

O processo de aquisição de bens ou serviços para a satisfação das necessidades, por vezes, pode parecer bastante simples, envolvendo somente uma relação cliente-empresa; em outros casos, o número de pessoas envolvidas no processo de decisão é bastante grande, tornando a análise mais complexa.

Frente a esta dificuldade é possível distinguir cinco papéis que as pessoas podem assumir em uma decisão de compra: iniciador, influenciador, decisor, comprador e usuário, conforme apresentado na Tabela 2.10.

Tabela 2.10	Cinco papéis que as pessoas podem assumir em uma decisão de compra.
Iniciador	A primeira pessoa que sugere a ideia de adquirir o produto ou serviço.
Influenciador	Pessoa cujos pontos de vista ou sugestões influenciam a decisão.
Decisor	Pessoa que decide sobre qualquer componente de uma decisão de compra: se deve comprar, o que, como e onde comprar.
Comprador	Pessoa que faz a compra.
Usuário	Pessoa que consome ou usa o produto ou serviço.

Fonte: Adaptada de Kotler (1998).

Esses papéis são mais evidentes em produtos de consumo, quando o *iniciador* é considerado o primeiro a sugerir a ideia da compra do produto ou serviço – ele pode ser um atual consumidor, uma matéria na imprensa ou uma propaganda, em ordem decrescente de credibilidade.

O *influenciador* é o confidente do decisor que influencia em seu ponto de vista a partir de experiências e conhecimentos. Supostamente o influenciador tem mais conhecimentos acerca do produto/serviço que o decisor. Podem exercer o papel de influenciadores os amigos, vendedores, balconistas, matérias na imprensa, *blogs* e Redes Sociais Digitais.

O papel do *decisor* é interpretado pela pessoa que decide ou não pela compra, ou seja, decide se deve comprar, o que, como e onde comprar. Nem sempre o decisor é o usuário do bem ou serviço adquirido.

---

[7] Esse tipo de poder é chamado de "demanda" no sentido proposto por Kotler (1998, p. 28), onde "desejos se tornam demandas quando apoiados por poder de compra".

O papel do *comprador* é interpretado pela pessoa que faz a compra. Pode ser a esposa, um funcionário, um filho, um amigo etc. Por fim, o *usuário* é a pessoa cuja necessidade é satisfeita pelo produto ou serviço, ou seja, é o mercado-alvo. Apesar do mercado-alvo ser composto exclusivamente pelo usuário, todos os outros papéis são importantes para as vendas – e consequentemente para a sobrevivência – da empresa, e por isso podem ser considerados potenciais públicos-alvo.

Além do mercado-alvo, existem alguns públicos estratégicos que são fundamentais para o sucesso da empresa. Eles podem ser divididos em três grandes áreas: público provedor, público interno e público externo. Estes serão tratados em mais detalhes nos próximos capítulos.

O mercado-alvo da organização – diferentemente dos públicos estratégicos – refere-se à satisfação das necessidades e dessa forma, na maioria das vezes, está relacionado ao público externo, pois é lá que se encontra a necessidade a ser satisfeita. Constantemente os termos *mercado-alvo* e *público-alvo* são usados como sinônimos, entretanto, apesar de – em grande parte das vezes – referirem-se ao mesmo grupo de pessoas, não devem ser encarados como sinônimos.

Mercado-alvo corresponde ao grupo de pessoas que possuem determinada necessidade a ser satisfeita e possuem também a capacidade (geográfica e financeira) de satisfazer a sua necessidade através do produto ou serviço disponibilizado pela organização estudada.

Por outro lado, público-alvo refere-se à comunicação, ou seja, é o grupo estratégico de pessoas com as quais a organização pretende se comunicar. Geralmente o grupo de pessoas com que a empresa quer se comunicar coincide com o grupo de pessoas que possuem a necessidade a ser satisfeita pelo produto/serviço da empresa. Somente nesses casos público e mercado podem ser vistos como sinônimos.

É mais comum perceber a distinção entre esses grupos de pessoas em organizações da sociedade civil. Imagine a seguinte situação: uma organização da sociedade civil fornece como serviço apoio e treinamento para deficientes físicos carentes praticarem esportes e dessa forma não se sentirem excluídos pela sociedade. Essa mesma organização sobrevive com o apoio de pessoas físicas – que fazem doações através de telemarketing – e pessoas jurídicas – que patrocinam alguns atletas.

Numa determinada estratégia, detectou-se a necessidade de buscar novos patrocinadores. Nesse caso, a organização possui como mercado-alvo os deficientes físicos carentes. Entretanto o público-alvo da comunicação deverá ser pessoas físicas e jurídicas da sociedade que tenham afinidade com a área de atuação da organização. Se, por outro lado, a estratégia da organização apontasse para um subaproveitamento de seu potencial e quisesse – e tivesse a capacidade – de ajudar mais deficientes físicos, sua estratégia deveria estar voltada para comunicar-se com o mercado-alvo, ou seja, seu público-alvo seria o seu mercado-alvo.

Dessa forma, dependendo do objetivo de marketing da instituição a estratégia de comunicação poderá voltar-se para um ou outro público. Por isso é importante estar atento à distinção entre mercado-alvo e público-alvo.

Como o mercado-alvo está relacionado à satisfação das necessidades de um grupo de pessoas e o público-alvo está relacionado à estratégia de comunicação, proponho que a análise do mercado-alvo seja feita como um recorte do macroambiente no item referente à análise de mercado, enquanto que a definição do público-alvo deve constar lá na frente, no plano de marketing e comunicação, no item relacionado à proposição das estratégias mercadológicas. Assim, enquanto o mercado-alvo faz parte da análise do ambiente da organização, o público-alvo só deve fazer parte do plano de comunicação e marketing, que será trabalhado na Parte 3 deste livro, mais especificamente na seção 8.3: Descrição do Público-alvo da Comunicação.

PERGUNTAS PARA REFLEXÃO

1. O que é macroambiente da organização?

2. Quais são os ambientes mais comuns de uma organização?

3. Todos os elementos do macroambiente possuem a mesma importância para todas as organizações?

4. Ao se redigir o projeto, como devem ser os títulos dos capítulos relacionados ao macroambiente?

5. Na organização que você está estudando, quais elementos do macroambiente são mais importantes? Por quê?

6. Quais dados você encontrou acerca do macroambiente de seu anunciante?

2.2.1 Descrição dos resultados de uma pesquisa

Conhecendo as necessidades do mercado-alvo.

Toda vez que se depara com um fato novo é necessário uma pesquisa para entender esse fato.

Essa subseção pretende responder às seguintes dúvidas:

- Para que se precisa de uma pesquisa?
- Depois de pronta, onde colocar a pesquisa no projeto de comunicação e marketing?
- Como descrever os resultados da pesquisa?
- Quais são os tipos de representações visuais de dados estatísticos?
- Quais elementos devem entrar numa descrição completa dos resultados da pesquisa e quais elementos devem entrar numa descrição sucinta?

Para se conhecer um fato em profundidade é importante fazer uma pesquisa. Esta pode ser desenvolvida de diversas maneiras, tal como: perguntando para amigos, digitando palavras chaves no Google, folheando revistas, observando o comportamento das pessoas, lendo livros, verificando dados coletados por institutos de pesquisas, entrevistando pessoas, fazendo experiências etc.

Para dar mais credibilidade à sua pesquisa, é importante que ela seja estruturada de acordo com a metodologia de pesquisa em marketing. Nessa metodologia o projeto de pesquisa deve conter, pelo menos: problemática, objetivo, metodologia e um referencial teórico que envolva os principais autores que pesquisam ou pesquisaram o assunto. Com essa estrutura você está apto a desenvolver um projeto de pesquisa em marketing.[8]

Depois de elaborado o projeto completo de pesquisa e coletados e analisados os dados, deve-se desenvolver um relatório sucinto capaz de elucidar os detalhes mais importantes da pesquisa realizada. A descrição clara dos resultados da pesquisa é tão importante quanto a própria pesquisa. Ela compreende a apresentação escrita e verbal das descobertas da pesquisa, bem como sugestões e recomendações de ações pertinentes à solução dos problemas encontrados.

Para descrever os resultados da pesquisa deve-se tentar pensar da mesma forma que o anunciante e, assim, procurar saber quais os pontos mais importantes da pesquisa que você gostaria de saber.

---

[8] Como descrito no Capítulo Extra 1 "Como montar um projeto de pesquisa em fontes primárias." Para mais informações ver Mattar (1999) e Samara e Barros (2002).

76 COMO PLANEJAR E EXECUTAR UMA CAMPANHA DE PROPAGANDA · PÚBLIO

Ao descrever os resultados, mantenha o mesmo estilo de texto que vem desenvolvendo em seu projeto, para que não haja ruptura. Descreva os resultados sobre a forma de prosa, mas, se necessário, use tabelas e tópicos para facilitar o entendimento.

Se possível desenvolva dois relatórios de pesquisa: um completo e outro sintético. O sintético você pode inserir no corpo de seu projeto de comunicação, já o completo, por conter muitas informações – que podem inclusive confundir a cabeça de seu anunciante –, é sugerido que seja colocado somente nos apêndices do projeto.

O relatório completo deverá conter: apresentação da pesquisa – problema, objetivos, questões de pesquisa –, principais aspectos mercadológicos e operacionais, resultados da pesquisa – apresentados através de tabelas, quadros, figuras e [principalmente] comentários – e suas principais conclusões e recomendações.

Por outro lado, o relatório sintético – que também pode ser chamado de gerencial – deverá conter apenas as principais tabelas e gráficos e as principais conclusões e recomendações. Esse relatório – como descrito acima – deverá compor o corpo do projeto de comunicação.

Alguns autores preferem chamar o relatório gerencial de: análise geral do projeto de pesquisa. Para eles, a análise geral é um texto desenvolvido com base nas respostas obtidas na pesquisa e voltado exatamente a seus objetivos, por isso é importante que estes sejam bastante claros. Toda pesquisa é desenvolvida com o único propósito de responder seus objetivos primários e secundários.

Portanto, a análise geral da pesquisa é um resumo dos principais dados obtidos; deve ser um texto que responda às principais dúvidas do anunciante sem no entanto ser extenso e complicado em detalhes. Mas também, que não seja sucinto em demasia. É importante interpretar os dados e gráficos apresentados, por exemplo, se o aumento do número de vendas saltou de 100 mil unidades para 200 mil, não se deve escrever apenas que o crescimento foi de 100%, isso seria como colocar uma "foto legenda" na interpretação. Ao interpretar os dados é importante perceber o que eles significam, como diria o professor Belmiro: "é preciso espremer os dados até que eles confessem",[9] dessa forma, é preciso relacionar o resultado da pesquisa com informações como o aumento da necessidade dos consumidores, aumento de seu poder aquisitivo etc.

Entretanto, cuidado com o excesso de detalhes. Você deve usar o bom-senso para verificar o que é importante e quais detalhes são relevantes. Detalhes superficiais devem figurar apenas nos apêndices do projeto, como mapas de tabulação, descrição detalhada da metodologia etc.

---

[9] Castor (2009).

AMBIENTE EXTERNO 77

Tabela 2.11 Itens que deve conter o relatório de pesquisa.

Itens	Relatório completo	Relatório sintético gerencial ou análise geral
Capa	Sim	Não
Apresentação da pesquisa	Sim	Sucinto
Introdução	Sim	Deve ser descrito na apresentação
Problema que gerou a pesquisa	Sim	Deve ser descrito na apresentação
Objetivos da pesquisa	Sim	Deve ser descrito na apresentação
Dúvidas que devem ser respondidas pela pesquisa	Sim	Deve ser descrito na apresentação
Metodologia	Sim	Deve ser descrito na apresentação
Tamanho da amostra	Sim	Deve ser descrito na apresentação
Questionário/instrumento de pesquisa	Sim	Não
Resultados obtidos	Sim	Sim
Todas as tabelas e gráficos obtidos	Sim	Não
Apenas principais tabelas e gráficos	Não	Sim
Conclusões e recomendações	Sim	Sim

A descrição da pesquisa é tão importante que é por meio dela que o cliente estará habilitado a tomar decisões conscientes e fixadas para respostas do mercado, evitando possíveis desvios que aconteceriam com a efetivação de atos ditados por pareceres e atitudes não respaldados em bases técnicas.

Para ilustrar os resultados da pesquisa use muitos gráficos e tabelas – os chamados infográficos – cuja principal função é esclarecer informações que seriam demasiadamente complexas para serem descritas em prosa.

78 COMO PLANEJAR E EXECUTAR UMA CAMPANHA DE PROPAGANDA • PÚBLIO

Através dos gráficos é possível estabelecer uma correspondência entre os termos numéricos e uma figura geométrica. Portanto, a apresentação dos dados através da representação gráfica pode expor não só uma visão dos aspectos gerais da pesquisa como também as particularidades do fenômeno estudado.

Não há regras específicas para a construção dos gráficos ou da representação gráfica, o único princípio que deve ser obedecido é o princípio elementar da proporcionalidade.

Uma série constituída dos elementos 3, 12 e 21 pode ser representada através de retângulos, triângulos ou retas. Mas, se o elemento 3 – por exemplo – for representado por um retângulo de 1 centímetro de base, então o elemento correspondente ao dado 12 deverá ser representado por um retângulo de 4 centímetros de base, pois o valor 12 é quatro vezes maior que o valor 3. Consequentemente o elemento correspondente ao valor 21 deverá ser representado por um retângulo com 7 centímetros de lado pois o valor 21 é sete vezes maior que o valor 3.

As representações gráficas servem para facilitar a interpretação dos dados obtidos através da pesquisa, eles não devem, em hipótese nenhuma, distorcer a realidade e muito menos tornar complexa a sua visão.

Portanto, na elaboração de uma representação gráfica, além de satisfazer um sentido estético, deve-se sempre relacionar o gráfico com a série estatística, colocar as diferentes unidades nos eixos correspondentes, indicando os valores representados, ou as convenções das intensidades dos fenômenos (incluindo as cores) ou ainda as convenções entre os símbolos empregados e os correspondentes valores.

Os principais processos de representação gráfica de dados de pesquisa estão apresentados na Tabela 2.12.

Tabela 2.12   **Principais processos de representação gráfica de dados de pesquisa.**

Geométricos	Representações de dados por meio do comprimento, áreas ou volumes que lhes são proporcionais.
Cromáticos	Representações de dados através de uma diferença de graduação de uma ou mais cores, adjacentes no espectro para as diferenças quantitativas, ou cores diversas para as diferenças qualitativas.
Diagramas	Representações de dados através de gráficos geométricos bidimensionais.
Cartogramas	Representações de informações através de ilustrações que se sobrepõem às cartas geográficas.
Estereogramas	Representações de dados através de gráficos geométricos tridimensionais que representam volumes proporcionais.

Fonte: Adaptada de Samara e Barros (2002, p. 118).

Entre as formas de representação gráfica apresentadas acima, os diagramas são os mais utilizados em pesquisas de marketing, justamente porque estão associados a planos cartesianos que representam o comportamento de uma variável em função de outra. São divididos em: gráficos em barra, curvas, setores e histogramas.

Nos diagramas em barras, cada elemento da série é representado por uma barra de comprimento proporcional ao dado que representa. Essas barras são dispostas sobre o plano cartesiano de dois eixos, um deles representa a quantidade do dado – geralmente o eixo vertical – e o outro nomeia a barra. A ordem de apresentação das barras é indiferente, pois a série é ordenada segundo uma circunstância qualitativa definida pelo pesquisador. A Figura 2.1 apresenta um exemplo de diagrama em barras.

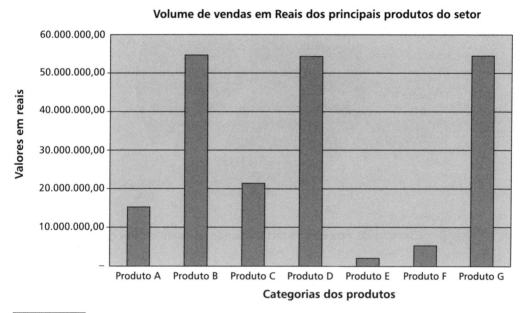

Figura 2.1 Exemplo de representação de dados através de um diagrama em barras.

Outra forma muito utilizada de diagrama é o gráfico linear – ou gráfico em curva. Também representado sobre um plano cartesiano, esse tipo de gráfico representa o comportamento de uma variável em função de uma outra – por exemplo, variação de preços durante um determinado período de tempo.

Nas representações através de gráficos lineares cartesianos é importante manter a proporcionalidade entre o eixo vertical e o horizontal, caso contrário a representação pode ficar distorcida e representar o resultado de maneira equivocada.

Nos casos em que os resultados representam uma proporção em relação ao todo, a melhor maneira de representação é através de um gráfico setorial – também chamado de gráfico de pizza por causa de seu formato. Nesses casos a representação é limitada por círculos ou curvas, sempre colocando os termos da série em proporção às áreas das superfícies. Esse tipo de representação é o mais indicado para representar dados de participação de mercado. Na Figura 2.2 encontra-se um exemplo de representação de dados através de um gráfico setorial.

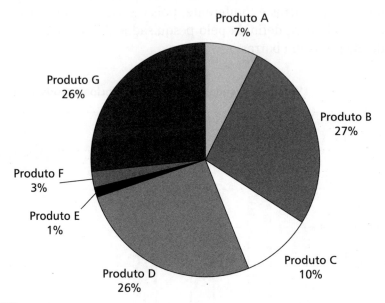

Figura 2.2 — Exemplo de representação de dados através de um gráfico setorial.

Por outro lado, o histograma é utilizado somente quando uma série é ordenada segundo uma variável quantitativa que é constituída por valores agrupados – a chamada distribuição de frequências. Nesses casos especiais trabalha-se com a representação gráfica na forma de histograma. Este pode ser relacionado com o gráfico de barras para dados categóricos. As áreas dos retângulos resultantes devem ser proporcionais à frequência. Por exemplo, imagine que 1.500 produtos foram encontrados em um supermercado e os volumes – que deveriam ser de 150 mililitros (ml) – foram medidos em um laboratório. As medidas foram expressas na forma de tabela de frequência.

Tabela 2.13 Diversos volumes para o tipo de produto "A" encontrados em um supermercado.

Volume do produto (ml)	Frequência
100-109	70
110-119	160
120-129	190
130-139	310
140-149	410
150-159	230
160-169	100
170-179	30

Os dados anteriores podem ser representados a partir do histograma mostrado na Figura 2.3.

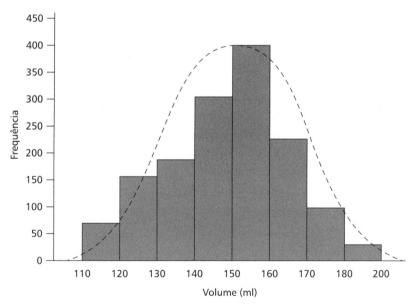

Figura 2.3 Histograma dos diversos volumes para o tipo de produto "A" encontrados em um supermercado.

Além dos diagramas, costuma-se utilizar muito a representação de dados através de gráficos tridimensionais – os chamados estereogramas –, principalmente por causa de seu sentido estético.

COMO PLANEJAR E EXECUTAR UMA CAMPANHA DE PROPAGANDA • PÚBLIO

Após a apresentação da pesquisa e a indicação dos dados obtidos através de gráficos e tabelas, o próximo passo para a descrição dos resultados de uma pesquisa são as recomendações ao cliente.

Depois de apresentados e interpretados os dados através do relatório de pesquisa, deve-se encerrar o relatório com uma espécie de conclusão. Com base nos números obtidos é possível sugerir algumas ações mercadológicas ao seu cliente, possibilitando que este tome decisões conscientes que impeçam os erros do famoso "achismo".

A pesquisa ao ser realizada pode ter diversos objetivos diferentes: conhecer o comportamento do mercado-alvo, o comportamento de alguns públicos prioritários, analisar o comportamento do setor (análise de microambiente) etc. Todas essas informações são importantes para o desenvolvimento do projeto de comunicação, entretanto em alguns casos não há tempo – nem dinheiro – suficiente para se analisarem todas essas questões. Nesses casos, cabe ao planejador indicar quais informações serão prioritárias no desenvolvimento do projeto. Por esse motivo é que se indica qual será o objetivo primário e quais serão os secundários da pesquisa.

Um dos aspectos mais importantes para as organizações é entender o comportamento de seu consumidor, portanto, a maioria das pesquisas em marketing acaba voltada para este objetivo.

Uma vez conhecido o comportamento do consumidor da empresa e também o comportamento de seus principais públicos de interesse, o próximo passo deve ser analisar o comportamento do setor, ou seja, o que os principais concorrentes, fornecedores, distribuidores e empresas afins estão fazendo no mercado. Esse tipo de análise é chamado de análise de microambiente. Ela pode ser fruto de uma pesquisa em fontes primárias ou até de dados já coletados por empresas de pesquisa, ou mesmo pelo seu cliente, e que podem ser organizados de forma a esclarecer como funciona o setor. Esse tipo de análise será trabalhado em mais detalhes na próxima seção.

PERGUNTAS PARA REFLEXÃO

1. Quais são os caminhos a seguir ao se deparar com um problema?

2. O que é importante ao descrever os resultados de uma pesquisa?

3. Quais são os principais tipos de representação gráfica de dados?

4. Por que é importante fazer uma descrição e interpretação dos dados de uma pesquisa?

5. Qual é a diferença entre o projeto completo de pesquisa e a descrição de seus resultados para o anunciante?

2.3 MICROAMBIENTE

Ou análise do setor de atuação.

Você não é capaz de reconhecer suas potencialidades até compará-las com as dos outros.

Conteúdo desta seção:

- O que é microambiente?
- Quais são as variáveis mais importantes do microambiente?
- Como identificar suas forças e fraquezas?
- Qual é o setor de atuação da empresa analisada?

A análise do microambiente consiste em dissecar o setor onde a empresa está inserida. Assim, este item está relacionado principalmente ao setor no qual a organização atua juntamente com outras empresas.

A essência de uma estratégia competitiva é "relacionar uma companhia ao seu meio", mas este meio não é apenas o macroambiente, pois "o aspecto principal do meio ambiente da empresa é a indústria ou as indústrias em que ela compete". Essa pode ser uma definição bastante sucinta de microambiente da empresa: "a indústria ou as indústrias em que ela compete".[10] Para ser mais abrangente, sugiro a substituição do termo *competição* pelo termo *relacionamento*, assim: O microambiente de uma organização é composto pela indústria ou pelas indústrias com as quais ela se relaciona.

O sentido de indústria aqui empregado não é sinônimo de empresa, mas tem o sentido de conjunto de empresas de um determinado setor, sentido este que é amplamente utilizado nas ciências econômicas. A Tabela 2.14 apresenta exemplos de indústrias e setores onde seu anunciante pode estar atuando.

---

[10] Porter (2003, p. 22).

84 COMO PLANEJAR E EXECUTAR UMA CAMPANHA DE PROPAGANDA • PÚBLIO

Tabela 2.14 Exemplos de indústrias e setores.

1. Indústria Automobilística
2. Indústria Cinematográfica
3. Indústria da Carne
4. Indústria da Comunicação
5. Indústria da Construção Civil
6. Indústria da Moda
7. Indústria de Alumínio
8. Indústria de Autopeças
9. Indústria de Calçados
10. Indústria de Caminhões
11. Indústria de Chocolates, Balas e Confeitos
12. Indústria de Cigarros
13. Indústria de Eletrodomésticos
14. Indústria de Fertilizantes
15. Indústria de Gases Industriais
16. Indústria de Laticínios
17. Indústria de Máquinas e Implementos Agrícolas
18. Indústria de Ônibus
19. Indústria de Plásticos
20. Indústria de Refrigerantes e Águas
21. Indústria de Telecomunicações
22. Indústria de Tintas e Vernizes
23. Indústria do Café
24. Indústria do Fumo
25. Indústria do Suco
26. Indústria do Vidro
27. Indústria Farmacêutica
28. Indústria Gráfica
29. Indústria Hoteleira
30. Indústria Petroquímica
31. Indústria Siderúrgica
32. Indústria Têxtil
33. Setor de Abastecimento de Água
34. Setor de Bebidas Destiladas
35. Setor de Cartões de Crédito e de Débito
36. Setor de Coleta e Tratamento de Esgotos
37. Setor de Educação
38. Setor de Eletrodomésticos
39. Setor de Embalagens
40. Setor de Energia Elétrica
41. Setor de Ensino Profissionalizante
42. Setor de Ensino Superior Brasileiro
43. Setor de Farmácias e Drogarias
44. Setor de Higiene Pessoal
45. Setor de Material de Construção
46. Setor de Mineração
47. Setor de Papel e Celulose
48. Setor de Perfumaria e Cosméticos
49. Setor de Provedores de Acesso à Internet
50. Setor de Redes de Supermercados
51. Setor de Saneamento Básico
52. Setor de Seguros
53. Setor de *Shopping Centers*
54. Setor de Transporte Ferroviário de Cargas
55. Setor de Transporte Marítimo de Cargas

A intensidade da concorrência em um setor não é uma questão de coincidência ou má sorte. Ao contrário, a concorrência em uma indústria tem raízes em sua estrutura econômica básica e vai bem além do comportamento dos atuais concorrentes. O grau de concorrência numa determinada indústria depende de cinco forças básicas: o poder de negociação dos compradores, o poder de negociação dos fornecedores, a rivalidade entre as empresas existentes, a ameaça de produtos ou serviços substitutos e a ameaça de novos entrantes.[11]

Assim, na análise setorial, os seguintes fatores devem ser abordados:

- tamanho do setor, em faturamento e unidades comercializadas;
- número de empresas do setor;
- nível de competição no setor;
- fatores que afetam o crescimento ou declínio no setor;
- barreiras de entrada no setor;
- efeito regulador do governo, se existir;
- sistema de distribuição de bens e serviços no setor;
- relacionamentos com canais de distribuição;
- papel da tecnologia no crescimento do setor;
- características gerais do setor, tais como tendência de crescimento, unidades vendidas e nível de emprego.

Para facilitar análise do microambiente, é possível evidenciar que esta análise está relacionada principalmente com os fornecedores, intermediários do mercado, clientes, concorrentes e públicos de relacionamento. Com essa apresentação é possível fazer uma representação esquemática de um microambiente através de recortes transversais, como representado na Figura 2.4.

---

[11] Idem.

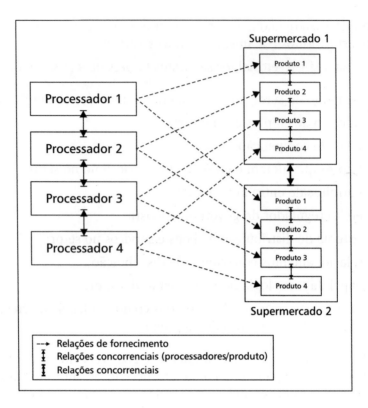

Fonte: Públio (2001).

Figura 2.4 Recortes transversais de um microambiente.

Imagine que seu anunciante seja o processador 1. Para entender seu microambiente é preciso conhecer quem são seus fornecedores, qual é o seu relacionamento com seus concorrentes e quais são os seus relacionamentos com seus distribuidores (no caso, os supermercados 1 e 2).

Ao se imaginar o mercado como um processo dinâmico é possível perceber que a maioria dos produtos e serviços passa por um processo de transformação que envolve desde a concepção da matéria-prima até o seu consumo final.

Nesta ótica é possível se imaginar que por trás de uma determinada empresa existe uma indústria[12] responsável pelo fornecimento de matéria-prima, e o relacionamento com esta indústria e seu poder de negociação influencia todo mercado à sua frente.

Utilizando uma analogia hídrica costuma-se dizer que a indústria que se encontra por trás de um determinado setor é considerada uma indústria "à mon-

---

[12] Note que o termo *indústria* aqui aplicado refere-se ao seu sentido amplo de conjunto de empresas e não a uma única empresa.

tante", enquanto a indústria que surge à sua frente é considerada uma indústria "à jusante".[13]

Além de todas as empresas que se encontram "à montante" da empresa analisada, e seus relacionamentos cruzados que influenciam o fornecimento e manutenção de materiais e políticas de estoque, há também uma série de empresas ou pessoas físicas responsáveis pela distribuição do produto da empresa. Esse sistema de distribuição é considerado a indústria "à jusante" e seus relacionamentos cruzados também influenciam as políticas da empresa.

Como se não bastasse a complexidade da análise, o microambiente esconde também os competidores que concorrem entre si atrás de um objetivo comum, sejam fatias de mercado, seja lucratividade, seja – no caso das empresas do terceiro setor – a melhoria do bem-estar social.

O uso do termo *concorrência* ou *competidores* é inadequado para representar Ongs que concorrem pelo mesmo objetivo, pois quem seria capaz de competir com uma empresa que possui como objetivo principal diminuir o sofrimento de crianças com câncer? Por esse motivo, a expressão considerada mais adequada para representar a concorrência, e ainda assim abrangente podendo conciliar inclusive as empresas que competem por lucratividade, é: *organizações congêneres*.

Esse termo surgiu inesperadamente entre os alunos de comunicação e vem sendo extensamente utilizado nos projetos de comunicação por ser um termo universalmente aceito e menos agressivo do que concorrência ou competição. Etimologicamente, o termo é bastante consistente, pois indica empresas que possuem origens comuns. A palavra é derivada do termo em latim referente a origem – *gênesis* – acrescido do prefixo também do latim – *con* – referente a comum.

Esse termo foi utilizado também pelo publicitário Zeca Martins que, ao explicar a origem do termo *propaganda*, acaba fazendo referência à semeadura da igreja católica, que segundo ele "foi mais um lance espetacular da mais fantástica organização de marketing de todos os tempos: a Igreja Católica Apostólica Romana. IBM, General Motors, Nestlé e *congêneres* [grifo meu] que me desculpem, mas ainda lhes faltam mil anos de sucesso absoluto de mercado para se equipararem ao Vaticano".[14]

Portanto, para a análise completa do microambiente de uma organização, deve-se analisar linearmente: seus fornecedores e seus distribuidores (ou inter-

---

[13] Os termos *à jusante* e *à montante* são utilizados para análise de um rio, onde "à montante" refere-se ao trecho do rio que está antes da parte analisada e "à jusante" refere-se ao trecho do rio que vem depois da parte analisada. Esses termos são bastante válidos na análise do microambiente pois trata-se de um sistema que envolve diversos setores encadeados, como um rio. Dessa forma existem empresas que compõem uma indústria "à jusante" e empresas que compõem uma indústria "à montante".

[14] Martins (1999, p. 9).

mediários do mercado), fazer uma análise paralela em seus congêneres (ou concorrentes) e uma análise transversal em seus públicos de relacionamento. Essas análises serão tratadas em detalhes a seguir.

> **PERGUNTAS PARA REFLEXÃO**
>
> 1. O que deve ser analisado no microambiente de uma organização?
> 2. Qual é a diferença entre microambiente e ambiente interno?
> 3. Por que é importante analisar o microambiente de uma organização?
> 4. Quais são os elementos do microambiente da organização que você está estudando?
> 5. O que é uma organização congênere?

2.3.1 Análise dos fornecedores e distribuidores

A análise dos fornecedores e distribuidores pode também ser chamada de análise linear do microambiente, pois ela destaca de forma linear e encadeada as organizações que se relacionam entre si. Seja fornecendo insumos para seu anunciante, seja distribuindo o resultado do trabalho de seu anunciante. A Figura 2.5 apresenta um diagrama simples de uma análise linear. As setas no início e final desse diagrama indicam que existem outras pessoas – físicas ou jurídicas – que se relacionam com o produto mas não estão diretamente ligadas a seu anunciante.

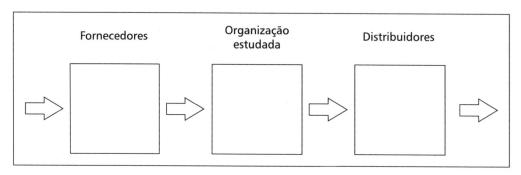

Figura 2.5 Análise linear do microambiente de uma organização.

Na análise linear do microambiente, devem-se buscar dados referentes ao comportamento e relacionamento das empresas fornecedoras de insumos, ou seja, das empresas que se encontram *à montante*, e também das empresas responsáveis pela distribuição dos produtos, que também podem ser denominadas de empresas *à jusante*. Esses dois tipos de organizações podem ter características diferentes, por isso deverão ser apresentadas separadamente, como se segue.

2.3.1.1 Fornecedores

A maioria das organizações precisa de insumos para transformá-los em um determinado produto. Um exemplo clássico é a indústria automobilística. À montante das montadoras existe uma série de empresas que fornecem diversos insumos: desde metal para a estrutura dos automóveis até vela de ignição. Se uma pessoa comum quiser se aventurar na confecção de um automóvel, ela terá de adquirir peças e montar ela mesma. Entretanto, provavelmente seu poder de negociação na aquisição das peças será bem menor do que o poder de uma montadora, logo o custo de suas peças será maior. Principalmente se houver um pequeno número de fornecedores daquela peça.

Dessa forma, fornecedor é toda empresa ou pessoa física que fornece insumos a uma outra empresa ou a um determinado mercado. Em muitos casos é importante conhecer como se encontra o mercado concorrencial de seus fornecedores e como estão suas tendências.

Com essa pequena análise é possível observar o grau de concentração de empresas fornecedoras e com isso é possível se ter uma noção de como será a negociação para o fornecimento de insumos. Para tanto, uma simples descrição dos principais fornecedores e seus mercados já é suficiente para seu projeto de comunicação.

Há alguns setores em que o relacionamento com os fornecedores é mais importante do que em outros, por isso cabe ao planejador identificar a quantidade de informação suficiente de cada projeto.

Nos casos de projetos para organizações do terceiro setor, o relacionamento com os fornecedores é mais complicado, pois grande parte do fornecimento de insumos acontece via doação. Nesses casos é importante descrever quais são os principais fornecedores de quais insumos e também quais as suas intenções.

2.3.1.2 Distribuidores

Em muitos casos, as organizações especializadas em transformação de produtos não os comercializam para o consumidor final. Existem entre eles os chamados intermediários ou distribuidores.

Esses distribuidores podem ser vendedores contratados pela organização, comissionados ou não, vendedores ou representantes autônomos, empresas do ramo varejista ou atacadista ou empresas do ramo de distribuição e logística.

As empresas de distribuição e logística geralmente são grandes empresas que possuem *know-how* e recursos apropriados à distribuição, como: mão de obra para negociação e venda e mão de obra para entrega, centro de estocagem, centro de distribuição, caminhões de entrega etc. Essas empresas terceirizam a distribuição dos produtos de seu anunciante. Na maioria dos casos, os distribuidores são exclusivos de um fabricante, em outros casos os distribuidores podem distribuir produtos para fabricantes diferentes.

Existem empresas especializadas em distribuir produtos de um ramo em uma determinada região. Por exemplo: existem empresas que são especializadas em distribuir produtos da área alimentícia na região norte do estado, sem que para isso trabalhem com concorrentes diretos – podem trabalhar ao mesmo tempo com empresas de doces, salgados, sucos, sobremesas etc.

Os revendedores são empresas que compram os produtos e revendem. Uma característica comum é o nível de comprometimento entre eles, a maioria dos revendedores não é exclusiva de um único fornecedor.

Há vários critérios para que um anunciante escolha um distribuidor, esses critérios dependerão de características próprias de cada segmento – por isso é importante conhecer o microambiente da empresas – e dos objetivos e metas de cada organização.

A escolha de um canal de vendas é fundamental para o sucesso do anunciante, pois o distribuidor é responsável por informações e ações importantes com relação ao consumidor, como: informar como está o comportamento do mercado (retorno das vendas), distribuir e verificar a aceitação de materiais de *merchandising*, distribuição e coleta de informações de mercados esperados. Essas informações são fundamentais para o planejamento estratégico de seu anunciante.

Algumas informações sobre a empresa de distribuição (ou as empresas de distribuição) de seu anunciante devem ser descritas no projeto, como: nome, localização, número de funcionários, quando a empresa iniciou suas atividades, tamanho da frota, localização e tamanho do estoque, organograma. Além de conhecer seu sistema de vendas, ou seja, se trabalha sob demanda ou com pronta entrega e qual o tempo médio entre o pedido e a entrega.

Outras informações que são importantes para as decisões estratégicas são: o cadastro total de pontos de venda; cadastro ativo de pontos-de-venda; principais fornecedores; percentual de cada fornecedor sobre o faturamento da distribuidora; principais produtos; prazo concedido pelos fornecedores; margens aplicadas para cada fornecedor; prazos concedidos aos clientes; forma de cobrança; inadimplência.

Além disso, é importante também possuir informação sobre a equipe de vendas, pois constantemente se fazem campanhas de incentivo ou campanhas de lançamento de produto inicialmente para os vendedores. Conhecer seu perfil é fundamental para esse tipo de ação promocional: número de vendedores, idade média da equipe, escolaridade média, política de remuneração, média salarial, maior salário, menor salário, comissões, tempo médio na empresa, tempo médio na função.

Outra informação importante é acerca da equipe de promotores. Em alguns casos é o próprio vendedor que leva o produto ao varejo, em outros casos há uma equipe de promotores especializada na exposição do produto – esses são chamados de *merchandeiros*. Sobre a equipe de *merchandising* é importante saber: o número de promotores, sua idade e escolaridade média, a política de remuneração da empresa, o salário médio, bem como o maior e o menor salário, a política de comissões e o tempo médio na empresa.

Ao montar uma equipe de vendas seu anunciante deve levar em conta os fatores geográficos, o tipo de produto comercializado e o tipo de cliente.[15]

Com relação aos fatores geográficos é importante distribuir os elementos da equipe pelas regiões mais relevantes. Cada vendedor tem uma região de atuação e pode vender todos os produtos da empresa. Os vendedores passam a conhecer melhor os clientes, criam uma relação mais próxima e conseguem gerir melhor os deslocamentos.

Na divisão por produtos cada vendedor é responsável por um produto ou por um conjunto de produtos da empresa. Esse tipo de divisão é indicado no caso da comercialização de produtos que exigem conhecimentos técnicos específicos. Os clientes têm que ser bem informados e o vendedor não pode demonstrar ignorância sobre o que está vendendo.

Entretanto, dependendo da abrangência do mercado de seu anunciante o vendedor acaba sendo obrigado a percorrer o país todo – ou quem sabe fazer viagens internacionais constantemente – para poder atender toda a área coberta pela empresa. Entretanto, esse tipo de divisão acaba desgastando demais o vendedor, por isso é recomendável que haja a troca entre os vendedores e uma boa coordenação no escalonamento das visitas.

Outro tipo de divisão de equipe de vendas é através de tipo de cliente. Esse tipo de divisão é indicado em mercados que obriguem diferentes abordagens por parte do departamento; os vendedores devem se especializar nos ramos de cada um deles. Por exemplo, pode haver pessoas que se dediquem apenas aos atacadistas e outras só para o varejo. Esta é uma boa opção para prestar maior atenção às necessidades de cada tipo de cliente. Mas, se os clientes com características semelhantes estiverem muito dispersos no país, o trabalho pode tornar-se mais complicado.

Nesse caso o mais indicado é um sistema misto. Nesse sistema a empresa pode optar pela distribuição complexa por região/produto, região/cliente ou quem sabe até por região/produto/cliente.

Um dos grandes trunfos de conhecer a equipe de vendas ou as empresas responsáveis pela distribuição de seu produto é a possibilidade de desenvolver ações que busquem a motivação dos mesmos. A organização não é tudo. É importante

---

[15] SEBRAE – Serviço Brasileiro de Apoio às Micro e Pequenas Empresas Disponível em <www.sebraesp.com.br>.

92 COMO PLANEJAR E EXECUTAR UMA CAMPANHA DE PROPAGANDA • PÚBLIO

também ter flexibilidade para manter os funcionários motivados. O roteiro de visitas deve ser rigoroso e é indispensável analisar cuidadosamente cada cliente verificando as compras médias e a última compra de cada um deles. A motivação da equipe de vendas também não pode ser deixada de lado.

As ações voltadas aos distribuidores geralmente estão associadas às estratégias de marketing baseadas no terceiro "p" do *marketing mix*, ou seja, associadas ao ponto de venda. Por isso é muito importante conhecer o sistema de distribuição do produto para traçar melhor as estratégias de marketing.

Há empresas que se especializam em estratégias voltadas aos canais de distribuição, criando inclusive departamentos específicos para esse tipo de ação. Esses departamentos geralmente recebem o nome de *trade marketing*. As estratégias de *trade* baseiam-se em relações entre empresas, ou seja, são relações do tipo *Business-to-Business* (B2B).

Além das estratégias de marketing voltadas ao ponto de venda, há também algumas estratégias dentro do *mix* de comunicação que podem ser voltadas para os canais de distribuição. Essas estratégias geralmente estão associadas à promoção de vendas: "qualquer esforço feito para comunicar e promover empresas ou produtos sem utilizar a mídia convencional".[16]

As estratégias de promoção de vendas podem ser aplicadas tanto dentro quanto fora das empresas. Quando acontecem dentro da empresa, geralmente estão relacionadas à motivação dos funcionários da mesma, principalmente da força de vendas.

Por outro lado, quando a promoção de venda acontece fora da empresa, ela pode ser direcionada a dois públicos distintos: as empresas de distribuição ou o consumidor final. Nas ações voltadas às empresas de distribuição envolvem-se: vendedores de piso (atendentes), balconistas, gerentes de loja, compradores e proprietários de empresas de atacado e varejo.

Conhecer o canal de distribuição é importante também porque é a partir desta informação que se direciona a estratégia de exibição do produto no ponto de venda, ou seja, a estratégia de *merchandising*. Originalmente o termo *merchandising* está relacionado a "qualquer técnica, ação ou material promocional usado no ponto de venda que proporcione informação e melhor visibilidade a produtos marcas ou serviços, com o propósito de motivar e influenciar as decisões de compra dos consumidores".[17]

A exibição do produto no ponto de venda é extremamente importante para seu sucesso. Para produtos de consumo não duráveis, o Instituto de Pesquisa de Propaganda no Ponto de Vendas (Popai)[18] desenvolveu uma pesquisa que afirma

---

16 Blessa (2003, p. 23).

17 Idem.

18 Do inglês *Point of Purchase Advertising Institute* (Popai).

que 85% das compras nos supermercados são decididas dentro da loja, ou seja, são compras não planejadas (impulsivas), por outro lado, apenas 15% da compra é planejada.

Existem diversos tipos de ações promocionais que visam incentivar as vendas do produto. A maioria delas está descrita na Tabela 2.15 a seguir.

Tabela 2.15 **Principais tipos de ações promocionais.**

1. Treinamento	12. Panfletagem
2. Treinamento em atendimento	13. Degustação
3. Relacionamento (varejo e consumidor)	14. Demonstração
4. Fidelização	15. Motivacional para força de vendas
5. Premiação	16. Ação performática
6. Incentivo	17. Feiras e exposições
7. Culturais	18. Aproveitando eventos
8. Cuponagem	19. *Merchandising* guerrilheiro
9. Institucionais	20. *Merchandising* teste
10. Amostragem (*sampling*)	21. Concursos e sorteios
11. *Cross sampling*	22. Propaganda cooperada

Fonte: Blessa (2003, p. 45).

É importante conhecer seu canal de distribuição e os tipos de promoção de vendas e ações de *merchandising* que é possível fazer com ele para que se consiga desenvolver um plano de comunicação de marketing completo para seu anunciante.

PERGUNTAS PARA REFLEXÃO

1. Por que é importante analisar os fornecedores de uma organização?

2. Por que é importante analisar os distribuidores de uma organização?

3. Quais são os fornecedores da organização que você está estudando?

4. Quais são os distribuidores da organização que você está estudando?

5. Que ações a organização que você está estudando faz voltada a seus fornecedores?

6. Que ações a organização que você está estudando faz voltada a seus distribuidores?

7. Como é distribuído o produto ou serviço da organização que você está estudando?

2.3.2 Análise das organizações congêneres

Análise da concorrência, dos concorrentes ou dos competidores

Se a galinha do seu vizinho é mais gorda que a sua,
veja que tipo de ração ele dá para ela.

Conteúdo desta subseção

■ Por que analisar meus concorrentes?

■ Quais são meus concorrentes?

■ Qual é a diferença entre concorrência direta e indireta?

■ O que eu devo analisar de meus concorrentes?

Como visto, o termo *congênere* foi considerado mais apropriado do que o termo *concorrentes* ou *competidores*. O termo *concorrência* pressupõe a existência de uma competição entre organizações fazendo valer todas as armas para "ganhar" do adversário. Apesar de competirem entre si, as organizações – principalmente as organizações de interesse público – devem buscar o bem estar social para garantir a sua existência no longo prazo.

Um dos itens mais importantes da análise setorial – ou análise do microambiente – reside no fato de tentar entender como comportam-se seus congêneres – ou empresas competidoras.

A análise dos congêneres é fundamental para entender o comportamento do mercado: como as empresas trabalham a distribuição, a comunicação, os preços, como reagem ao comportamento do consumidor, quais são as principais estratégias de marketing, como é o histórico de comunicação do setor, como está o nível de concentração – ou seja, se o setor em questão possui diversas organizações pequenas ou poucas organizações grandes. Esse tipo de análise permite também conhecer o nível de tecnologia envolvida no setor, como está o nível de investimento em P&D.[19]

Com todos esses elementos, é inegável que o setor exerce profunda influência sobre o comportamento estratégico das empresas que nele se encontram.[20] Entretanto, pode parecer estranho, durante a apresentação do projeto, efetuar uma análise da concorrência antes mesmo de fazer a análise interna da empresa. Mas não se preocupe, a organização a ser estudada deve ser localizada e situada den-

---

[19] P&D é uma sigla comumente utilizada para representar estratégias de investimento em Pesquisa e Desenvolvimento; em inglês é comumente chamado de R&D (*Research and Development*).

[20] Porter (2003, p. 22).

tro de seu setor de atuação, por isso é importante que o setor seja apresentado antes da própria empresa. Além disso, a organização – que é objeto de estudo do projeto – já fora apresentada em linhas gerais na introdução do projeto. E, provavelmente, foram feitas diversas referências a ela ao longo do trabalho, pois ela não é nada menos do que a razão da existência deste projeto.

Outro argumento que embasa a apresentação do setor antes da apresentação completa da organização é que a construção da linha de raciocínio do projeto decresce da área mais abrangente para a área menos abrangente à medida que está sendo desenvolvido, assim, descreva seus principais congêneres e depois descreva a empresa de seu anunciante. Com isso – mais adiante – você será capaz de comparar suas forças e fraquezas.

A análise das empresa congêneres, diferentemente da análise dos fornecedores e distribuidores, refere-se a organizações paralelas[21] à organização estudada. A Figura 2.6 apresenta um diagrama esquemático da análise do microambiente paralelo de uma organização.

Figura 2.6 Análise do microambiente paralelo de uma organização.

---

[21] Optou-se pelo termo *paralelas*, pois supostamente as empresas congêneres – apesar de seus diferenciais competitivos – encontram-se lado a lado, disputando ombro a ombro o consumidor.

Para fazer uma análise completa da organização, é importante localizá-la dentro de seu setor e sua área de atuação, pois o posicionamento de uma instituição é sempre relativo, seu comportamento é condicionado pelo comportamento de seus concorrentes. Por isso, para uma boa análise, é importante conhecer como o meio se comporta para que você possa apresentar como a empresa se comporta em relação a ele.

Para fazer a análise dos congêneres, o primeiro passo é dividi-los em diretos e indiretos em relação aos concorrentes. Entretanto essa divisão é extremamente subjetiva, dependendo da ótica em que está sendo observado. Por exemplo,[22] ao analisar o mercado de refrigerantes supostamente os refrigerantes possuem uma função específica: a de matar a sede.

Partindo desse pressuposto, todos os produtos que possuem essa mesma função poderiam ser considerados concorrentes diretos, desde água até as bebidas isotônicas, passando por leites, iogurtes, bebidas alcoólicas e energéticos. Analisar essa diversidade de produtos levaria um tempo inviável para um projeto – além de um custo muito alto para seu anunciante –, por isso, a função de seu produto deve ser restringida a uma área de atuação menor. Seria lógico considerar que os congêneres diretos seriam todas as marcas de refrigerantes atuantes naquela região, e os indiretos os demais produtos citados que possuem a função de matar a sede. Entretanto, devido ao nível de segmentação que os mercados estão atingindo atualmente, esse tipo de divisão ainda é muito abrangente.

Uma divisão provável é através dos sabores, assim os congêneres diretos podem ser os refrigerantes de mesmo sabor e os congêneres indiretos os congêneres de sabores diversos. Na verdade é possível associar o produto de seu anunciante a qualquer outro produto, isso depende muito do planejador, e também – por incrível que pareça – do macroambiente.

A jornalista Cristiane Correa (2005) publicou uma matéria interessante sobre o tema. Para ela:

> Não muito tempo atrás, concorrência era um termo bem definido no mundo dos negócios. Não era preciso fazer muito esforço para saber quem eram os concorrentes de uma montadora de automóveis, de uma construtora de prédios de apartamentos ou de um restaurante de comida rápida. Se um executivo da GM quisesse ter sucesso, bastava derrotar Volkswagen, Fiat ou Ford. Para o dono da construtora Tecnisa, era suficiente deter empresas como Gafisa e Inpar, algumas de suas principais rivais. Já o franqueado do McDonald's precisava se preocupar com outras lanchonetes e restaurantes por quilo da vizinhança ou, no máximo, com uma ou outra padaria que en-

---

[22] Corrêa (2002, p. 115).

trasse no ramo de comida rápida. Nos últimos anos, porém, a concorrência tornou-se um fenômeno muito mais complexo.

Assim, organizações que aparentemente não tinham nenhuma relação entre si passaram a competir diretamente no mesmo mercado, não com produtos semelhantes, mas com funções idênticas. Um exemplo prático: há poucos anos a empresa gigante da fotografia Kodak estava somente preocupada com suas congêneres diretas, principalmente Fuji, quem sabe Agfa... e não imaginava que seu maior concorrente passaria a ser gigante japonesa de eletroeletrônicos: a Sony, juntamente com Samsung, Olympus, Cannon, Nikon, Panasonic, HP etc. O que permitiu essa convergência de funções foi a evolução tecnológica, que só poderia ser percebida através da análise do macroambiente. Antes, um executivo era treinado para pensar em concorrência por meio de categorias fixas. Hoje é preciso estar atento a tudo que acontece ao redor.

Outro motivo que leva à conclusão de que a concorrência não é tão simples quanto parece é derivada da base do pensamento econômico. A Economia é a ciência que visa analisar os recursos limitados, assim como o bolso do consumidor. Por exemplo, um consumidor de uma determinada renda só é capaz de consumir produtos que se encaixem no seu orçamento. Se ele optar por um produto, deixará de consumir outro. Nessa ótica, tudo por que o consumidor optar estará concorrendo entre si.

Assim, os concorrentes perceberam que não disputam mais mercados, mas disputam o bolso do consumidor. Esse tipo de escolha em detrimento de outra é denominado em Economia de "custo de oportunidade" de um determinado produto.

Entretanto, pensar com tal dimensão acaba deixando o planejador louco, como afirmava um grande executivo: "Na Unilever, os executivos já são ensinados a encarar a prestação da Casas Bahia como concorrente do sabão em pó." É claro que pode existir correlação entre as diversas empresas, mas a informação e o bom-senso são importantes para se verificar quais empresas devem ser encaradas como congêneres.

A divisão por categorias ainda é muito bem-vinda. Esse tipo de divisão é importante para dar às empresas alguma medida sobre seu sucesso, mas é frequentemente deslocada pela velocidade do ambiente de negócios.

Uma vez identificadas quais serão as empresas que se encaixarão como congêneres diretas e indiretas, o próximo passo é analisar as congêneres diretas. Com a evolução da Internet, não é difícil encontrar informações sobre as principais organizações congêneres à empresa analisada. Mas não se limite à mera descrição das empresas e tente resistir à tentação de copiar os textos do *sites*, pois textos produzidos para a Internet têm a função de enaltecer a empresa, e são carregados de adjetivações desnecessárias. Faça uma análise crítica e limite-se a descrever as empresas sob a sua percepção.

98 COMO PLANEJAR E EXECUTAR UMA CAMPANHA DE PROPAGANDA • PÚBLIO

Para facilitar o seu trabalho, e o trabalho do leitor de seu projeto, crie tópicos referentes a cada uma das congêneres e descreva tudo aquilo que é interessante sobre ela. A análise da congênere serve não só para compará-la com seu anunciante, mas também para mostrar estratégias que podem ou não dar certo. Esse tipo de análise é feito constantemente pelas empresas, também chamado de *benchmarking*.

Para analisar os congêneres atenha-se principalmente a alguns pontos chaves:

- descrição dos pontos fortes e fracos de cada um;
- histórico resumido de cada organização congênere;
- histórico dos investimentos na mídia;
- dados da eficácia dos planos das congêneres;
- dados dos erros das congêneres;
- práticas de mídia;
- uma breve análise de cada um dos elementos do *marketing mix* de cada organização congênere.

Depois de descritas as informações acerca de cada organização congênere, é interessante construir uma tabela com os principais dados obtidos. Como destacado no capítulo referente à descrição dos resultados da pesquisa, o uso de gráficos e tabelas é bastante esclarecedor na apresentação de dados, por isso a Tabela 2.16 apresenta um modelo interessante de comparação entre organizações congêneres.

Tabela 2.16 Comparação com os congêneres diretos.

	Organização A	Organização B	Organização C
Produtos	Fresh Cool Mint Fresh Clean Mint Fresh Cinnamint	Hortelã Explosion Menta Hit Menthol Impact Eucalyptus Sensation	Original Red Menta Mint Eucalyptus Mint Red Fruits Mint Fresh Whitening
Qualidade percebida	Alta qualidade	Média qualidade	*Premium*
Tamanhos oferecidos	90 g	90 g	90 g
Preço final	Médio	Mais baixo	Mais alto

Distribuição	Abrangente Supermercado/ farmácia/ conveniência	Abrangente Supermercado/ farmácia/ conveniência	Mais restrita Supermercado/ farmácia/ conveniência
	Organização A	**Organização B**	**Organização C**
Propaganda	No primeiro e no segundo semestre Criatividade razoável	Intermitentes	Esporádicas
Conceito de comunicação	Proteção	Branqueamento	Hálito puro
Promoção de vendas	Esporádica	Não faz	Uso de promoções via Internet Patrocínio de *shows*
Relações públicas	Sim	Inexistente	Esporádica
Percepção sobre embalagem	Destacada	Padrão	Especial

A comparação dos dados acima permitirá destacar quais são as forças e fraquezas da organização analisada em relação a seus principais congêneres. Esse tipo de informação será de grande valia na construção da análise *Swot*.

PERGUNTAS PARA REFLEXÃO

1. Por que o termo *congênere* foi considerado mais apropriado do que o termo *concorrente*?

2. Por que é importante analisar os congêneres de uma organização?

3. Quais são as principais organizações congêneres do mercado que você está analisando?

4. Como é a composição deste setor?

5. Quais são as principais ações das congêneres desse setor?

6. Por que é importante fazer uma tabela comparativa?

2.3.3 Análise dos demais públicos estratégicos

Há mais gente envolvida no seu negócio do que você pode imaginar

É mais fácil falar quando
se conhece quem vai ouvir.

Conteúdo desta subseção

- Quais são os outros públicos da minha organização?

- Com quem eu devo falar?

- Como me relacionar com os demais públicos?

Além dos fornecedores, distribuidores e congêneres, as organizações devem se relacionar também com outros públicos, os chamados públicos de relacionamento ou públicos estratégicos. A análise dos públicos estratégicos não é nem linear – como a análise dos fornecedores e distribuidores – e nem paralela – como na análise dos congêneres. Optou-se por chamá-la de análise transversal do microambiente da organização.

Em algumas organizações, a análise dos demais públicos estratégicos acaba sendo dissolvida dentro da análise do microambiente ou até da análise interna da organização – uma vez que o público interno também é um público estratégico. Em outro casos, a relevância dos públicos estratégicos é tamanha que sua análise merece um capítulo à parte.

A análise dos públicos estratégicos de uma organização é uma área mais específica de relações públicas – inclusive esse é o profissional mais adequado para esse tipo de análise. Entretanto, na ausência deste, essa análise não deve ser negligenciada, pois o planejador deve indicar tudo aquilo que é relevante para o plano de comunicação de seu anunciante.

Os públicos estratégicos de uma organização dividem-se em: público externo, público interno e público provedor. O público externo é uma generalização de todo público que se relaciona com a organização e encontra-se fora das portas da mesma. Além dos consumidores há os sindicatos, jornalistas, comunidades do entorno etc.

O público interno é referente às pessoas que compõem a organização e fazem com que ela funcione. A análise deste tipo de público será trabalhada em mais detalhes na análise interna da organização, no Capítulo 3. O público provedor, no caso de organizações que produzem bens e produtos, é composto pelos fornecedores, distribuidores e reguladores do mercado. Eles são fundamentais para prover recursos para o funcionamento da organização e promover o escoamento do resultado da mesma. A análise do público provedor foi detalhada em partes – principalmente no que tange a fornecedores e distribuidores – nas seções anteriores. A Figura 2.7 apresenta um resumo esquemático da atuação dos públicos estratégicos sobre uma determinada organização.

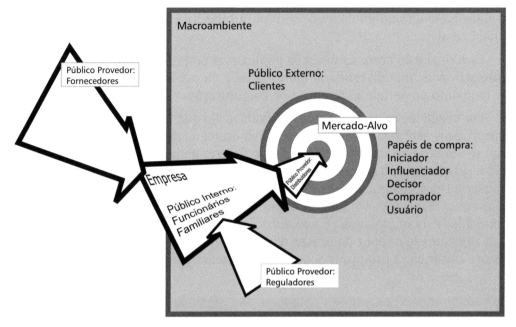

Figura 2.7 Públicos estratégicos de uma organização.

No caso de organizações da sociedade civil, a análise dos públicos estratégicos é um pouco variada. Aparece um novo público estratégico relacionado aos voluntários e conselheiros não comissionados. Para esse público Meneghetti (2003, p. 45) propõe a denominação de público agente. Para ela o público agente está relacionado àqueles que doam parte de seu tempo para ajudar nas tarefas da organização. A distinção entre os diversos públicos estratégicos de uma organização da sociedade civil é apresentada em mais detalhes na Tabela 2.17.

Tabela 2.17 Diferentes públicos estratégicos para organizações da sociedade civil.

Provedor	Doadores, apoiadores, fornecedores, reguladores
Interno	Funcionários e familiares
Agente	Voluntários, conselheiros, parceiros, fornecedores
Externo	Clientes e público em geral

Fonte: Meneghetti (2003, p. 45).

Note que esses públicos são fundamentais para organizações e, por isso, num trabalho de análise, bem como num projeto experimental, devem ser identificados e classificados. Por isso, se o seu trabalho tratar de uma organização da sociedade civil, é fundamental apresentar cada um dos diferentes públicos. Isso irá facilitar a escolha do público que será prioritário na estratégia de comunicação: o público-alvo.

Essa distinção entre os diversos públicos da empresa facilita o raciocínio estratégico, pois uma diversidade muito grande de públicos pode gerar confusões no momento de definir a estratégia de comunicação.

Por exemplo, ao se analisar uma organização que possui a finalidade de ajudar crianças carentes sob a ótica exclusiva do mercado-alvo é fácil detectar que este se refere às crianças carentes de uma determinada área geográfica, mas isso não é suficiente para propor uma estratégia de comunicação. Para tanto, é preciso usar a ótica dos públicos estratégicos e dessa forma é possível detectar que a comunicação deve ser voltada a um outro público. Por exemplo, dependendo da necessidade da organização é necessário comunicar-se com o público provedor, pois somente ele é capaz de prover recursos para que a organização possa sobreviver e continuar a promover ações que busquem o bem-estar social.

PERGUNTAS PARA REFLEXÃO

1. Quais são os públicos estratégicos de uma organização?

2. Quando se trata de uma organização da sociedade civil, quais públicos estratégicos devem ser analisados?

3. Um determinado público estratégico pode tornar-se um público-alvo de uma comunicação?

AMBIENTE INTERNO

Conhecendo suas potencialidades e fraquezas

Você deve conhecer seu organismo para saber até onde pode ir.

Conteúdo deste capítulo:

- Como analisar uma organização?
- Como identificar as potencialidades de uma organização?
- Como identificar as fraquezas de uma organização?

Ambiente interno diz respeito aos departamentos existentes dentro das portas da organização: como ela é dividida, como são os seus funcionários, se há um organograma, se há um fluxograma de trabalho, como é feita a sua administração, como são contratados seus funcionários, como eles se sentem em relação à empresa, enfim, tudo aquilo que ocorre internamente e que pode ser interessante para o projeto.

Entender o funcionamento da empresa é fundamental para o desenvolvimento do projeto de comunicação da mesma, tanto que o público interno é também considerado um público estratégico de comunicação. Tanto os vendedores quanto os compradores do departamento de suprimentos da empresa, os gerentes financeiros, os profissionais de recursos humanos e qualquer funcionário da companhia devem ser considerados como ferramentas de comunicação, pois mantêm contato com um grande número de pessoas na sua área de atuação e, consequentemente, transmitem a imagem da organização.

A maioria das informações sobre o ambiente interno da organização que são descritas no projeto derivam diretamente do *briefing* coletado junto ao anunciante, por isso é fundamental que este seja bem-feito e consiga abranger a maior parte possível das informações estratégicas.

Os primeiros dados que devem constar na análise interna da organização:

- o nome da mesma;
- seu nome fantasia;
- área de atuação;
- endereço de seu *site* na Internet;
- descrição de seus principais produtos.

Outros dados que podem ser interessantes são:

- número de firmas;
- localização das principais firmas;
- número de funcionários;
- pessoa de contato;
- cargo e forma de contato com a mesma.

O próximo item que deve constar na análise interna de uma organização é seu histórico. Este pode ser apresentado em forma de diagrama do tipo linha do tempo, onde destacam-se apenas os principais eventos relacionados à organização. Evite copiar na íntegra o histórico da página de seu anunciante, pois ele perceberá facilmente essa gafe, que pode até parecer preguiça de sua parte, e isso pega mal! Os dados podem até sair do *site* da organização, mas antes de serem descritos do projeto devem passar pela análise e reflexão do planejador.

Depois de apresentado o histórico da organização, é interessante apresentar sua filosofia de trabalho, isso pode ser facilmente descrito através da missão, visão e valores da organização. Se por acaso seu anunciante não tiver descrita a sua missão, visão e valores, escreva no projeto que elas "não estão descritas mas podem ser percebidas como... (e descreva-as com suas palavras)".[1] Indique também a sua percepção acerca da orientação da organização para assumir riscos: se ela é arrojada ou conservadora.

---

[1] Para mais detalhes sobre a descrição da filosofia da empresa ver Capítulo 6: Missão, visão e valores da organização, que é apresentado na Parte 3 deste livro.

Apresente o sistema de trabalho da organização, e como funciona seu aproveitamento dos recursos humanos disponíveis. Para isso lance mão tanto de recursos visuais como organogramas e fluxogramas de trabalho.

Apresente também – se possível – os dados financeiros da empresa, ou seja, os dados relativos a capacidade de produção, capacidade ociosa, dados de vendas e lucros, participação no mercado e tendências de vendas.

Por fim, apresente o sistema de comunicação institucional da organização: como funciona, qual é a preocupação da empresa com sua comunicação institucional, quem são os responsáveis por ela, qual é a verba destinada a ela e um breve histórico das comunicações anteriores.

É interessante também fazer uma análise do *mix* de marketing da organização, destacando os elementos referentes ao produto, preço, promoção e distribuição.

Se a organização tiver produtos, serviços ou projetos específicos, abra novos tópicos para analisá-los. Esses novos tópicos devem conter: a apresentação do produto – ou serviço, ou projeto –, seu histórico e problemas atuais que o produto ou marca enfrenta.

Faça também uma análise da comunicação do produto. Para tanto, use o mesmo esquema apresentado para a análise da comunicação institucional: quem são os responsáveis por ela, qual é a verba destinada a ela e um breve histórico das comunicações anteriores. Além disso, inclua análise de temas publicitários anteriores, orçamentos anteriores, gastos (investimentos) acumulados em mídia, *slogan* atual, além de expressões, posicionamento da mensagem e uma avaliação geral do produto.

Nessa avaliação geral do produto você pode destacar: qualidades; conceito do produto: benefícios oferecidos, pontos de satisfação das necessidades, embalagem, rotulagem, marca. E o que foi acrescentado ao produto/serviço nos últimos cinco anos.

Se julgar conveniente, pode incluir a análise de: novos mercados; novos usuários; a análise dos intermediários em relação ao produto; tipo de distribuição – que já deve ter sido trabalhada no microambiente –, serviços que acompanham o produto, conhecimento da marca, problemas que os consumidores veem no produto, e se podem ser resolvidos; benefícios únicos; como é obtido o produto/serviço; como os consumidores percebem o produto; se eles estão satisfeitos; como é a política de devolução; quais são as garantias oferecidas; em quais tamanhos o produto é comercializado.

Enfim, a análise do ambiente interno deve descrever tudo aquilo relacionado à organização e seus produtos/serviços.

COMO PLANEJAR E EXECUTAR UMA CAMPANHA DE PROPAGANDA • PÚBLIO

PERGUNTAS PARA REFLEXÃO

1. Por que é importante conhecer o ambiente interno de uma organização?

2. De onde vem a maioria das informações sobre o ambiente interno da organização?

3. A maioria das informações sobre a organização pode ser encontrada na Internet. O que fazer com estas informações? Por quê?

4. Qual é o portfólio de produtos da organização que você está trabalhando?

DICA: Tópicos que podem entrar na análise interna de uma organização

Nome da empresa:	
Nome fantasia:	Área de atuação:
Endereço *Web*:	
Pessoa de contato:	Cargo:
Telefones:	*E-mail*:

Endereço das principais firmas:
Firma 1:
Firma 2:
Firma 3:

Número de funcionários	
Total:	Média por firma:

Histórico:

Filosofia de trabalho
– missão:
– visão:
– valores:

Dados financeiros da empresa (derivados da análise do balanço financeiro)
– capacidade de produção:
– capacidade ociosa:
– dados de vendas:
– lucros:
– participação no mercado:
– tendências de vendas:

AMBIENTE INTERNO 107

Sistema de comunicação institucional
– como funciona:
– qual é a preocupação da empresa com sua comunicação institucional:
– quem são os responsáveis pela comunicação institucional:
– qual é a verba destinada a ela:
Descreva um breve histórico das comunicações anteriores.

Mix de marketing da organização
– produto/consumidor:
– preço/custo:
– promoção/comunicação:
– distribuição/conveniência:

Portfólio de produtos
– qualidades:
– conceito do produto: benefícios oferecidos:
– pontos de satisfação das necessidades:
– embalagem:
– rotulagem:
– marca:
Ciclo de vida
– o que foi acrescentado ao produto/serviço nos últimos 5 anos:

Mix de comunicação
– publicidade:
– promoção:
– RP:
– venda pessoal:
– identidade visual:
– _Web_:
– temas publicitários anteriores:
– orçamentos anteriores:
– gastos (investimentos) acumulado em mídia:
– _slogan_ atual, além de expressões:
– posicionamento da mensagem:
– uma avaliação geral do produto:

Outros tópicos:
– novos mercados:
– novos usuários:
– intermediários:
– tipo de distribuição:
– serviços que acompanham o produto:
– conhecimento da marca:
– problemas que os consumidores veem no produto:
– benefícios únicos:
– como é obtido o produto/serviço:
– como os consumidores percebem o produto:
– se eles estão satisfeitos:
– como é a política de devolução:
– quais as garantias oferecidas:
– em quais tamanhos o produto é comercializado:
– serviço de atendimento ao consumidor:

4

ANÁLISE *SWOT*

Forças, fraquezas, ameaças e oportunidades

"Concentre-se nos pontos fortes, reconheça as fraquezas, agarre as oportunidades e proteja-se contra as ameaças "

(Sun Tzu, 500 a.C.)

Este capítulo do livro pretende responder às seguintes dúvidas:

- Como está o mercado?
- Como está o seu anunciante em relação ao mercado?
- Quais são as principais oportunidades do ambiente?
- Quais são as principais ameaças do ambiente?
- Quais são as forças de seu anunciante em relação aos concorrentes?
- Quais são os pontos fracos de seu anunciante?

A análise *Swot* é uma ferramenta bastante útil para verificar qual é a atual situação da organização no momento estudado. Apesar de simples, esta ferramenta é bastante polêmica. Diversos autores a utilizam de maneiras muito variadas, o que pode confundir a cabeça dos iniciantes na área do planejamento estratégico.

Apesar de polêmica, essa ferramenta é bastante eficiente no diagnóstico da situação atual de uma determinada organização, marca ou produto.

O termo *análise* é proveniente da língua grega; *analysis* deriva dos termos *lysis* (que significa quebra ou dissolução) e *ana* (que significa igual). Assim, numa tradução literal, análise poderia ser a quebra de uma igualdade, entretanto o termo é comumente usado no sentido de decomposição de um todo (igualdade) em partes. Assim, *analysis* é o exame de cada parte de um todo. O termo também pode ser considerado o processo filosófico por meio do qual tentam-se entender as causas dos efeitos, ou seja, a tentativa de identificar as causas de um determinado fenômeno.

A análise *Swot* estuda a competitividade de uma organização segundo quatro variáveis que dão origem ao seu nome: forças (*Strengths*), fraquezas (*Weaknesses*), oportunidades (*Opportunities*) e ameaças (*Threats*). Através desta metodologia é possível fazer-se a análise da situação atual da empresa e suas potencialidades. Os dois primeiros itens – forças e fraquezas – estão relacionados à análise dos recursos internos da empresa comparados principalmente a seu microambiente, enquanto que os dois últimos itens – ameaças e oportunidades – estão relacionados ao meio no qual a empresa está inserida.

Não há registros precisos sobre a origem desse tipo de análise. Segundo alguns autores, a análise *Swot* foi criada por dois professores da Harvard Business School: Kenneth Andrews e Roland Christensen. Por outro lado, há registros de que a ideia da análise *Swot* já era utilizada há mais de três mil anos nas estratégias de guerra: "Concentre-se nos pontos fortes, reconheça as fraquezas, agarre as oportunidades e proteja-se contra as ameaças[1]" (Sun Tzu, 500 a.C.)

Apesar de bastante divulgada e citada por autores, é difícil encontrar uma literatura que aborde diretamente esse tema. O caminho mais indicado para entender o conceito da análise *Swot* é buscar diretamente sua fonte mais provável: *The concept of corporate strategy,* do próprio Kenneth Andrews. Porém, uma leitura superficial dessa fonte frustra os mais afoitos por definições precisas e modelos práticos, pois o autor não faz nenhuma referência direta à análise *Swot* em todo seu livro. O próprio Kotler só veio a abordar esse tipo de análise nas novas edições de seu famoso livro *Administração de marketing.*

Andrews dedica o livro principalmente aos tomadores de decisão dentro das empresas e aos estudiosos da área. Em seu livro, a análise *Swot* pode ser subentendida a partir do modelo proposto para o conceito de estratégia corporativa. Para ele, a formulação da estratégia corporativa passa pela "identificação das oportunidades e riscos; determinação dos RECURSOS [grifo no original] materiais, técnicos, financeiros e de direção da empresa; identificação dos valores pessoais e aspirações dos executivos das empresas; [e] reconhecimento das responsabilidades não econômicas em relação à sociedade".[2]

---

[1] Do inglês: *"Concentrate on strengths, recognize weakness, grab opportunities and guard agaist threats."* (Tarapanoff, 2001, p. 209).

[2] Do espanhol: *"Identificación de las oportunidades y riesgos; determinación de los RECURSOS materiales, técnicos, financieros y de dirección de empresa; valores personales y aspiraciones de los ejecutivos*

110 COMO PLANEJAR E EXECUTAR UMA CAMPANHA DE PROPAGANDA · PÚBLIO

Com isso, ele apresenta não somente a importância da análise ambiental e da análise dos recursos internos – bases para a análise *Swot* –, como também a importância dos valores dos diretores da empresa e a sua responsabilidade social. Esses dois últimos tópicos serão abordados em mais detalhes no Capítulo 6, relacionado à missão, visão e valores das organizações.

Entre as literaturas pesquisadas, o único livro que dedica um capítulo exclusivamente a esta análise é derivado de uma coletânea de autores da Universidade Federal de Brasília organizada por Kira Tarapanoff (2001), que juntamente com o livro de Andrews foi utilizado como base para este texto. As demais informações foram encontradas em artigos científicos em bancos de dados na *Web*.[3]

Uma vez entendido que o modelo *Swot* está relacionado à análise ambiental da organização juntamente com a análise das forças e fraquezas internas, é possível entender que quando os pontos fortes de uma organização estão em conformidade com os fatores críticos de sucesso para satisfazer as oportunidades de mercado a empresa será competitiva no longo prazo.

Este tipo de análise é amplamente utilizado porque, além de investigar aspectos internos à empresa – forças e fraquezas – em relação aos seus principais concorrentes, também investiga a situação do mercado no qual a empresa se encontra destacando as principais oportunidades e também as principais ameaças. A aplicação da análise *Swot* é importante para o planejamento estratégico, pois identifica a posição em que se encontra a organização dentro de seu setor, principalmente porque hoje em dia a competição tornou o ambiente das organizações um ambiente tumultuado, o que implica movimentos de F&A,[4] conquistas de mercados, *joint ventures*, processos de reengenharia. A preocupação com as mudanças ambientais e a capacidade de antecipação ou reação é de responsabilidade da gerência e pode assegurar vantagens competitivas para a organização.

A análise *Swot* é indicada para identificar oportunidades e ameaças de mercado antes que elas ocorram, assim a capacidade gerencial do organização é capaz de implementar ações estratégicas de alto valor, ao invés de simplesmente reagir aos problemas e crises que aparecem.

A aplicação da técnica de análise *Swot* pode ser realizada por um único planejador ou por uma equipe. Esta última é mais interessante para o resultado do processo, pois proporciona a diversidade de ideias e análises com maior riqueza

---

seniors; reconocimiento de la responsabilidad no económica respecto a la sociedad" (Andrews, 1971, p. 72).

[3] A qualidade dos dados da Internet é questionável, por isso tomou-se o cuidado de buscar bancos de dados de publicações sérias e universidades consagradas. Para muitos autores, a Internet não é considerada o lugar mais apropriado para buscar dados científicos, mas quando usada com responsabilidade e na dificuldade de acesso a materiais impressos de qualidade, ela pode se tornar um recurso útil.

[4] Fusões e aquisições.

de detalhes. Deve-se tomar cuidado com indivíduos dominantes no grupo que possam atrapalhar a atuação dos demais.

Para o desenvolvimento da análise *Swot* o primeiro passo é listar todas as forças que forem percebidas da empresa em relação à concorrência. Para não escapar nada, este é o momento de reler o projeto até aqui, principalmente os tópicos relacionados ao ambiente interno e ao microambiente da organização. Para a listagem dos pontos fortes use a técnica do *brainstorm* – anotando inclusive as bobagens que podem surgir nesse processo de raciocínio – para que nada escape de sua listagem.

Para os pontos fortes devem ser analisados:

> Fatos, recursos, reputação ou outros fatores identificados com o ambiente interno que podem significar uma vantagem da organização em relação aos concorrentes e/ou um diferencial no cumprimento de sua missão; recursos ou capacidades que a organização pode usar efetivamente para alcançar seus objetivos; e competências distintivas.[5]

Depois disso, desenvolva o mesmo processo com as fraquezas da organização. Não tenha pena dela apenas porque é seu cliente, comporte-se como um "advogado do diabo" criticando tudo que a organização oferece e com isso identifique as suas fraquezas. Anote também as bobagens que surgem no processo do *brainstorm* – elas poderão ser úteis no momento da análise crítica dos itens. Tente elaborar também a maior lista possível.

Permaneça sempre com um papel próximo, pois os itens podem surgir inesperadamente em sua mente, vá complementando a sua lista. Esta lista deve conter:

> Deficiências ou limitações que podem restringir o desempenho da organização, identificados com o ambiente interno da mesma.[6]

Depois de satisfeito com sua listagem, guarde-a em um local seguro por aproximadamente uns dois dias. Passado esse tempo, retorne a ela, agora com um olhar crítico, e veja quais itens realmente são reais e passíveis de comprovação. Elimine os demais. Organize os itens que sobrarem em ordem de importância, desenvolvendo duas listas distintas: uma para as forças da organização e outra para as fraquezas.

Lembre-se que a análise das forças e fraquezas da empresa está principalmente relacionada a aspectos internos a ela, que devem ser observados sempre em relação a seu microambiente.

---

5 Silveira (2001, p. 214).

6 Idem. Ibidem.

Não há, no entanto, um modelo pronto de análise *Swot* que pode ser utilizado em todo tipo de organização. Para cada caso é preciso desenvolver um modelo personalizado. "Identificar as competências essenciais faz parte do aprendizado coletivo de cada organização, visando a coordenar e a integrar as diversas habilidades."[7]

Não se esqueça de que uma força só pode ser considerada como tal se não tiver equivalente na análise dos congêneres. Por exemplo, um investimento de comunicação de 500 mil por ano é uma força num setor que investe na média 100 mil, entretanto é uma fraqueza num setor que investe na média 1 milhão por ano. Apesar de não existir um modelo de *Swot*, a Tabela 4.1 indica alguns elementos que aparecem mais comumente em listagens de forças e fraquezas de uma organização.

---

[7] Prahalad (1998).

ANÁLISE *SWOT* **113**

Tabela 4.1 Exemplos de forças e fraquezas que podem ser encontradas em uma organização.

Forças ou pontos fortes	Fraquezas ou pontos fracos
• *Know-how* da empresa em determinado assunto • Um novo produto derivado de um investimento em pesquisa e desenvolvimento • Localização privilegiada • Valores agregados a seu produto ou serviço • Itens de diferenciação de produtos e serviços • Percepção por parte do público-alvo de produtos de alta qualidade • Lembrança espontânea de marca (*brand awareness*) • Conceito de campanha que cria empatia com o público-alvo • Estrutura interna da empresa em relação aos concorrentes • Alta capacidade de gestão por parte dos dirigentes e resposta rápida aos problemas • Alto índice de motivação dos colaboradores • Clima organizacional agradável • Alto poder de negociação com os fornecedores (baixos custos) • Altas margens de retorno • Bom relacionamento com canais de distribuição • Alta capacidade de conseguir financiamento • Tamanho da empresa em relação ao mercado (participação) • Alto nível de conhecimento por parte do público • Alto nível de reconhecimento por parte do público • Tempo de existência da marca (tradição) • Fidelidade dos consumidores • Tamanho e lealdade da base de clientes • Capacidade de obtenção e gerenciamento de dados do mercado • Economia de escala • Capacidade ociosa • Relacionamento com os canais e as equipes de vendas • Missão e valores bem definidos	• Dificuldades em adquirir *know-how* em determinada área • Produtos não diferenciados em relação aos concorrentes • Localização desprivilegiada • Produtos e serviços de baixo valor agregado • Percepção por parte do público-alvo, de produtos de baixa qualidade • Histórico de comunicação ruim, conceito de campanha fraco • Baixo índice de lembrança espontânea de marca • Problemas de imagem em relação ao público-alvo • Baixa capacidade de gestão por parte dos dirigentes e resposta lenta aos problemas • Inabilidades técnicas ou gerenciais • Baixo índice de motivação dos colaboradores • Baixo poder de negociação com os fornecedores (altos custos) • Controle inadequado de custos • Baixo relacionamento com canais de distribuição • Baixa capacidade de conseguir financiamento • Tamanho da empresa em relação ao mercado (participação) • Baixo nível de conhecimento por parte do público • Baixo nível de reconhecimento por parte do público • Tempo de existência da marca (pouca tradição) • Infidelidade dos consumidores • Economia de escala • Capacidade ociosa • Obsolescência de métodos e equipamentos • Alto grau de endividamento • Alto índice de *turnover* • Falta de definições estratégicas • Vulnerabilidade à competição

114 COMO PLANEJAR E EXECUTAR UMA CAMPANHA DE PROPAGANDA · PÚBLIO

Depois de pronta a listagem das forças e fraquezas da organização, passe agora para a análise das ameaças e oportunidades. Para tanto, dê uma boa olhada em sua análise do macroambiente e se possível destaque (grife) os conteúdos mais importantes. Proceda então como na análise das forças e fraquezas: faça um *brainstorm*, continue anotando as ideias por mais alguns dias, deixe o documento descansar por aproximadamente dois dias, e retorne a ele com olhar crítico. Descarte os itens que julgar desnecessários, pouco importantes ou que não foram abordados no macroambiente. Para essa última tarefa, veja o que vale mais a pena: descartar o tópico das ameaças e oportunidades ou argumentar sobre ele voltando ao macroambiente. Não se esqueça de que os itens remanescentes devem ser passíveis de verificação através dos dados apresentados no projeto, caso contrário tratar-se-á de um *"achismo"* não científico.

Dentro da listagem das oportunidades devem constar fatos ou situações do ambiente externo que a organização pode vir a explorar com sucesso. Por outro lado, ao desenvolver a listagem das ameaças esteja atento, pois estas "Antíteses das oportunidades [as ameaças] são situações do ambiente externo com potencial de impedir o sucesso da organização".[8]

A análise das ameaças e oportunidades da empresa está principalmente relacionada aos aspectos externos a ela. Esses dados são extraídos principalmente da análise do macroambiente da organização. A Tabela 4.2 apresenta uma série de exemplos que poderiam compor as ameaças e oportunidades de uma organização estudada.

---

[8] Silveira (2001, p. 214).

ANÁLISE *SWOT* **115**

Tabela 4.2 Exemplos de ameaças e oportunidades que podem ser encontradas em uma organização.

Oportunidades	Ameaças
• Desenvolvimento de um novo mercado;	• Desaparecimento de um mercado
• Tendências de concentração no setor: estratégias de fusão e aquisição (F&A) e *joint-ventures* das organizações do mercado	• Tendências de concentração no setor: estratégias de fusão e aquisição (F&A) e *joint-ventures* das organizações do mercado
• Novo mercado internacional	• Entrada de novos concorrentes no seu mercado
• Surgimento de um novo mercado internacional	• Mercado com ameaça de guerra de preços
• Tendências de catástrofes naturais	• Inovação dos produtos da concorrência
• Mudança de comportamento de compra	• Aparecimento de novos canais de distribuição
• Aparecimento de novos canais de distribuição	• Mudança de comportamento de compra
• Surgimento de novas técnicas de produção	• Alterações legislativas no setor de atuação
• Convergência de outros setores	• Surgimento de novas técnicas de produção
• Alterações legislativas no setor de atuação	• Convergência de outros setores
• Surgimento de novas técnicas de marketing	• Surgimento de novas técnicas de marketing
• Surgimento de novas técnicas de comunicação	• Surgimento de novas técnicas de comunicação
• Novas tecnologias	• Taxas de juros
• Tendências de mercado	• Abertura de mercado
• Créditos facilitados	• Dificuldade de obtenção de crédito
• Alianças estratégicas	• Políticas econômicas
• Surgimento de produtos complementares	• Mudanças e tendências de comportamento
• Taxas de juros	• Influências culturais: novelas, cinema, mídia em geral
• Influências culturais: novelas, cinema, mídia em geral	

É possível perceber que a análise *Swot* é bastante subjetiva, e pode variar de planejador para planejador e de projeto para projeto, portanto essa ferramenta deve ser usada com bastante cautela. Muitas vezes uma ameaça pode ser percebida como uma oportunidade e vice-versa, depende de quem está fazendo a análise. Portanto, a análise *Swot* não é um instrumento preciso, mas, se bem estruturado, pode ser um bom guia para o planejamento do projeto. A Tabela 4.3 apresenta algumas soluções simples para o bom desenvolvimento da análise *Swot*.

116 COMO PLANEJAR E EXECUTAR UMA CAMPANHA DE PROPAGANDA • PÚBLIO

Tabela 4.3	Sugestões para o desenvolvimento da análise *Swot.*

- Seja realista com relação às forças e fraquezas da organização
- Seja específico, evite áreas obscuras
- A análise é sempre relativa, portanto analise as forças da empresa em relação aos congêneres
- Mantenha a análise curta e simples, evite complexidade
- Não se esqueça de que a análise é subjetiva, por isso procure sempre embasar os itens
- As oportunidades devem ser reais e não idealizadas
- É interessante mesclar pessoas que pertençam aos quadros da organização e participantes isentos
- Os elementos da análise devem sempre ser considerados relativos, nunca absolutos
- Os elementos que pareceram contraditórios devem ser discutidos pelo grupo
- Sempre que houver dúvida, tente solucioná-la com a busca de mais informações

Depois de desenvolvida a análise, simplesmente descreva a sua listagem apresentando as Forças, Fraquezas, Ameaças e Oportunidades da organização. A explicação dos itens irá constar no próximo capítulo: interpretação do diagnóstico.

PERGUNTAS PARA REFLEXÃO

1. O que quer dizer análise *Swot*?
2. Quais são as forças da organização que você está estudando em relação a seus congêneres?
3. Quais são as fraquezas da organização que você está estudando em relação a seus congêneres?
4. Quais são as oportunidades do mercado onde está inserida a organização que você está estudando?
5. Quais são as ameaças do mercado onde está inserida a organização que você está estudando?

5

INTERPRETAÇÃO DO DIAGNÓSTICO

Explique o que você conseguiu extrair do diagnóstico

O pessimista pode interpretar meio copo como um copo quase vazio, já o otimista pode interpretá-lo como quase cheio.

Conteúdo deste capítulo:

- Conclusão do diagnóstico
- Interpretação dos dados obtidos
- Indicação de futuros projetos
- Sugestões importantes para sanar os problemas de seus clientes

Como apresentado na Parte 1 deste livro, o termo *diagnóstico* significa através (*dia*) do conhecimento (*gnosis*). Portanto, até agora, tudo o que foi feito no projeto tem a função única e exclusiva de fornecer dados para ampliar o conhecimento sobre o problema da organização e indicar as possíveis soluções.

Tais dados são derivados de pesquisas e análises realizadas das mais diferentes formas e com as mais diferentes técnicas, como as apresentadas até aqui. A partir de agora esses dados serão transformados em informações úteis para seu anunciante: a interpretação do diagnóstico, ou seja, a interpretação através do conhecimento. É chegado o momento de organizar os dados obtidos de forma a criar um texto sucinto e de fácil entendimento.

Esse é o momento de alívio para a grande maioria dos alunos de comunicação, pois até agora se sentiam presos às normas, pois deviam sempre indicar as fontes dos dados descritos.

A metáfora médica apresentada na Parte 1 deste livro é de grande valia para entender como funciona a interpretação do diagnóstico. Na medicina – assim como no desenvolvimento da análise do ambiente de uma organização – trabalha-se com a coleta de dados através de um diagnóstico. Por exemplo, no diagnóstico médico, o resultado provém de uma série de exames (dados), que podem ser: colesterol HDL, colesterol LDL, potássio, contagem de asparato, análise de aminotransferase, contagem de triglicerídios, PSA, exame parasitológico método Ritchie e Hoffman, tomografias computadorizadas, raios X, eletrocardiogramas, ultrassons, ergoespirometrias, *doppler* etc. Esses dados devem ser levados a um especialista (médico) para que ele explique o que cada dado significa na prática. Esse é o momento da conclusão da sua análise de dados e início do tratamento.

Uma maneira simples de descrever os dados obtidos através das análises é a apresentação da *Swot*, entretanto a mera descrição dos dados não é suficiente para dar credibilidade ao seu trabalho. Esses dados devem ser explicados numa linguagem clara e objetiva. O texto deve destacar as forças e fraquezas internas diferenciais face a face com os concorrentes além das ameaças e oportunidades externas mais importantes. Devem ser interessantes de ler, conter declarações concisas, incluir somente dados relevantes e dar maior ênfase à análise.

Se você estivesse desenvolvendo uma monografia, este seria o momento de sua conclusão e indicação de sugestões para pesquisas futuras. Entretanto, não se trata de uma monografia, e sim de um projeto de comunicação. A indicação de sugestões futuras será feita na próxima parte do projeto.

A interpretação dos dados obtidos até agora funciona como base de sustentação a todo seu projeto e sua campanha, portanto é preciso cautela e atenção ao desenvolvê-la. Qualquer interpretação errônea pode colocar em risco o seu projeto – guardadas as devidas proporções, um erro de interpretação médica pode prejudicar todo o processo de tratamento.

Para o desenvolvimento da interpretação do diagnóstico, a ferramenta mais apropriada – e fácil – que o planejador poderá lançar mão é a análise *Swot*, mas é preciso cautela, pois esta ferramenta está sujeita a interpretações diversas e por isso não deve ser considerada conclusiva – por esse motivo, alguns autores consideram a expressão *conclusões do diagnóstico* não muito adequada para esta situação. O termo *interpretação* é mais apropriado.

Uma boa dica para desenvolver o Capítulo 5, Interpretação do Diagnóstico, é dar novamente uma revisada em tudo o que foi feito até aqui, anotar as partes e os dados mais importantes do projeto e as conclusões primordiais, e fazer um resumo delas. Cuidado para não deixar escapar nenhum dado importante e mais cuidado ainda para não escrever algo na interpretação do diagnóstico que não esteja descrito ao longo do trabalho.

PERGUNTAS PARA REFLEXÃO

1. O que quer dizer a palavra *diagnóstico*?
2. Por que deve ser feita uma interpretação do diagnóstico?
3. Seu trabalho tem conclusão? Qual? Por quê?
4. Qual é a sua interpretação do diagnóstico desenvolvido até agora?

Parte 3

O PLANO DE COMUNICAÇÃO DE MARKETING

Uma vez definido onde você se encontra, o próximo passo é saber onde ir, como ir e o que levar.

Esta parte do livro pretende responder as seguintes dúvidas:

- Quais são os objetivos do anunciante?
- Quais são os objetivos mercadológicos do anunciante?
- Quais são os objetivos de comunicação do anunciante?
- Quais meios ele utilizará para atingir o público-alvo?
- Quais estratégias serão utilizadas?
- Qual o posicionamento pretendido para sua marca?
- Quem é seu público-alvo?
- Como será a campanha?

Planejamento estratégico de comunicação de marketing é uma área em crescente ascensão não só em publicidade e propaganda, mas principalmente em comunicação integrada. Ele é bastante discutido dentro das universidades, mas suas aplicações práticas ainda são pouco visíveis nas agências. Constantemente, a atividade de planejamento estratégico fica a cargo do atendimento de contas –

COMO PLANEJAR E EXECUTAR UMA CAMPANHA DE PROPAGANDA • PÚBLIO

profissional responsável por atender bem o anunciante e persuadi-lo sobre a qualidade da campanha criada.

Raramente existia um departamento efetivo de planejamento dentro das agências, sobretudo naquelas de menor porte. Em alguns poucos casos ele começou a aparecer juntamente com o departamento de pesquisa, o que parece ser uma boa solução, uma vez que o planejamento deve ser constantemente alimentado com informações da pesquisa. Nos últimos dez anos é possível perceber a presença do *planner* da agência, cargo que muitos estudantes já almejam para sua carreira.

Em outros casos, o próprio anunciante começa a se profissionalizar na área de comunicação e marketing, contratando profissionais qualificados para atuar nessas áreas, o que acaba por ajudar o processo do planejamento estratégico, pois o profissional de comunicação quando dentro do anunciante está mais próximo de uma grande quantidade de informações úteis para o desenvolvimento do projeto.

Para o publicitário Julio Ribeiro:

> Planejamento não é um ato dedutivo, é um ato criativo. Não é meramente justificar uma campanha; é explicar o sentido de se fazer comunicação. Não é fazer uma pesquisa; é pensar no que vale a pena descobrir. Na verdade, quem faz planejamento não está no negócio de responder; está no negócio de perguntar. Perguntas que ninguém faria. Quem tem de responder é o mercado.

O planejamento também faz parte do processo criativo e, mais do que isso, deve ser constantemente alimentado por informações acerca do mercado. Um bom planejamento deve descobrir nas entrelinhas do mercado o que este deseja, mas ainda não sabe.

A inclusão da palavra *estratégico* juntamente com a palavra *planejamento* significa que se pretende antecipar as manobras da organização antes que seja necessário reagir às manobras do mercado; no jargão empresarial costuma-se dizer: "É preciso ser proativo para não ser reativo."

A palavra *estratégia* é herdada dos gregos que a usavam para designar a arte dos generais. Os comandantes supremos escolhidos para planejar e fazer a guerra na antiga Grécia eram chamados de *estrategos*. O objetivo mais evidente dos *estrategos* era a vitória. O conceito de estratégia nasceu da necessidade de realizar objetivos em situações de concorrência, onde se pressupõe a existência de pelo menos mais um competidor, como nos casos de guerras, jogos ou negócios. Geralmente nesses casos o objetivo principal traduz-se em anular ou frustrar os objetivos do concorrente.[1]

---

[1] Maximiniano (2004, p. 378).

Estratégia também envolve certa conotação de raciocínio, inteligência e astúcia, por isso ela é constantemente associada ao jogo de xadrez, onde seu uso tem a função de tentar enganar ou superar o concorrente com a aplicação de algum procedimento inesperado, que lhe provoca ilusão ou que o faz agir como não deveria. "É indicativo desta conotação a palavra *estratagema*, que significa ardil, bem como a frase de Clausewitz: quando não se tem superioridade absoluta, deve-se produzir superioridade relativa, por meio do uso habilidoso dos recursos disponíveis."[2]

O planejamento estratégico de comunicação deve obedecer a uma série de procedimentos para que seja bem-sucedido, desde a análise de mercado até a subordinação da comunicação ao marketing e aos objetivos empresarias.

É comum encontrar criações aparentemente geniais, mas que não possuem relação alguma com a filosofia da empresa, ou que não representam nada para o público consumidor dos produtos deste anunciante. Estas campanhas servem somente para ganhar prêmios de criatividade por seu valor sentimental ou humorístico, mas não são rentáveis para quem realmente importa: o anunciante.

Uma campanha de publicidade, para ter maior chance de acerto, deve estar associada a outras ferramentas de comunicação e marketing. O processo de planejamento estratégico é apresentado no Fluxograma 1.

Neste diagrama, o planejamento estratégico é dividido em diversas etapas, que correspondem às linhas tracejadas horizontais. A primeira delas é a análise do macroambiente e depois do microambiente – que foram apresentados no Capítulo 2, nas seções referentes ao ambiente externo da empresa.

A próxima etapa apresentada no diagrama recebe o nome no diagrama de nível 1. Neste nível são analisados os objetivos da organização, seus valores e qual é a sua missão – além do lucro, pois toda empresa com fim comercial precisa do lucro para sobreviver. Uma organização deve ser mais do que um meio para se chegar ao lucro, ela possui valores e filosofias que devem ser entendidos para alinhar o plano de comunicação.

No nível 2 são analisados os objetivos e estratégias de marketing da organização, pois toda empresa – com fins lucrativos ou não – atua em um determinado local onde as trocas acontecem. Esse local pode ser físico ou virtual, e as trocas podem ser tangíveis (mercadorias por dinheiro) ou intangíveis (serviço por serviço). O local onde as transações acontecem denomina-se mercado. O marketing é o departamento responsável por desenvolver estratégias e ações para incentivar essas transações.

Dentro das estratégias de marketing estão os elementos do *marketing mix* propostos por McCarthy (1976), os chamados 4 Ps: Produto, Preço, Promoção e

---

[2] Idem.

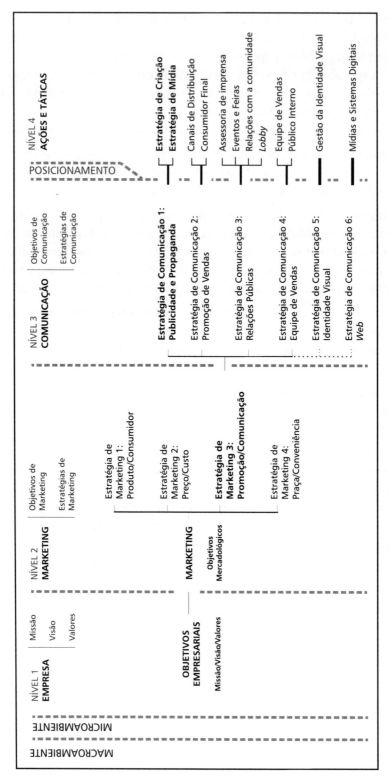

Fluxograma 1   *Planejamento estratégico de comunicação em marketing.*

Praça.[3] Por outro lado Schultz, Tannenbaum e Lauterborn (1994) redefiniram o conceito dos 4 Ps dentro de uma perspectiva mais próxima do relacionamento, identificando os desejos e necessidades do cliente como prioridade. Assim, para ele os 4 Cs do marketing são: (a) Cliente: desejos e necessidades; (b) Custos para satisfação; (c) Comunicações; (d) Conveniência. Essa denominação é bastante interessante para entender melhor o funcionamento do marketing, por isso, no diagrama acima foram inseridos tanto os elementos propostos por McCarthy, quanto os elementos propostos por Lauterborn.

No Nível 3 são identificados os problemas de comunicação e determinados seus objetivos e estratégias. Dentro das estratégias de comunicação – ou estratégias de *promotion,* como proposto por McCarthy (1976) – estão os elementos do chamado *mix* de comunicação, que são apresentados por Corrêa (2002) como: Publicidade e Propaganda, Promoção de Vendas, Relações Públicas e Venda Pessoal. Além dessas quatro estratégias de comunicação, foram inseridas mais duas que constantemente aparecem nos planejamentos de comunicação modernos: as estratégias de *Web* e de Identidade Visual.

A estratégia de publicidade e propaganda está relacionada com todo tipo de comunicação que envolva mídia de massa. Esse tipo de estratégia é indicado principalmente para construção ou fortalecimento de marca, ou *branding.*

A estratégia de promoção de vendas está relacionada com o estímulo à venda do produto como qualquer esforço feito para comunicar e promover empresas ou produtos *sem utilizar a mídia convencional.*[4] A estratégia de promoção de vendas pode ser direcionada para público final (público consumidor) ou para públicos intermediários (vendedores, representantes comerciais, funcionários).

A estratégia de relações públicas está relacionada à comunicação direcionada aos públicos estratégicos da organização, tanto internos quanto externos.

A estratégia de venda pessoal está relacionada ao treinamento do pessoal que carrega o nome da empresa (funcionários, vendedores, diretores, representantes comerciais, atendentes etc. – os chamados *stakeholders*) para que estes representem da melhor maneira possível a filosofia e posicionamento da organização.

A identidade visual e a corporativa envolvem a criação, reformulação e manutenção da marca corporativa de uma organização e todas as suas representações tanto visuais como corporativas. Como trata-se de uma estratégia que não se encaixa na definição de nenhuma outra das quatro tradicionais, ela foi inserida como uma estratégia à parte juntamente com a estratégia de *web.*

A estratégia da utilização da *web,* também chamada de *web* marketing ou marketing digital, é uma estratégia em crescente valorização na comunicação atual,

---

[3] Do inglês: *Product, Price, Promotion and Place.*
[4] Blessa (2006).

principalmente por conta da explosão das mídias sociais e o crescente aumento das pessoas conectadas virtualmente, não só via computadores, mas também com o uso de outros aparelhos como *smartphones, tablets, smartTVs* e outros *gadgets* pós-modernos.

Paralelamente a estas estratégias de comunicação está o *merchandising*. Originalmente o termo *merchandising* estava relacionado a "qualquer técnica, ação ou material promocional usado no *ponto de venda* [grifo meu] que proporcione informação e melhor visibilidade a produtos marcas ou serviços, com o propósito de motivar e influenciar as decisões de compra dos consumidores".[5] Entretanto, o próprio ponto de venda tem sofrido imensas mudanças principalmente por conta do *e-commerce* e das facilidades de pesquisa de produtos e preços na *web*.

Assim, apesar de pertencer originalmente às estratégias de promoção de vendas, o *merchandising* pode aparecer também nas estratégias de massa. Nesses casos surge na forma de *merchandising eletrônico* – também chamado de *tie-in*[6] ou *product placement* –, quando produtos de determinadas marcas aparecem sutilmente em destaque no meio de novelas e filmes, ou são anunciados em programas de auditório pelo próprio apresentador ou por representantes da empresa. Esse tipo de *merchandising* também pode aparecer na propaganda impressa. Nesses casos passa a ser chamado de "informe publicitário" (anúncio com "cara de matéria").

Antes de chegar ao último nível do planejamento estratégico de comunicação – que é o nível das ações e táticas propriamente ditas – é importante reconhecer como a organização pretende ser vista pelo público-alvo. Esse reconhecimento é chamado de posicionamento. Para que haja uma integração entre todos os níveis de comunicação, o posicionamento da organização deve ser bem claro.

O último nível do fluxograma – chamado de nível 4 – está relacionado com as ações e táticas e envolve o desenvolvimento de uma série de pequenos planos de ações. Cada ação deve estar relacionada a uma estratégia específica e deve ser orientada pelo posicionamento pretendido pela organização.

No caso da estratégia de publicidade e propaganda, esse plano de ações envolve o desenvolvimento das duas principais bases de uma campanha publicitária: as estratégias de criação e as estratégias de mídia.

No caso da promoção de vendas, o plano de ações deve passar por estratégias relacionadas aos canais de distribuição e estratégias relacionadas ao consumidor final, que são as duas grandes vertentes da promoção de vendas. Há ainda ações voltadas para o público interno, entretanto essas ações serão abordadas no item equipe de vendas.

---

5   Idem.

6   Expressão utilizada por Blessa (2003, p. 48) que pode ser traduzida como amarrar.

Para relações públicas o plano de ações deverá enumerar as principais estratégias à disposição para a comunicação com públicos específicos. Entre estas estratégias destacam-se a assessoria de imprensa, criação e desenvolvimento de feiras e eventos, as relações com a comunidade, as estratégias de gerenciamento de crises e os *lobbies* realizados para tentar minimizar os efeitos negativos da legislação sobre a organização.

O plano de ações relacionado à venda pessoal envolve todas as ações necessárias para estimular e motivar o pessoal interno e colaboradores a se sentirem satisfeitos por participar do time da organização – não só os vendedores, mas todos os funcionários.

Para identidade visual e corporativa o plano de ações envolve a criação e manutenção dos aspectos visuais e corporativos da organização mantendo-os de acordo com o posicionamento pretendido.

O plano de ações relacionado à *web* envolve as estratégias de comunicação e relacionamento que utilizam ferramentas digitais e todos os recursos que as envolvem, como: SEO (*Search Engine Optimization*), mídias sociais, aplicativos, *advergames, e-commerce, fan pages,* monitoramento, *sites, hotsites, ringtones, blogs, mobile, podcasts,* vídeos, e uma infinidade de recursos oferecidos pela *web*.

Note que essa divisão é apenas estratégica, pois todos esses elementos devem estar inter-relacionados em uma campanha. Quando o projeto é segmentado dessa forma, fica mais fácil para o pessoal envolvido entender seus objetivos e principalmente identificar as obrigações e competências individuais. A análise dos níveis do fluxograma do planejamento estratégico de comunicação em marketing será tratada em detalhes nos próximos capítulos.

PERGUNTAS PARA REFLEXÃO

1. O que quer dizer estratégia?

2. Quais elementos devem ser analisados no nível 1 do fluxograma do planejamento estratégico?

3. Quais elementos devem ser analisados no nível 2 do fluxograma do planejamento estratégico?

4. Quais são os elementos que compõem o *mix* de marketing segundo McCarthy?

5. Quais são os elementos que compõem o *mix* de comunicação?

6. Quais são os elementos que compõem o *mix* de marketing segundo Lauterborn?

Resumo: principais tópicos do plano de comunicação de marketing

Organização					
Missão		**Visão**		**Valores**	
Marketing					
Problemas de marketing					
Objetivos de marketing					
Estratégias de Marketing					
Estratégia 1: Relacionada ao produto ou serviço	**Estratégia 2:** Relacionada ao preço ou custo do produto ou serviço		**Estratégia 3:** Relacionada ao sistema de distribuição do produto ou serviço		**Estratégia 4:** Relacionada à comunicação
Comunicação					
Objetivo de comunicação					
Estratégias de comunicação					
Estratégia de comunicação 1: Publicidade e propaganda	**Estratégia de comunicação 2:** Promoção de vendas	**Estratégia de comunicação 3:** Relações públicas	**Estratégia de comunicação 4:** Equipe de vendas	**Estratégia de comunicação 5:** Identidade visual e corporativa	**Estratégia de comunicação 6:** *Web* / *Merchandising*
Posicionamento					
Afirmação básica		**Justificativa da afirmação básica**		**Atributos complementares à afirmação básica**	
Descrição do público-alvo					
Ações e táticas de comunicação					
Táticas para a estratégia de comunicação 1	**Táticas para a estratégia de comunicação 2**	**Táticas para a estratégia de comunicação 3**	**Táticas para a estratégia de comunicação 4**	**Táticas para a estratégia de comunicação 5**	**Táticas para a estratégia de comunicação 6**
– Estratégia de criação – Estratégia de mídia	– Canais de distribuição – Consumidor final	– Assessoria de imprensa – Eventos e feiras – Relações com a comunidade – *Lobby*	– Equipe de vendas – Público interno	– Gestão da identidade visual	– Mídias e sistemas digitais

6

MISSÃO, VISÃO E VALORES DA ORGANIZAÇÃO

Qual é sua razão de existir?

*Todo tripulante deve
saber onde fica o norte.*

Conteúdo deste capítulo

- Será que o objetivo das organizações é somente o lucro?
- Para que serve a declaração de missão, visão e valores?
- O que é missão?
- O que é visão?
- Como declarar os valores?

Uma das primeiras etapas de qualquer planejamento é indicar onde se pretende chegar. Este é o sentido mais comum da palavra *objetivo* e quando não há uma determinação clara de seu escopo é difícil analisar os resultados da empreitada. A partir da delimitação de um objetivo, definem-se os meios, ou estratégias, a serem seguidos. É importante que o objetivo seja claro o suficiente para que todos os envolvidos possam vislumbrá-lo corretamente.

Diversos autores de planejamento estratégico apontam para o alinhamento dos objetivos empresariais cujo modelo é chamado de *co-alignment model*. Esse modelo consiste em alinhar os objetivos da empresa, de marketing, financeiros, de comunicação, entre outros, de forma que apontem para o mesmo lugar.

O conjunto ótico de uma arma de fogo funciona de modo equivalente. Para atingir determinado alvo, é necessário um alinhamento do olho de mira[7] do atirador com o alvo a ser atingido. Entre o atirador e o alvo existem a alça de mira[8] da arma e a massa de mira,[9] que também devem ser alinhadas para que o alvo seja atingido eficientemente.

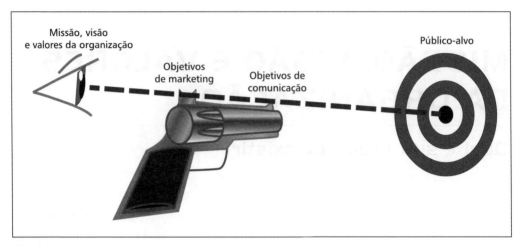

Figura 6.1 Conjunto ótico para se atingir um alvo.

Assim, o plano de comunicação de marketing deve estar alinhado com os objetivos da empresa e por isso estes devem ser bem conhecidos pelos envolvidos na implementação do plano. A definição de um objetivo estratégico deve seguir as características próprias de cada organização: sua natureza, porte, estilo de gestão, cultura e clima influenciam na determinação das estratégias.

O caminho mais utilizado para se conhecerem os objetivos da empresa é verificar a descrição de sua missão, sua visão e seus valores. Esses tópicos descrevem coerentemente o perfil da empresa.

É praticamente impossível implantar um plano de comunicação que não coincida com o perfil da empresa. Seria equivalente a fazer alguém transparecer aquilo que não é, ou seja, fazer uma encenação ou tentar enganar as pessoas. Caso a comunicação não coincida com o perfil da empresa, é difícil sustentar uma imagem falsa, e em algum tempo ela será desmascarada. Mostrar seu verdadeiro perfil, depois de enganar o consumidor por um tempo, pode vir a ofender grande parte

---

[7] Para usar uma arma de fogo geralmente o atirador usa apenas um dos olhos: o chamado olho de mira.

[8] Vértice que encontra-se na parte de trás da arma.

[9] Lâmina que encontra-se na saída do cano da arma.

de seu público, gerando uma imagem nada agradável. Frequentemente aparecem resultados desastrosos quando a empresa não define o modo como deseja fazer negócios.

O melhor modo de começar a definir como vai fazer seus negócios é começar descrevendo sua missão, sua visão e seus valores.

Existem muitas pessoas envolvidas na realização dos negócios da empresa, seja o pessoal interno ou externo, e essas pessoas devem estar cientes da forma de atuação da empresa. Muitas empresas percebem divergências em seus departamentos ou em grupos dentro do mesmo departamento. As empresas estão se descentralizando cada vez mais e com isso os níveis hierárquicos desaparecem, os funcionários e parceiros passam a decidir e participar da concretização dos objetivos corporativos. Portanto estes devem ser compreendidos pelas pessoas que compõem todos os níveis da empresa.

> Uma mesma atividade pode ser percebida de maneira diferente por pessoas envolvidas nela. Assim, a organização precisa cuidar para que, quando em grupos ou em equipes, essas pessoas tenham uma percepção única de seu significado e sua finalidade.[10]

Por outro lado, pode parecer um pouco contraditório imaginar a busca do objetivo da empresa com a descrição de sua missão, uma vez que, numa primeira análise, parece improvável que qualquer empresa do setor privado possa ter qualquer outro objetivo que não o lucro.

Nesse sentido, é interessante destacar o *slogan* da campanha publicitária bastante oportuna do Instituto Ethos, que explora a diversidade de significados da expressão *razão social* quando afirma retumbantemente: "Instituto Ethos de Responsabilidade Social. *Porque toda empresa tem uma razão social."*

Seguindo a mesma linha de raciocínio, é interessante verificar o discurso de David Packard – fundador da HP (Hewlett Packard) – para funcionários de sua empresa:

> Acredito que muitas pessoas supõem, equivocadamente, que uma empresa existe para fazer dinheiro. Embora isso seja uma consequência importante da existência de uma empresa, precisamos ir mais fundo e descobrirmos as razões reais de existirmos. À medida que examinamos o assunto, chegamos à inevitável conclusão de que um grupo de pessoas se reúne e existe como instituição, que chamamos de empresa, para realizar coletivamente algo que não seriam capazes de realizar individualmente – fazem uma contribuição à sociedade, uma frase que parece banal, mas é fundamental.[11]

---

[10] Tavares (2005, p. 86).

[11] Packard apud Serra, Torres e Torres (2004, p. 48).

Neste discurso fica evidente que a declaração da missão da empresa não deve estar relacionada com lucro, como a maioria das pessoas pensaria, mas, como destaca Packard, simplesmente com a razão pela qual a empresa ou organização existe.

A declaração da missão deve ser a explicação por escrito das intenções e aspirações da organização. O objetivo de sua declaração deve ser difundir o espírito da empresa e demonstrar seu perfil e seus valores e de todos os membros da empresa para todos os públicos interessados.

A missão deve descrever a condição presente da empresa, além de definir o negócio e o setor ou área de atuação da empresa. A Tabela 6.1 indica quais termos são indicados e quais termos devem ser evitados na sua descrição da missão das organizações.

Tabela 6.1 O que deve ser usado e o que deve ser evitado na declaração da missão da empresa.

Na declaração de missão devem aparecer os seguintes tópicos:	Na declaração de missão devem ser evitados os seguintes termos:
• Papel ou contribuição • Definição do negócio • Benefícios proporcionados e necessidades satisfeitas • Competências: habilidades e capacidades que fundamentam o sucesso da empresa até o momento e que não sejam detectadas no concorrente	• Proteger e aumentar o valor dos investimentos • Atender às necessidades dos clientes • Contribuir para o crescimento e desenvolvimento de seus funcionários • Contribuir para o crescimento e desenvolvimento dos países e comunidades nos quais funciona

Sob esta ótica, a descrição do objetivo da organização torna-se menos complicada quando se trata da análise de um caso particular de iniciativa privada: uma organização sem fins lucrativos, pois a descrição da missão de uma organização do terceiro setor coincide diretamente com a sua razão de existir. Nesses casos, "mais do que enunciar boas intenções, o enunciado da missão precisa ser operacional, de forma que qualquer pessoa envolvida com a organização possa identificar sua contribuição quotidiana para o que foi estabelecido logo de início".[12]

Tanto para empresas com fins lucrativos quanto para aquelas que não visam ao lucro, a clareza da descrição da missão é importante. Para isso, a Tabela 6.2 apresenta dicas que são úteis na descrição da missão de uma empresa.

---

[12] Meneghetti (2003, p. 34).

MISSÃO, VISÃO E VALORES DA ORGANIZAÇÃO **133**

Tabela 6.2	Dicas para redigir a missão das organizações.

- O que queremos realizar?
- Qual é a nossa razão de existir?
- Por que fazemos o que fazemos?
- No final de contas, pelo que queremos ser lembrados?
- Escrever um enunciado de fácil compreensão.
- Dizer o que é necessário ser dito de forma direta e descomplicada.
- Usar o mínimo de palavras possível para responder às perguntas acima, ser breve.
- O ideal é que a missão caiba numa camiseta.
- Utilizar verbos no infinitivo, promover, fortalecer, educar, preservar, colaborar.
- Lembrar que missão é ação, logo ela só tem sentido se impulsiona ação que satisfaça alguém.
- Deve ser: única, duradoura, inspirar mudança, propor ações que satisfaçam alguém.

A missão, portanto, reflete a identidade da organização, ou seja, o que ela realmente é: sua competência, necessidades, oportunidades externas e o compromisso com as suas metas. Ter uma missão clara e definida ajuda a dizer não em algumas situações que fogem a sua competência. E isso facilita a vida das organizações. Já que é impossível resolver todos os problemas da sociedade, a missão ajuda a fazer um recorte daquilo que é prioridade.[13]

Para descrever a missão da empresa é interessante conhecer a missão de algumas empresas consagradas. A maioria desses dados pode ser encontrada na Internet nos *sites* oficiais das organizações. A título de exemplo, a Tabela 6.3 apresenta alguns enunciados de missão de empresas que foram coletados.

---

[13]   Idem. Ibidem.

134 COMO PLANEJAR E EXECUTAR UMA CAMPANHA DE PROPAGANDA • PÚBLIO

Tabela 6.3 **Exemplos de enunciados de missão.**

Sony	Abrir caminhos e procurar sempre o desconhecido. Pelo progresso, servir a humanidade
Fundo Brasileiro para a Biodiversidade (Funbio)	Contribuir para a preservação e o uso sustentável da biodiversidade
Instituto Usina de Sonhos	Educar a infância através de diferentes linguagens artísticas
Projeto Roda Viva	Promover e fortalecer os direitos civis de crianças e adolescentes
Fundação Victor Civita	Contribuir para a melhoria do ensino público, mediante trabalho com docentes, profissionais e cidadãos
Instituto Ethos	Disseminar a prática da responsabilidade social empresarial
AACD	Instituir e coordenar um amplo serviço de assistência médica, pedagógica e social aos portadores de deficiência física

Fontes: Menegheti (2003, p. 34); Collins e Porras (1998).

O negócio da Associação Doutores da Alegria não é fazer brincadeira para distrair crianças doentes e sim fazer da alegria um fator de cura pela alteração do ambiente hospitalar. Da mesma forma, o negócio da Andi (Agência de Notícias dos Direitos da Infância) não é produzir sugestões de pautas, *clippings* e pesquisas sobre a cobertura dos temas da infância e da juventude na mídia e sim educar os profissionais de veículos de comunicação para que cubram a agenda dos direitos de crianças e adolescentes com qualidade.

Peter Drucker (2001) chama a atenção para que raramente se pergunta qual é "o negócio" da organização. Ele aconselha que se dedique mais tempo a essa reflexão, contrapondo o que ele denomina de visão míope com visão estratégica. A visão míope é quando se centra o foco do negócio nos serviços e produtos e não na razão de ser da organização.

VISÃO DA ORGANIZAÇÃO

Em complemento à missão da organização, há a visão da mesma, que faz uma projeção futura de onde a empresa pretende estar após determinado intervalo de tempo, portanto a declaração da visão está intimamente relacionada à declaração de sua missão projetada para o futuro próximo.

MISSÃO, VISÃO E VALORES DA ORGANIZAÇÃO **135**

A declaração da visão pretende responder a perguntas como: onde a organização ou a empresa se vê no futuro? O que a empresa espera estar fazendo? A visão define os planos para o futuro da organização, portanto define qual é o seu rumo.

Enquanto a missão descreve a condição presente da empresa, sua visão representa onde ela pretende estar no futuro, de acordo com as necessidades de mercado: "a visão pode ser definida também como a percepção das necessidades do mercado e os métodos pelos quais uma organização pode satisfazê-la".[14]

A declaração de visão deve ser desenvolvida com a contribuição de todos os interessados da empresa ou organização. Os interessados incluem gerência, funcionários, acionistas, consumidores e o público em geral. "A visão ajuda a empresa a unir-se em torno de valores comuns que possibilitam direcioná-la para o aproveitamento de uma oportunidade, com vantagem competitiva."[15]

Assim, para poder direcionar os públicos interessados a visão deve ser sobretudo coerente e criar uma imagem clara do futuro para gerar compromisso com o desempenho. "Uma visão é, em parte, racional (produto da análise) e, em parte, emocional (produto de imaginação, intuição e valores); envolve o *Yin* e o *Yang* da estratégia e do desempenho da organização."[16]

Para as organizações da sociedade civil a declaração da visão é como um guia que permite que se enxergue um caminho para transformar planos e projetos em realidade. Com isso é preciso buscar repostas para algumas perguntas que estão destacadas na Tabela 6.4.

Tabela 6.4 Perguntas que ajudam a compor a descrição da visão das organizações.
• Que tipo de instituição queremos ser?
• O que queremos que saibam sobre nosso trabalho?
• Qual é o papel de cada um nessa visão de futuro?

VALORES DA ORGANIZAÇÃO

Os valores, por sua vez, são preceitos essenciais que constituem um conjunto de princípios orientadores perenes. Estes têm a função de orientar a vida dos elementos que constituem a organização – afinal a empresa não é feita apenas de máquinas, mas também de pessoas, que se relacionam entre si e possuem valores próprios que as norteiam.

---

[14] Serra, Torres e Torres (2004, p. 42).

[15] Ogden (2002, p. 89).

[16] Warren Bennis apud Serra, Torres e Torres (2004, p. 42).

A descrição dos valores da organização serve para guiar o comportamento dos seus membros. Eles são determinantes da rotina diária na organização, pois orientam a vida da pessoa e determinam – intuitivamente – sua forma de pensar, de agir e de sentir.

Não somente o comportamento é influenciado pelos valores, mas também – e principalmente – o julgamento que cada indivíduo faz do comportamento dos outros, que deve ser pertinente ao sistema organizacional.

Valores e normas são coisas distintas. Valores não são as normas que devem ser seguidas na organização, pois os primeiros são mais abrangentes que as últimas. Um está para o outro, assim como os princípios éticos e morais estão para a lei.

As leis e normas podem ser consideradas como uma operacionalização dos princípios éticos e morais ou valores organizacionais. Os valores constituem uma espécie de ideologia, enquanto que as normas definem explicitamente as formas de comportamento esperado dos membros de uma organização.

Um sistema de valores nada mais é do que uma enumeração listada por ordem de importância. As pessoas, as organizações e as culturas se diferenciam entre si, não por possuírem valores diferentes entre si – os valores humanos são praticamente os mesmos para todas as culturas e todas as organizações. O que os diferencia é a organização hierárquica dos mesmos.

Os valores organizacionais implicam necessariamente uma preferência, uma distinção entre o que é importante e o que é secundário, portanto, deve-se ter muita cautela ao descrevê-los.

Por exemplo, uma empresa de transporte aéreo passa constantemente pelo risco de um acidente, seja por falha humana, mecânica, problemas climáticos, catástrofes etc. Portanto, deve ter muito cuidado ao declarar seus valores. Mesmo possuído o lucro como indicativo da competência da organização, jamais deveria descrever como primeiro valor em sua hierarquia a frase: "nada substitui o lucro", pois isso pode ser interpretado tanto como "uma empresa séria que valoriza o lucro como resultado de sua competência", como "uma empresa que busca o lucro a qualquer preço". Se este último for tomado como verdade, a empresa pode ter sérios problemas de imagem. Portanto esse valor deveria ser descrito como: "o lucro é consequência de um trabalho bem feito".

Os valores organizacionais são derivados do pensamento da organização e do pessoal que a compõe. Abrangem um leque que vai desde as necessidades fisiológicas dos indivíduos até as necessidades de sobrevivência e bem-estar da organização.

A Tabela 6.5 apresenta alguns valores de organizações consagradas.

MISSÃO. VISÃO E VALORES DA ORGANIZAÇÃO **137**

| Tabela 6.5 | Valores básicos de algumas organizações. |

PHILIP MORRIS
- O direito de liberdade de escolha
- Vencer/conquistar outros com uma briga limpa
- Encorajar iniciativas pessoais
- Oportunidade baseada no mérito; ninguém tem direitos naturais sobre nada
- Trabalho duro e melhoria pessoal contínua

SONY
- Elevação da cultura japonesa e do *status* nacional
- Ser pioneira – não seguir os outros, fazer o impossível
- Encorajar a habilidade individual e a criatividade

WALT DISNEY
- Não ao ceticismo
- Criatividade, sonhos e imaginação
- Atenção fanática à coerência e aos detalhes
- Preservação e controle da magia Disney

Fonte: Collins e Porras, 1998.

PERGUNTAS PARA REFLEXÃO

1. O que é *co-aligment model*?
2. Qual é o objetivo da organização que você está estudando?
3. Qual é sua missão, visão e valores?
4. Quais elementos devem aparecer na declaração da missão da organização?
5. Qual é a diferença entre missão e visão?
6. Qual é a visão da organização que você está estudando?
7. Qual é a missão da organização que você está estudando?
8. Quais são os valores da organização que você está estudando?

7

OBJETIVOS E ESTRATÉGIAS DE MARKETING

Onde você pretende chegar no mercado?

Defina um objetivo que seja ao mesmo tempo desafiador e alcançável. Um objetivo fácil é tão desestimulante quanto um objetivo impossível.

Conteúdo deste capítulo:

- Diferenças entre objetivo e metas
- Quantos objetivos de marketing eu tenho que definir?
- Objetivos gerais e específicos × objetivos primários e secundários
- A diferença entre objetivos de marketing e objetivos de comunicação
- Qual é a diferença entre objetivos e estratégias?
- Objetivos de marketing mais comuns
- Estratégias mercadológicas

Para alguns autores, há uma distinção entre objetivo e meta. O primeiro possui uma definição mais ampla, enquanto que a segunda é mais restrita quanto ao tempo e a intensidade do seu cumprimento. Assim, o objetivo está relacionado a termos qualitativos, ou seja, onde se quer chegar. Já meta está relacionada a termos quantitativos, exprimindo tempo, quantidades e/ou valores.

Por outro lado, há autores que consideram os termos *objetivo* e *meta* como sinônimos, mesmo reconhecendo a existência de definições distintas, e assim optam por quantificar os termos apresentados nos objetivos. Esse parece ser o caminho mais simples e lógico – de nada adianta um objetivo vago, sempre é preciso quantificá-lo no tempo e em valores. "Termos direcionais como: maximizar, minimizar, penetrar, aumentar somente são aceitáveis se for possível ligar medições quantitativas a eles. Tais medições devem refletir em: volume de vendas, valor de vendas, participação de mercado, lucro, porcentagem de penetração nas lojas."[1]

Outra razão que aponta a favor da quantificação das pretensões expostas nos objetivos está relacionada à análise de resultado. Evidentemente é muito mais fácil verificar se um objetivo foi atingido se ele puder ser mensurável. A não quantificação de um objetivo de marketing pode ser encarada como uma insegurança do planejador e gerar um plano de difícil análise de resultados.

Independentemente da utilização dos termos *objetivo* e *meta*, é importante que a indicação dos objetivos de marketing seja quantificada, seja dentro do próprio objetivo, seja no item: meta. Para evitar uma grande quantidade de termos no desenvolvimento do projeto e ao mesmo tempo definir mais claramente os objetivos a serem indicados, propõe-se a utilização do termo *objetivo* no sentido de meta.

Para um planejamento coerente o objetivo deve ser quantificado e apresentar um determinado intervalo de tempo para ser atingido.

Um planejamento estratégico deve apresentar: onde você se encontra, qual é a situação ao seu redor, onde você pretende chegar, em quanto tempo pretende chegar lá e como pretende fazer isso. É importante evitar objetivos vagos como: "aumentar a participação de mercado da empresa". O objetivo deve ser mais específico no tempo e no espaço, como: "aumentar a participação de mercado da empresa de 20% para 25% no período de um ano".

Note que o objetivo descrito acima não é um objetivo de empresa, mas um objetivo de marketing. Para entender os objetivos de marketing, primeiro é preciso entender seu sentido. Existem diversas definições diferentes acerca do termo, umas mais completas, outras mais simples, mas todas elas concordam que o termo *marketing* refere-se à satisfação das necessidades dos consumidores.

A comunicação, quando utilizada com objetivos mercadológicos, é considerada uma das ferramentas do marketing e, portanto – nesses casos –, está subordinada a ele. Portanto, antes de determinar qual será a estratégia de comunicação, é importante definir o objetivo do marketing. O ato de definir a comunicação de marketing antes de definir o próprio objetivo de marketing é como colocar a carroça na frente dos cavalos – o objetivo de comunicação de marketing parte do pressuposto de que já exista um objetivo de marketing a ser atingido.

Neste contexto, em primeiro lugar deve-se conhecer o meio ambiente onde a instituição está inserida (macroambiente); em seguida deve-se conhecer seu

---

[1]   McDonald (2004, p. 41).

setor de atuação (microambiente), pois o setor é determinante na definição das estratégias de uma empresa; em terceiro lugar é importante conhecer a empresa e seus objetivos (organização) – isso pode ser identificado a partir da declaração da missão, visão e valores da mesma –; em quarto lugar, é de suma importância identificar quais são os objetivos de marketing da empresa e por fim o objetivo de comunicação. A comunicação – dentro do contexto de marketing – é considerada uma estratégia, mas quando vista isoladamente é preciso identificar seu objetivo, estratégias e táticas.

Portanto, para se definirem os objetivos de comunicação de uma determinada organização é preciso seguir uma estrutura lógica, como a apresentada na Figura 7.1.

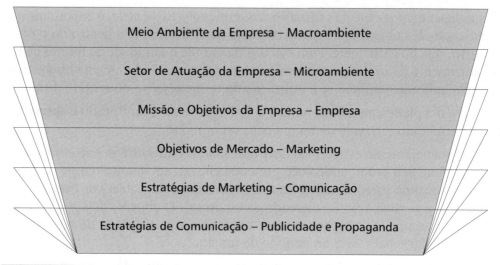

Figura 7.1 Estrutura lógica para a definição dos objetivos de marketing e comunicação.

Uma vez definido o objetivo da instituição – através da descrição de sua missão, visão e valores, que de certa forma descreve também o perfil da empresa –, a próxima etapa consiste em definir o objetivo de marketing.

Alguns autores costumam dividir o objetivo em geral e específicos, fazendo parecer que o tamanho do alvo (objetivo) pode variar. Além disso, desenvolvem uma lista de objetivos específicos, confundindo qual deles é prioritário. Esse tipo de definição causa grande confusão entre os envolvidos no projeto, pois fica difícil identificar qual desses objetivos é o principal. É mais fácil alcançar um único objetivo do que tentar dividir para alcançar diversos objetivos específicos. Por isso é importante que o objetivo seja único.

Caso haja necessidade de buscar mais de um objetivo, é importante definir qual deles é o principal, e quais serão secundários. Seria como se um exército[2] buscasse conquistar uma determinada cidade, mas para chegar lá precisasse passar por outras cidades menores. Assim, para atingir seu objetivo principal, o exército irá acabar cumprindo também alguns objetivos secundários. Separar os objetivos em primários e secundários torna mais fácil o entendimento dos envolvidos, como demonstrado na Figura 7.2.

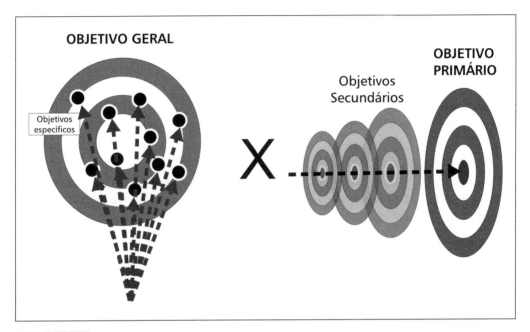

Figura 7.2 Objetivos gerais e específicos × objetivos primários e secundários.

O objetivo de marketing, como o próprio nome diz, refere-se somente ao mercado. Quando muito, pode se referir a produtos e serviços, mas isso em casos extremos. É comum encontrar descritos erroneamente nos objetivos de marketing aquilo que seriam as estratégias de marketing ou até objetivos de comunicação. A Tabela 7.1 apresenta os objetivos de marketing encontrados com mais frequência nas estratégias das organizações.

---

[2] No marketing existem muitas analogias militares.

142 COMO PLANEJAR E EXECUTAR UMA CAMPANHA DE PROPAGANDA · PÚBLIO

Tabela 7.1 Objetivos de marketing mais comuns.

Na seguinte situação de mercado:	O objetivo de marketing deve ser referente a:
Produtos existentes em mercados existentes	• Participação de mercado (*market share*) • Tamanho do mercado
Produtos novos para mercados existentes	• Penetração de mercado • Participação de mercado (*market share*) • Tamanho do mercado
Produtos existentes para novos mercados	• Criação de mercado • Novos usos do produto • Tamanho do mercado
Produtos novos para mercados novos	• Criação de mercados

Uma vez definido o objetivo primário e quais serão os eventuais objetivos secundários, a próxima etapa é definir como esse objetivo será atingido, ou seja, qual será a estratégia (ou as estratégias) utilizada(s). Assim, se por um lado objetivo indica onde se quer chegar, por outro lado a estratégia indica a rota que levará ao objetivo, ou seja, uma estratégia é como você planeja alcançar seus objetivos.

As estratégias ainda estão no nível gerencial do processo, não chegaram ainda ao nível operacional ou tático. Esse conceito é difícil de ser compreendido, pois muitos estrategistas pulam essa fase e se dedicam diretamente a propor soluções operacionais para os problemas. Poucos praticantes de marketing entendem o real significado de um plano estratégico de marketing em comparação com plano tático ou operacional.

Por exemplo, se um dos objetivos de marketing é o aumento da participação de vendas em 10%. Isso não necessariamente está associado diretamente à mudança do tipo de letra empregado na marca da empresa, ou à criação de um anúncio publicitário para jornal preocupando-se em usar as cores quentes em detrimento das frias, tampouco definir se o anúncio deve ser de meia página duas vezes por semana ou página inteira apenas uma vez.

Decisões operacionais não devem ocupar seu tempo nesta fase estratégica. Se por acaso surgir alguma ideia genial para a campanha, simplesmente anote-a, e guarde para a próxima fase.

Um plano estratégico deve ser implementado num período razoavelmente longo. Envolve um período maior – ou pelo menos igual – a um ano fiscal, geralmente ele abrange de um a cinco anos. Enquanto isso, um plano tático ou um plano de ações cobre – embora bastante detalhadamente – as providências a serem tomadas (e por quem), durante um período bem mais curto.

OBJETIVOS E ESTRATÉGIAS DE MARKETING **143**

As alterações de preço, promoção de vendas e propaganda, bem como os investimentos em pesquisa e desenvolvimento do produto, são estratégias e não devem ser confundidos com objetivos de marketing, pois são os meios pelos quais os objetivos de marketing serão alcançados. As estratégias mercadológicas geralmente referem-se aos 4 Ps do *mix* de marketing. A Tabela 7.2 apresenta as principais áreas estratégicas de marketing implementadas pelas organizações referentes a cada um dos elementos de seu *mix*.

Tabela 7.2 Principais áreas de atuação das estratégias de marketing.

Marketing mix	Principais áreas da estratégia de marketing
Produto:	• políticas gerais de extinção; • benefícios ao consumidor; • atributos de satisfação de desejos ou necessidades; • bens físicos ou serviços; • modificações; • adições; • *design*; • *branding*; • posicionamento; • embalagem; • rótulo.
Preço:	• políticas gerais de determinação de preços (especificadas por grupos de produto em segmentos de mercado); • descontos; • prazos de pagamento; • posicionamento.
Praça:	• políticas gerais de canais de vendas e níveis de serviços a clientes

Promoção:	• políticas para comunicação com clientes sob títulos relevantes como:
	  • propaganda;
	  • força de vendas;
	  • promoção de vendas;
	  • relações públicas;
	  • exposições;
	  • embalagem;
	  • rótulo;
	  • *design*;
	  • *branding*;
	  • *merchandising*;
	  • marketing direto;
	  • marketing digital.

144 COMO PLANEJAR E EXECUTAR UMA CAMPANHA DE PROPAGANDA • PÚBLIO

No caso de organizações que trabalham com produtos, é fácil identificar os elementos do *mix* de marketing, entretanto, quando se trata de organizações de serviços, ou organizações da sociedade civil de interesse público, a situação fica bem mais complicada. O "P" de produto para esse tipo de organização corresponde ao serviço prestado, o "P" de preço corresponde ao custo de funcionamento da organização, pois "é preciso atribuir um valor, ou um custo para a prestação do serviço, mesmo que seja prestada de forma gratuita alguém sempre estará pagando a conta, ou seja, investindo recursos".[3] Estes recursos não precisam ser necessariamente financeiros, mas também humanos, técnicos e materiais.

O "P" relacionado à promoção está ligado com a comunicação da organização, e por último a praça fica associada ao "contexto social, ou a sociedade, espaço de interação, mobilização e transformação social".[4] Este último, dependendo da ótica em que é analisado, pode ser confundido com o macroambiente da organização. Para evitar confusões pode ser interessante associar o elemento praça ao sistema de distribuição de seu serviço, ou, seguindo nossa definição de mercado-alvo, podem-se considerar como praça de uma organização as estratégias voltadas a distribuir o benefício oferecido para o mercado-alvo.

De qualquer forma, independentemente do tipo de organização que se está trabalhando, é extremamente importante definir seus objetivos mercadológicos, bem como quantificá-los e determinar seu prazo para efetivação.

Uma vez definido qual será o objetivo mercadológico da organização, o próximo passo é definir quais rotas serão percorridas para chegar até ele (estratégias). Dependendo da estratégia, deve haver uma ênfase maior em um tipo de profissional envolvido no processo. Geralmente as estratégias de desenvolvimento de produto envolvem pessoal especializado em marketing além de profissionais da área de engenharia voltados ao desenvolvimento de produtos e processos.

Dentre as áreas da estratégia de marketing de uma empresa, aquelas que mais envolvem o profissional de comunicação são as áreas relacionadas à promoção de vendas e praça (segundo os 4 Ps de McCarthy) – ou comunicação e conveniência (segundo os 4 Cs de Schultz, Tannenbaum e Lauterborn (1994)), embora nas demais áreas sua presença também seja importante.

Provavelmente por razões didáticas, McCarthy tem cada elemento do *mix* de marketing apresentado independentemente, mas a prática exige inter-relação constante entre eles. Assim, as estratégias mercadológicas dificilmente são implementadas isoladamente. Ao contrário, uma estratégia de promoção de vendas sempre está associada a uma estratégia de preço e a uma estratégia de distribuição coerentes.

---

3   Meneghetti (2003, p. 34).

4   Idem, ibidem.

OBJETIVOS E ESTRATÉGIAS DE MARKETING **145**

Mesmo que as demais estratégias relacionadas ao *mix* de marketing sejam decisões exclusivas do anunciante, é importante descrevê-las para se ter uma noção de qual caminho o anunciante estará seguindo para a obtenção de seu objetivo mercadológico.

Entre as estratégias do marketing, aquela que mais possui relação com a comunicação de marketing é a estratégia de promoção (ou a própria comunicação), por isso ela será tratada em detalhes no próximo capítulo.

PERGUNTAS PARA REFLEXÃO

1. Qual é a diferença entre objetivo e meta?
2. Qual deles é mais indicado para um planejamento estratégico? Por quê?
3. Os objetivos de marketing devem ser referentes a quê?
4. As estratégias de marketing estão associadas a quais elementos do *marketing mix*?
5. Qual é o objetivo de marketing da organização que você está estudando?
6. Quais são as estratégias de marketing da organização que você está estudando?

8

OBJETIVOS E ESTRATÉGIAS DE COMUNICAÇÃO

O que você pretende comunicar, a quem e quais meios utilizar?

O homem é um ser comunicativo por excelência. E a cada dia inventa um novo meio para se comunicar.

Conteúdo deste capítulo:

- A comunicação vista como estratégia de marketing à parte
- Os principais elementos do *mix* de comunicação
- Comunicação não é só propaganda
- O crescimento da área de promoção de vendas e marketing promocional
- A diversidade das estratégias de comunicação
- Sinergia da comunicação
- Comunicação integrada de marketing

Depois de descrita a missão da empresa, seus objetivos e estratégias de marketing, chega-se finalmente à comunicação.

Os resultados esperados da comunicação dividem-se em quatro fases principais: conhecimento, compreensão, convicção, ação. Alguns autores chamam esse processo de esquema AIDA (atenção, interesse, desejo e ação). Não se pode esperar da comunicação nada além do que uma reação – geralmente positiva – do receptor. É dentro desse espectro que deve-se formular o objetivo da comunicação.

O objetivo de comunicação deve ser passível de verificação e para se verificar o objetivo de forma sensata deve-se conhecer quantos são os consumidores potenciais que sabem da existência do produto, serviço ou marca; quantos compreendem o conteúdo da mensagem; quantos são favoráveis à aquisição e quantos realizaram a ação. Sobre esta base é possível se medir, com uma investigação posterior, até que ponto foram alcançados os objetivos.

Portanto, os objetivos de comunicação devem abranger o que se espera de reação dos receptores e qual universo de receptores pretende-se atingir.

Vale salientar que comunicação de marketing não é sinônimo de publicidade e propaganda. Dentro do termo *comunicação* existe um conjunto de áreas distintas chamadas de *mix* de Comunicação, ou Comunicação Integrada de Marketing (CIM). Os elementos do *mix* de comunicação trabalham em conjunto, por isso é bom identificá-los para o bom andamento do projeto. Esses elementos encontram-se alocados dentro das estratégias de comunicação. Sua ação sinérgica possui a finalidade de resolver um mesmo problema.

"A sinergia ocorre quando o resultado é maior do que a soma dos seus componentes, isto é, 2 + 2 = 5",[1] significando que os resultados obtidos podem ser muito melhores se houver a integração entre as partes. Se os esforços de comunicação não forem sinérgicos, o resultado tem grandes chances de chegar ao público de forma inconsistente, gerando confusão e dificultando o sucesso da campanha.[2]

Para que haja sinergia, o primeiro passo é identificar o problema de comunicação e o objetivo da comunicação. Este último deve ser único tanto para estratégias de publicidade e propaganda, quanto para estratégias de relações públicas, para venda pessoal ou promoção de vendas. E também deve ser o mesmo para as estratégias de identidade visual e estratégias de *Web*.

Para definir os objetivos e estratégias de comunicação é interessante destacar: qual é o problema de comunicação, qual é o objetivo da comunicação, qual será o público-alvo, quais serão as estratégias de comunicação e quais serão as táticas para cada uma das estratégias. Esses tópicos serão abordados a seguir.

PERGUNTAS PARA REFLEXÃO

1. O que é sinergia?

2. Quais são os elementos da comunicação integrada de marketing?

3. Quais desses elementos você irá utilizar para gerar sinergia em sua campanha?

---

[1] Corrêa (2002, p. 30).

[2] Cada elemento do *mix* de comunicação será tratado em mais detalhes na seção 8.4, referente às estratégias de comunicação.

8.1 PROBLEMA DE COMUNICAÇÃO

Para definir o problema de comunicação destaque a estratégia de comunicação de dentro do marketing e dela extraia o problema que a originou. O problema de comunicação também pode ser detectado através de uma análise de situação da organização, ou até da simples observação dos resultados da análise *Swot*.

O problema da comunicação é exatamente a pergunta que o objetivo da comunicação pretende responder, portanto, ao detectar um deles, automaticamente detecta-se o outro. A Tabela 8.1 apresenta os principais problemas de comunicação de marketing encontrados nas organizações.

Tabela 8.1 Principais problemas de comunicação de marketing encontrados nas organizações.

Produto novo ainda desconhecido pelo público-alvo
Marca desconhecida pelo público-alvo
Marca desconhecida pelos públicos de interesse
Aspectos negativos associados à marca
Falta de posicionamento preciso da marca
Posicionamento não correspondente à realidade
Marca conhecida mas função obscura
Marca muito específica
Marca muito genérica
Marca associada a valores que não correspondem aos objetivos

Nesta fase, é suficiente a simples descrição do problema. Se você – ou seu anunciante – julgar necessário, desenvolva alguns parágrafos para justificar o problema. Para tanto, retome alguns dados que foram pesquisados ao longo da análise da situação.

A maioria das organizações possui inúmeros problemas a serem resolvidos, mas de nada adianta esforços para todos eles, os problemas devem ser classificados de acordo com sua prioridade. Portanto, delimite bem qual será o problema que a comunicação pretende resolver. Não se esqueça de que a comunicação é apenas mais uma das ferramentas de marketing, e que ela sozinha não é capaz de resolver todos os problemas do anunciante. Por isso, muito cuidado para não superdimensionar o problema que a comunicação pretende resolver.

PERGUNTAS PARA REFLEXÃO

1. Qual é o problema de comunicação da organização que você está estudando?
2. Como você chegou a este problema?
3. Como você pretende resolver o problema?

8.2 OBJETIVO DE COMUNICAÇÃO

Uma vez identificado e anunciado o problema, o próximo passo é tentar resolvê-lo, portanto o objetivo da comunicação nada mais é do que tentar resolver o problema da comunicação do cliente.

Não se esqueça de que a comunicação é composta por vários elementos – o chamado *mix* de comunicação – e a publicidade e propaganda, quando associada a esses elementos, é muito mais eficiente. Portanto, ao descrever o objetivo de comunicação deve-se ter em mente todos os elementos do *mix* de comunicação.

A Tabela 8.2 apresenta os principais objetivos de comunicação das organizações associados aos problemas mais comuns.

Tabela 8.2 Principais objetivos de comunicação encontrados nas organizações.

Problema de Comunicação	Objetivo de Comunicação
Produto novo ainda desconhecido pelo público-alvo.	Apresentar o produto para o público-alvo e criar identidade ao produto e marca
Marca desconhecida pelo público-alvo	Aumentar o índice de lembrança espontânea da marca Criar identidade à marca
Marca desconhecida pelos públicos de interesse	Apresentar a marca para os públicos de interesse Apresentar os valores da marca Criar identidade para a marca
Aspectos negativos associados à marca	Esclarecimento Agregar valores positivos à marca
Falta de posicionamento preciso da marca	Reposicionamento da marca Criar identidade
Posicionamento não correspondente à realidade	Reposicionamento da marca Esclarecimento
Marca conhecida mas função obscura	Apresentar funções e formas de uso Posicionar a marca Criar identidade
Marca muito específica	Apresentar funções e formas de uso Posicionar a marca
Marca muito genérica	Criar identidade Agregar valores à marca
Marca associada a valores que não correspondem aos objetivos da organização	Reposicionamento da marca Esclarecimento Criar identidade Agregar valores à marca

PERGUNTA PARA REFLEXÃO

1. Qual é o objetivo de comunicação da organização que você está estudando?

8.3 DESCRIÇÃO DO PÚBLICO-ALVO DA COMUNICAÇÃO

Até agora, o projeto preocupou-se em descrever em detalhes quem recebe o benefício do produto ou serviço da organização, o chamado mercado-alvo da mesma. Agora é importante descrever quem receberá a comunicação da organização – o público-alvo. Muitas vezes, o público-alvo coincide com o mercado-alvo, mas isso não é regra, principalmente quando se trata de organizações da sociedade civil.

A descrição do público-alvo é extremamente importante para embasar a estratégia criativa, pois é para ele que todo esse material é criado. Portanto, apesar de já descrito em detalhes no Capítulo 2, é importante que aqui se identifique para quem será feita a comunicação e a partir de então se faça um resumo de suas características mais importantes.

Não se esqueça de que o projeto provavelmente irá trabalhar com todos os elementos do *mix* de comunicação – ou parte deles – e mais adiante você terá que desenvolver um plano de ações para cada um desses elementos. Com isso, provavelmente cada estratégia de comunicação poderá ser dirigida a um público distinto, e isso exigirá um descrição segmentada por ações. Se isso acontecer, não se acanhe em separar o público-alvo em partes como: consumidores, voluntários, funcionários, fornecedores, políticos, jornalistas, formadores de opinião etc. Mas não exagere, pois quanto maior for a diversidade de seu público, mais complexo será o seu projeto, e mais pulverizada será a sua verba.

Os dados que entrarem na descrição do público-alvo são os elementos que irão dar sustentação ao estilo e à linguagem empregada na campanha, por isso, enriqueça a descrição do público-alvo com a descrição do comportamento do mesmo. Se possuir dados de pesquisa, insira os resultados mais importantes, use gráficos e tabelas, enfim, deixe claro que você estudou o comportamento de seu público--alvo e está apto a comunicar-se com ele.

A descrição do público-alvo deve ser muito mais rica e profunda do que simplesmente indicar a classe social, o sexo e a idade das pessoas. Por exemplo, até pouco tempo atrás era aceitável planejar uma campanha para homens das classes sociais A e B, moradores de Curitiba e região, que possuíssem idade entre 20 e 30 anos. Nessa generalização é possível encontrar, desde universitários ainda sem emprego, sustentados pelos pais, até pessoas casadas com filhos, formadas há algum tempo, com alguns anos de experiência profissional e estabilidade no emprego. Esses dois extremos são incompatíveis no padrão de consumo, a não ser que se trate de um padrão de consumo específico. Por exemplo, se ambos fossem apaixonados por automobilismo.

Este último item é capaz de construir um elo entre pessoas aparentemente incompatíveis, mas exclui uma grande parte das pessoas que acabaram sendo inseridas por acaso na descrição genérica do público-alvo. Portanto, padrões de comportamento são mais eficientes do que mera descrição de sexo, idade e classe.

De qualquer maneira, você já deve ter elaborado uma pesquisa – mesmo que exploratória – para conhecer melhor o seu público-alvo. Use os dados obtidos através da pesquisa para enriquecer a descrição do mesmo.

Faça gráficos e tabelas com os dados obtidos e use citações das entrevistas realizadas – tanto formal quanto informalmente. Quanto mais informações você tiver sobre o seu público-alvo, mais fácil será construir a linguagem da sua comunicação, pois evidentemente a comunicação da organização deve possuir o mesmo estilo de linguagem do público-alvo.

As informações sobre o público-alvo são de suma importância também para a mídia, pois esta precisa conhecer o comportamento do público-alvo para saber onde ele está localizado e qual é o meio ideal para atingi-lo com a comunicação. Quanto mais completa a sua descrição, maiores serão as chances de sucesso em sua campanha.

Uma experiência que tem se mostrado bastante eficiente na descrição de um público-alvo é a construção de alguns personagens fictícios que sintetizem as principais características detectadas na pesquisa. Pode parecer muito simplista, entretanto, criar nomes para personagens e tentar descrever suas características físicas, psicológicas e comportamentais é um exercício que ajuda bastante na determinação dos objetivos da comunicação e no desenvolvimento de conceitos criativos relevantes.

PERGUNTAS PARA REFLEXÃO

1. Quais pesquisas você fez para conhecer a linguagem do público-alvo?
2. Descreva o público-alvo da organização que você está estudando.
3. O público-alvo da organização é igual a seu mercado-alvo? Explique.

8.4 ESTRATÉGIAS DE COMUNICAÇÃO

As estratégias de comunicação são os caminhos que levarão o anunciante a atingir seu objetivo da comunicação. Os elementos que compõem a estratégia de comunicação são os elementos do chamado *mix* de comunicação, ou elementos da CIM (Comunicação Integrada de Marketing).

Um planejamento estratégico de comunicação deve contemplar todos os elementos sinérgicos da comunicação, mesmo que os demais elementos sejam responsabilidade de outras organizações como agências de promoção, assessoria de imprensa, *web* ou relações públicas.

Embora busque a construção de marcas fortes, a propaganda dedica pouca atenção à comunicação institucional, limitando-se, quase sempre, a contemplar ações mercadológicas, que evidenciam uma perspectiva comprometida unicamente com a teoria e a prática do marketing tradicional. Este viés reforça a tese de que, no planejamento das campanhas publicitárias, a comunicação integrada constitui-se, efetivamente, em um mito, distante da proposta abrangente que busca harmonizar a comunicação mercadológica e a comunicação institucional.[3]

Por exemplo, ao detectar um determinado problema de comunicação, uma agência percebe que para atingir os resultados esperados (de comunicação) são necessários esforços de propaganda, promoção de vendas e comunicação dirigida a públicos de interesse. Entretanto, a agência possui competência apenas para desenvolver uma excelente campanha de propaganda. Para um planejamento eficiente – e acima de tudo ético – é importante que todas as estratégias sejam indicadas, mesmo que não sejam implementadas pela agência.

Quando se consegue fazer com que as ferramentas de comunicação transmitam uma única mensagem, dá-se origem a um fenômeno extremamente importante, chamado de sinergia. Os resultados obtidos podem ser muito melhores se houver a integração entre as partes. Se os esforços de comunicação não forem sinérgicos, o resultado tem grandes chances de chegar ao público de forma inconsistente, gerando confusão e dificultando o sucesso da campanha.

Os elementos do *mix* de comunicação são, principalmente: a propaganda, ou campanhas na mídia, promoção de vendas, relações públicas e venda pessoal; somem-se a esses elementos a identidade visual e corporativa e estratégias de *web*.

Propaganda é a técnica e arte de divulgação de massa e que se utiliza de todos os veículos da mídia impressa e eletrônica ou qualquer comunicação persuasiva veiculada nos meios de comunicação de massa durante determinado período e num determinado espaço pago ou doado por um indivíduo, companhia ou organização.

As estratégias de promoção de vendas em oposição à propaganda referem-se a um esforço para comunicar e promover empresas ou produtos *sem o uso da mídia convencional*. Esse tipo de estratégia, apesar de bastante antigo, ainda carece de uma definição precisa. A própria Associação de Marketing Promocional (Ampro) assume que muitas das ações promocionais são chamadas de *no media, non advertising, below the line* etc., além dos termos empregados no setor de marketing como: *trade marketing*, gerenciamento de categoria, marketing de guerrilha, comunicação de marketing, comunicação integrada, marketing de relacionamento, marketing direto, *merchandising* no ponto de venda etc.

Em uma pesquisa realizada pela Ampro com diversos empresários e gerentes de marketing os respondentes contrataram, em média, seis tipos de marketing pro-

---

[3] Trevisan (2003).

mocional, sendo que os principais foram: ações promocionais no ponto-de-venda (66% de menções), marketing de evento (53%), *design* gráfico e comunicação visual (49%), ativação de vendas (46%), ativação de marca (44%) e marketing de relacionamento (33%).

A referência a marketing promocional mais mencionada pelos pesquisados foi referente à promoção (59%) e em seguida *merchandising* (20%). Termos como *bellow the line* (10%), *no media* (2%) e *trade marketing* (2%) receberam baixos índices; indicações ainda mais baixas (1%) foram para ativação, ação promocional, marketing promocional e eventos. Estes achados sugerem a necessidade da área de marketing promocional conquistar um significado próprio para caracterizar sua ação. O que é inegável é a contribuição dessa área para comunicação de marketing.

Mas de nada adianta desenvolver uma excelente campanha de propaganda – usando a mídia convencional – e negligenciar as outras ferramentas de comunicação. Enquanto a propaganda usa mídia convencional para chegar ao público-alvo, as ações de marketing promocional cercam o objetivo por outro lado, sem uso da mídia de massa. Em alguns casos, o marketing promocional usa a mídia de massa para atingir seus objetivos. Nesses casos há uma cooperação da propaganda com o marketing promocional. O marketing promocional pode ser definido como "pressão de marketing feita dentro e fora da mídia e aplicada durante um período predeterminado e limitado ao âmbito do consumidor, do varejista ou do atacadista, a fim de estimular a experiência com um produto e aumentar a demanda ou a disponibilidade".[4] Assim, a promoção de vendas está baseada no esforço das empresas na geração de vendas e nas estratégias para se criar a demanda por determinado produto ou serviço.

A atividade de relações públicas, apesar de ser uma atividade muito mais abrangente do que parece, em alguns casos empresta suas ferramentas para ajudar a atingir o objetivo de comunicação de marketing. Dessa forma, RP é vista como "uma atividade planejada e organizada para atingir resultados determinados de comunicação junto aos públicos interno e externo da empresa". Por outro lado, Ries e Ries (2002)[5] "consideram RP toda e qualquer atividade de comunicação da marca ou produto com os vários públicos-alvo". A definição oficial da Associação Brasileira de relações públicas é a seguinte:

> Entende-se por Relações Públicas o esforço deliberado, planificado, coeso e contínuo da alta administração, para estabelecer uma organização, pública ou privada, e seu pessoal, assim como entre essa organização e todos os grupos aos quais está ligada, direta ou indiretamente (Andrade, 2005).

---

4   Churchill e Peter (2003, p. 453).

5   Segundo nota do revisor técnico do livro, Marcio Matuano Rolla.

Esse é um tema controverso que foi inclusive tema para o livro *A queda da propaganda*: *da mídia paga à mídia espontânea*, de Al Ries e Laura Ries (2002). Contudo, a melhor definição apontada aqui é: a comunicação de informações sobre a companhia ou o produto voltada a diversos públicos de interesse, geralmente vista como *veiculação* não paga. As estratégias estão geralmente relacionadas a: eventos, relações com mídia (assessoria de imprensa), publicações institucionais (jornais, revistas, livros especiais, relatórios, boletins etc.), organização e acompanhamento de visitas programadas, projetos culturais, projetos e ações sociais, serviço de atendimento ao consumidor, organização de *mailing*, marketing político e relações com a comunidade.

O quarto elemento do *mix* de comunicação é a venda pessoal. Este item não deve ser associado apenas aos vendedores da organização. Entende-se que qualquer pessoa referente a uma organização carrega consigo o compromisso da imagem da mesma, portanto, um mau comportamento reflete negativamente na marca da organização, enquanto que um bom comportamento causa sempre uma boa impressão.

Além desses elementos do *mix* de comunicação incluíram-se também as estratégias de identidade visual e corporativa. Esse tipo de estratégia – assim como a estratégia da venda pessoal – é responsável por transmitir imagens positivas ou negativas em relação à marca. Entretanto, neste caso, tais imagens não são transmitidas pelas pessoas, mas pelo bom gosto da acomodação dos objetos e elementos visuais da organização. Esse tipo de estratégia está apoiado em ações de criação e revitalização de marcas, *design* de produtos, *soundbrands* (identidade sonora), papelarias, adesivagem de frotas, *layout* de lojas, fachadas, uniformes, placas de sinalização interna, espera telefônica, limpeza etc.

O outro elemento que vem surgindo com bastante força para compor a comunicação de uma organização é a *web*. Este elemento está associado a uma série de ações, como *sites*, *SEM* (*Search Engine Marketing*), *e-mails*, banco de dados, multimídia, *podcasting*, mídias sociais, *blogs*, *ringtones*, SMS, *links* patrocinados, *banners* de *web*, *games on line*, *games* para celular, vídeos, fotos, aplicativos, *microblogs*, enfim, uma infinidade de recursos que a *web* proporciona.

A Tabela 8.3 apresenta os elementos do *mix* de comunicação e suas principais aplicações.

OBJETIVOS E ESTRATÉGIAS DE COMUNICAÇÃO **155**

Tabela 8.3 Elementos do *mix* de comunicação (estratégias de comunicação).

Propaganda	Estratégia direcionada a enviar uma mensagem a grande quantidade de pessoas utilizando uma mídia de massa.
Marketing promocional	Estratégia de comunicar e promover empresas ou produtos sem o uso da mídia convencional.
Relações públicas	Estratégias voltadas a públicos de interesse. As estratégias estão geralmente relacionadas a: eventos, relações com mídia (assessoria de imprensa), publicações institucionais (jornais, revistas, livros especiais, relatórios, boletins etc.), organização e acompanhamento de visitas programadas, publicações institucionais, projetos culturais, projetos e ações sociais, serviço de atendimento ao consumidor, organização de *mailing*, *marketing* político e relações com a comunidade.
Venda pessoal	Estratégia de transmitir imagens positivas através das pessoas relacionadas à organização: vendedores, funcionários, diretores, compradores etc.
Identidade visual e corporativa	Estratégia de transmitir imagens positivas através dos objetos relacionadas à organização: marca, identidade sonora da marca, papelaria, *layout* das lojas, frota, uniformes etc.
Web	Estratégia de uso da infinidade de recursos que a *Web* proporciona.

O que se espera da comunicação integrada é a unificação da mensagem transmitida através dos esforços de comunicação. Mas na prática é comum aos anunciantes trabalhar regularmente com uma agência de propaganda para a divulgação de determinado produto, mas tendem a contratar por *job* as agências de promoção e de marketing direto, assim como as de eventos.

Com mais de uma empresa de comunicação produzindo materiais de um único anunciante, torna-se mais difícil a sua integração, tendo em vista que organizações isoladas cuidando de sua área específica são como cegos tentando definir um elefante, cada um tocando apenas uma parte do animal.[6] Assim, dificilmente um anunciante consegue controlar as relações entre elas com eficácia e manter a mesma linha estratégica em todas as ações programadas, principalmente porque os tomadores de decisão de comunicação de marketing possuem uma série de tarefas a cumprir, e seu tempo é escasso para controlar a unificação das estratégias de comunicação.

Integrar ou simplesmente unificar os esforços de comunicação não é sinônimo de comunicação integrada, nem sinal de sucesso. Para atingir uma comunicação

---

[6] Roger Cahen (1990).

integrada deve-se produzir com a consciência de que se trata de um processo que extrapola os limites dos meios, pois tudo que uma organização faz ou transmite são formas de contato da sua marca com o público.

Um fator negativo, que pode ser causador da decadência de uma marca, é uma mensagem divergente em cada meio de comunicação. Isso não somente em *layouts*, mas na essência comunicativa de cada peça. Essa falta de uniformidade em qualquer parte do processo de comunicação acarreta a perda de credibilidade perante os clientes, o que possivelmente se transformará em prejuízo no longo prazo.

As áreas do *mix* de comunicação devem estar completamente integradas, de modo a comunicarem a mesma coisa para todos os interessados. O tema-chave da campanha, a comunicação no ponto de venda, a campanha institucional da marca, as atitudes dos vendedores e funcionários da organização, as promoções de vendas, a apresentação da embalagem, os patrocínios culturais, tudo deve estar em consonância. Os elementos do *mix* de comunicação devem estar integrados e trabalhando de uma forma sinérgica. Cada elemento constitui uma estratégia, ou um caminho, para se atingir o objetivo. Uma vez definidos os caminhos, o próximo passo é definir quais serão as ações para cada estratégia.

PERGUNTAS PARA REFLEXÃO

1. Quais são os elementos que compõem as estratégias de comunicação?
2. A que corresponde a estratégia de publicidade?
3. Explique a estratégia de promoção de vendas.
4. Explique a estratégia de relações públicas.
5. Explique a estratégia de venda pessoal.
6. Explique a estratégia de identidade visual e corporativa.
7. Explique a estratégia de *Web*.
8. Qual(is) estratégia(s) será(ão) utilizada(s) para que a organização que você está trabalhando atinja seus objetivos?
9. Explique detalhadamente cada uma delas.

> ## DICA: Como montar suas estratégias de comunicação
>
> Como as estratégias serão detalhadas nas ações, no item estratégias de comunicação apresente apenas quais estratégias irá utilizar, como no exemplo a seguir:
>
> Estratégia 1:Propaganda
>
> Estratégia 2: Promoção de vendas
>
> Estratégia 3: Relações públicas
>
> Estratégia 4:Venda pessoal
>
> Estratégia 5: Identidade visual e corporativa
>
> Estratégia 6: *Web*

8.5 AÇÕES DE COMUNICAÇÃO

Cada estratégia de comunicação exige uma série de ações práticas para a sua implementação. A ação é a última etapa da implementação do processo estratégico – trata-se da realização de uma estratégia.[7]

Numa guerra, um determinado objetivo pode ser a conquista de uma base militar inimiga que dificulta a passagem das tropas em direção à capital. Portanto, o problema a ser resolvido é a dificuldade de passagem das tropas, dessa forma o objetivo é inibir as ações da base inimiga.

Para atingir este objetivo, o exército decide (1) bombardear a base, (2) atacar em massa e (3) sabotar seu sistema de logística. Essas são as estratégias do exército. Agora cada estratégia necessita de uma ação, por exemplo, a estratégia do bombardeio (1) pode acontecer simultaneamente por ar (ação 1.a) e por terra (ação 1.b); a estratégia do ataque em massa (2) pode acontecer utilizando carros blindados pela frente (ação 2.a) e infantaria de guerrilha pelos flancos (ação 2.b). Por último, a sabotagem do sistema de logística (3) pode ser feita pela equipe de elite em sabotagem (3.a).

As ações devem ser construídas uma a uma e relacionadas a cada uma das estratégias. Não há ação sem estratégia que lhe dê direção. Pode haver diversas ações para a implementação de uma estratégia, entretanto não pode haver diversas estratégias para a implementação de uma única ação. A Tabela 8.4 apresenta as principais ações associadas às principais estratégias de comunicação das organizações.

---

[7] Há alguns autores que utilizam o termo *tática*, ao invés de *ação*. Ambos os termos estão corretos.

158 COMO PLANEJAR E EXECUTAR UMA CAMPANHA DE PROPAGANDA • PÚBLIO

Tabela 8.4 Principais táticas associadas às principais estratégias de comunicação das organizações.

1. Propaganda	1.a Mídia impressa
	1.b Material audiovisual
	1.c Mídia *indoor*
2. Promoção de vendas	2.a Campanhas de incentivo para consumidores
	2.b Campanhas de incentivo para vendedores e representantes da organização
	2.c Campanhas de incentivo para balconistas
	2.d Campanhas de incentivo para expositores (*merchandeiros*)
	2.e Desenvolvimento de material de *merchandising*
3. Relações públicas/ propaganda	3.a Comunicação dirigida a públicos específicos
	3.b Assessoria de imprensa
	3.c Feiras e eventos
	3.d *Newsletter/house organ*
	3.e Painéis internos
4. Venda pessoal	4.a Treinamento de equipes de vendas
	4.b Campanhas de incentivo interno
	4.c Confraternização de colaboradores
5. Identidade visual e corporativa	5.a Criação de identidade visual
	5.b Rejuvenescimento de marca
	5.c *Layout* e sinalização interna
	5.d Caracterização de frota e viaturas
	5.e Espera telefônica
	5.f Identidade sonora da marca (*soundbrand*)
	5.g Ambientação de ponto de venda e *showrooms*
6. *Web*	6.a Marketing viral[8] (propagar mensagens a um ritmo exponencial)
	6.b SEM – *Search Engine Marketing* (aproveitar *links* nas ferramentas de pesquisa, como Google ou Yahoo)
	6.c SEO – *Search Engine Optimization* (potencializar a possibilidade de melhor posicionamento de um *site* em uma página de resultados de uma busca)

---

[8] Chamam-se marketing viral as informações que são repassadas por pessoas a seus grupos de amigos divulgando uma informação ou marca de produto.

OBJETIVOS E ESTRATÉGIAS DE COMUNICAÇÃO **159**

6.d *e-Research* (utilização de ferramentas para identificar o visitante do *site* e indicar para ele produtos que se encaixem em seu perfil como: e-CRM (*Customer Relationship Management*); VRM (*Visitors Relationship Management*); *e-surveys, e-datamining, web metrics/log analysis*)

6.e *Online coupons* e clube de compras (busca de descontos)

6.f *Podcasting; videocasting* e *bluecasting* (disponibilizar áudio e vídeos)

6.g *E-commerce* e *m-commerce* (comércio eletrônico e via *smartphones*)

6.h *Contextual advertising* (produzir conteúdos relevantes associados à marca)

6.i *Rich media ads* (uma mistura de jogo com *spots* de TV)

6.j *Avatar marketing* (marketing voltado a identidades virtuais)

6.l *E-mail marketing* (uso de *e-mail*)

6.m *E-branding* (*sites* interativos e mídias sociais que possibilitem experiência com as marcas)

6.n *Corporative blogs* (*blogs* criados com o apoio das empresas, que permitem reforçar a imagem de marca, posicionamento, comunicação interna e externa)

6.o *Online games marketing; advergames* (jogos que permitem experiências com a marca)

6.p RSS marketing e listas de distribuição

6.q Mídias sociais (estar presente nas principais mídias sociais referentes à área de atuação da empresa)

6.r Demais estratégias com o uso das tecnologias digitais

No seu projeto dedique um tópico para a explicação das estratégias de comunicação e depois crie um novo tópico para as ações. O tópico para as ações deverá retomar as estratégias e indicar as táticas relacionadas a cada uma. No final deste capítulo você encontrará um modelo de estratégias e táticas.

Uma vez definidas quais ações que serão implementadas em cada uma das estratégias, falta definir qual será o elemento unificador dessas estratégias e ações, ou seja, qual será a bandeira empunhada por todos que compõem este exército. Essa bandeira pode ser resumida no tópico denominado posicionamento. Este deve ser constante em cada uma das estratégias e ações da organização.

PERGUNTAS PARA REFLEXÃO

1. Quais ações de comunicação você usará para a estratégia de publicidade?
2. Quais ações de comunicação você usará para a estratégia de promoção de vendas?
3. Quais ações de comunicação você usará para a estratégia de relações públicas/propaganda?
4. Quais ações de comunicação você usará para a estratégia de venda pessoal?
5. Quais ações de comunicação você usará para a estratégia de identidade visual e corporativa?
6. Quais ações de comunicação você usará para a estratégia de *Web*?

DICA: Modelo de construção de um plano de estratégias e ações para uma campanha fictícia

Depois de apresentadas as estratégias que irá utilizar, explique sucintamente o objetivo de cada uma delas e na sequência detalhe-as em ações ou táticas operacionais.

Imagine que um novo portal de Internet está sendo lançado numa determinada região oferecendo serviços de informação sobre restaurantes, entretenimento, serviços, hospedagem, turismo, clima e notícias.

Depois de definidas quais estratégias você irá utilizar, como apresentado na dica anterior, chegou o momento de detalhá-las em ações.

Coloque portanto um número para cada ação associada a uma estratégia, como no exemplo:

PLANO DE AÇÕES PARA CADA ESTRATÉGIA

Estratégia 1: Propaganda

Como trata-se de uma marca nova de um serviço conhecido optou-se por uma campanha utilizando mídia de massa de grande visibilidade para apresentar a marca. A campanha será baseada principalmente em mídia exterior (*outdoors* e mobiliários urbanos), e terá como apoio a mídia eletrônica que tem a intenção de fixar uma vinheta musical (TV e rádios regionais) e mídia *indoor*. A campanha utilizará também *banners* de Internet para a sua divulgação. O tema principal da campanha será a valorização da informação.

Ação 1.1: Desenvolvimento e veiculação de mídia exterior (*outdoors* e mobiliários urbanos)

Ação 1.2: Desenvolvimento e veiculação de mídia *indoor*

Ação 1.3: Desenvolvimento de uma vinheta musical de fácil memorização

Ação 1.4: Desenvolvimento e veiculação de material audiovisual (rádio e TV)

OBJETIVOS E ESTRATÉGIAS DE COMUNICAÇÃO | 161

Estratégia 2: Promoção de Vendas

Para a mesma campanha, será desenvolvido um material para *blitz* noturna divulgado a existência do serviço (treinamento de promotores, uniformes, viaturas adesivadas e materiais impressos). Será também desenvolvido um *totem* gigante no centro da cidade para despertar a curiosidade da população.

Ação 2.1: Desenvolvimento de material para *blitz* noturna

Ação 2.2: Desenvolvimento de *totem* gigante

Ação 2.3: Desenvolvimento de material para divulgação do evento de lançamento

Estratégia 3: Relações públicas

Será desenvolvido um relacionamento com a mídia através da distribuição de diversos materiais de assessoria de imprensa, além de um evento de lançamento, montagem de um calendário para participação em feiras, e busca de eventos culturais para apoio e patrocínio, e desenvolvimento de projetos comunitários com o tema "a informação é para todos".

Ação 3.1: Desenvolvimento de material de assessoria de imprensa

Ação 3.2: Planejamento e desenvolvimento de evento de lançamento

Ação 3.3: Planejamento de feiras ao longo do ano

Ação 3.4: Busca de eventos culturais

Ação 3.5: Desenvolvimento de projetos comunitários

Ação 3.6: Desenvolvimento de banco de dados para relacionamento

Estratégia 4: Venda pessoal

Será desenvolvido um material para vendedores visitarem as principais agências de propaganda da região apresentando o serviço. E também será desenvolvido um vídeo diário (*Web cam*) sobre o dia a dia na organização que valoriza a informação. E montagem de um calendário de eventos internos.

Ação 4.1: Desenvolvimento de material de apoio aos vendedores

Ação 4.2: Desenvolvimento de vídeo estimulando os funcionários a se informarem e se divertirem

Ação 4.3: Desenvolvimento de um calendário de eventos internos

Estratégia 5: Identidade visual e corporativa

Será desenvolvido um manual de identidade visual para padronizar todo material visual; desde marca até viaturas, uniformes, brindes, material de papelaria, sinalização interna e fachada. Também será desenvolvido um material sobre conduta pessoal dos envolvidos no portal.

Ação 5.1: Desenvolvimento de um manual de identidade visual

Ação 5.2: Desenvolvimento de material de papelaria

162 COMO PLANEJAR E EXECUTAR UMA CAMPANHA DE PROPAGANDA • PÚBLIO

Ação 5.3: Desenvolvimento de sinalização interna

Ação 5.4: Desenvolvimento do projeto da fachada e *layout* da organização

Ação 5.5: Desenvolvimento de uniformes e adesivagem de frota

Estratégia 6: *Web*

A *Web* irá centralizar a maior parte da informação sobre a organização, portanto será feita propaganda na *Web* através de *links* patrocinados no Google e *banners* nos principais portais, além de *banners* no MSN da Microsoft. Será desenvolvido também um serviço de *podcasting* e um serviço de *newsletter* via *e-mail*. Serão desenvolvidas também ações de torpedos (SMS) além do desenvolvimento de comunidades que valorizam a informação.

Será desenvolvido também um *hotsite* sobre a democracia da informação. E também será desenvolvida uma ação viral com o uso da *Web*, estimulando o uso do *ringtone* com o tema da campanha.

Ação 6.1: Desenvolvimento de propaganda na Internet

Ação 6.2: Desenvolvimento de material de *podcast*

Ação 6.3: Desenvolvimento de *newsletter* semanal

Ação 6.4: Desenvolvimento de serviço de SMS

Ação 6.5: Desenvolvimento de *fanpages*, perfis e *blogs* valorizando o compartilhamento da informação sobre a empresa

Ação 6.6: Desenvolvimento de ações virais na Internet

Com a divisão dos elementos do *mix* de comunicação em estratégias separadas fica mais fácil para o planejador ter um panorama geral da amplitude de sua campanha de comunicação, além de ficar mais fácil delegar e controlar cada estratégia separadamente.

Apesar de as estratégias serem apresentadas separadamente, elas geralmente acontecem contemporaneamente, por isso é interessante desenvolver um cronograma para as estratégias de ações de comunicação. Esse cronograma será apresentado mais adiante no Capítulo 14, Cronograma de Ações e Métodos de Avaliação e Controle.

9

POSICIONAMENTO: O QUE COMUNICAR

Qual bandeira seu exército irá empunhar?

Todas as pessoas têm uma imagem de si mesmas, quase sempre diferente daquilo que os outros pensam sobre elas, quase sempre diferente daquilo que elas pensam que os outros pensam sobre elas.

Conteúdo deste capítulo

- A origem e o significado da palavra *posicionamento*
- Como montar uma estrutura para um posicionamento de comunicação?
- O funcionamento da mente humana em relação a marcas e produtos
- Qual é o significado de uma afirmação única?
- O significado do termo *afirmação básica*
- O que é justificativa da afirmação básica
- O que são atributos complementares?

Posicionamento é um termo vastamente empregado em comunicação, e ao contrário de muitos termos originários da língua inglesa, encontrou uma tradução prontamente adaptada ao português. *Posicionamento* entrou com muita facilidade no vocabulário da comunicação no Brasil, em compensação o termo *mercadologia* jamais conseguiu se equiparar ao termo *marketing*.

O termo *posicionamento* popularizou-se a partir de alguns artigos publicados por Al Ries e Jack Trout em 1972 na revista *Advertising Age*. Esses artigos fizeram parte de uma série denominada "A era do posicionamento", reproduzidos num encarte que os próprios autores denominaram de "folhetinho cor-de-laranja".

Posicionamento na verdade não está relacionado ao produto, nem à marca do mesmo, mas àquilo que o público pensa sobre ele. Os autores defendem que existe uma batalha muito mais intensa no campo da comunicação ocorrendo dentro da mente das pessoas. Dentro da cabeça de cada um existe uma porção de diretórios. Cada diretório diferente representa uma categoria diferente (produtos, qualidades, conceitos, sensações etc.), além disso, em cada diretório há uma hierarquia.

O principal problema reside no fato de que a mente humana possui muitas coisas para se preocupar além das marcas dos produtos e por isso simplifica ao máximo aquilo que deve ser armazenado. Ao acessar cada diretório buscamos sempre os primeiros itens da hierarquia. Esse fato pode ser ilustrado por uma das mais brilhantes mentes humanas: uma vez foi perguntado a Einstein como ele fazia para guardar tantas informações e ele respondeu: "Uso papel e lápis". Com isso ele deixa a mente livre para se preocupar somente com aquilo que lhe interessa.

De acordo com o psicólogo George A. Miller,[1] a mente humana não consegue armazenar mais do que sete informações ao mesmo tempo. Isto porque as pessoas têm que se lembrar de coisas como: número de telefones, nomes de pessoas, datas de aniversário, e principalmente das tarefas diárias, além das marcas dos produtos e serviços.

Por isso, para uma marca ocupar um lugar de destaque na mente humana é extremamente difícil e esse lugar de destaque será ainda mais valioso se for associado a um determinado perfil. Esse perfil deve coincidir com a forma que o anunciante deseja que a marca seja lembrada. Por exemplo, se a marca de computadores Apple almeja ser lembrada como uma empresa diferente e extremamente inovadora, isso pode ser detectado através de diversos elementos de sua comunicação, inclusive seu *slogan*: *Think different*.

Para ocupar um lugar de destaque na mente humana o caminho mais fácil é tentar ser o primeiro – facilmente lembra-se do primeiro homem a pisar na Lua, ou do primeiro amor, ou do primeiro beijo – o segundo já é mais difícil de lembrar. Por outro lado, na enxurrada de lançamentos de novos produtos que o mundo vive, é praticamente impossível ser o primeiro em algo, salvo raríssimas exceções.

> Diariamente, uma quantidade incontável de marcas nos espera com a intenção de nos surpreender e trava-se entre elas uma batalha para chamar nossa atenção. Elas estão em todos os cantos: no despertador e no roupão no qual nós saímos da cama. Na cafeteira e nos biscoitos que fazem nosso desjejum. No sabonete e no *shampoo* do nosso banho. Em nossos sapatos

---

[1] George A. Miller é citado por Ries e Trout (1999, p. 22), entretanto sua obra não foi referenciada pelos autores.

cintos camisas e ternos. Nos automóveis e pelas ruas. São marcas descaradas alegres, brincalhonas que nos rodeiam e que, às vezes, a gente quase não se dá conta disso. São como duendes. Se abrirmos o jornal, descobriremos que entre as notícias saltam centenas de logotipos. Se pretendêssemos fazer uma lista, seria impossível finalizá-la.[2]

Trava-se uma verdadeira batalha na mente das pessoas onde marcas que ocupam degraus mais baixos na hierarquia mental tentam ocupar degraus mais altos. Para se obter êxito, caso não seja o primeiro, o melhor caminho é trazer um novo diretório para ocupar seu primeiro degrau. Com isso esbarra-se em um novo problema, encontrar espaço na mente. Um exemplo clássico da introdução de um novo diretório é o *case* da locadora de veículos denominada Avis, onde a empresa em questão, cansada de tentar ocupar o lugar da líder Hertz, assumiu, com grande sucesso, o segundo lugar: "Avis é somente a número 2 entre as locadoras de veículo: por que usar nossos serviços? Porque (obviamente) nos empenhamos mais (do que a líder que se encontra numa posição satisfatória)."[3] Com essa estratégia a Avis passou a ocupar um lugar de destaque no diretório chamado Empresas atrás das líderes (e que se empenham mais no atendimento ao cliente).

Esse tipo de posicionamento inspirou um exemplo no Brasil, onde uma emissora de TV, que ocupava o segundo lugar em audiência, trabalhou durante algum tempo com o seguinte *slogan*: "Liderança absoluta no segundo lugar."

São exemplos cada vez mais raros de posicionamento bem-sucedidos, mas que infelizmente não se sustentam no longo prazo, pois essas empresas mudam de posicionamento sem observar as tendências de mercado, o que acontece com frequência, principalmente quando a empresa muda de agência, ou mudam os diretores de marketing da empresa, ou quando os dirigentes da empresa simplesmente enjoam da campanha que vem sendo utilizada há um tempo.

Entre as receitas de posicionamento, a mais interessante é trabalhar com algo que o consumidor já conheça e reconheça com facilidade. Por exemplo, no lançamento do automóvel motorizado o posicionamento proposto foi de uma carruagem sem cavalos, onde destacava a "carruagem" como elemento já conhecido em contraposição à expressão *sem cavalos*, que propunha a inovação. Outro exemplo clássico é o do posicionamento do refrigerante Seven-Up, como um refrigerante sem cola, pois o mercado era dominado por refrigerantes "cola" – elemento conhecido do público – e nele foi introduzido o conceito de refrigerante "não-cola" – elemento novo para o público.

---

[2] Quim Larrea é teórico de *design*. Este texto foi extraído do prefácio que ele escreveu para o livro intitulado *Marca*, de Fancesc Petit (2004).

[3] *"Avis is only the number 2 in rent-a-cars, so why go with us? We try harder."*

COMO PLANEJAR E EXECUTAR UMA CAMPANHA DE PROPAGANDA • PÚBLIO

Como posicionamento está mais relacionado com o que o consumidor pensa sobre a marca do que com aquilo que propõe a comunicação,[4] é interessante que se faça uma investigação para tentar entender qual é a imagem que o público-alvo tem sobre a marca. Somente dessa forma é possível propor uma comunicação adequada.

Existe uma série de perguntas para ajudar na definição do posicionamento, essas perguntas são úteis para se orientar diante do posicionamento, como destacado na Tabela 9.1.

Tabela 9.1 — Perguntas que orientam a definição do posicionamento da empresa.

Qual a posição que você tem?	Comece pensando no que pensam os outros e não no que você pensa. Quem deve responder a esta pergunta é o mercado e não o diretor de marketing da empresa.
Qual a posição que você quer ter?	Descreva qual é a posição que almeja no longo prazo. É importante que esta posição não seja ocupada por ninguém e cuidado para que a posição não seja grande demais para caber na mente dos outros.
A quem você deve enfrentar?	Se a posição que você almeja exige um corpo-a-corpo com um líder de mercado, desista. Procure escolher uma posição que não tenha ninguém por perto.
Você tem dinheiro suficiente?	É preciso investimento para se conquistar um espaço na mente, para se estabelecer uma posição e para mantê-la. Escolha uma posição que esteja dentro de suas capacidades.
Você se comporta de acordo com a sua posição?	O posicionamento restringe a criatividade, por isso, os anúncios veiculados devem estar de acordo com a posição que a empresa tem no mercado. Cuidado com novas campanhas que mudam totalmente o posicionamento de sua marca, elas confundem o consumidor.
As pessoas percebem você de acordo com a sua posição proposta?	É importante ficar de olho no mercado e ver o que as pessoas estão pensando sobre você. Uma dica é realizar pré-testes de campanhas para ver como estas são percebidas. Outro caminho interessante é vasculhar a Internet (comunidades e *blogs*) para ver o que as pessoas estão dizendo a seu respeito.

Entretanto, diante da complexidade do termo *posicionamento*, é extremamente complicado para uma agência de comunicação indicar para uma organização, em poucas palavras, qual é o posicionamento percebido pelo seu público e qual deve ser a comunicação proposta diante de tal posicionamento.

---

[4] Alguns autores de comunicação referem-se a este conceito como Imagem da organização.

POSICIONAMENTO: O QUE COMUNICAR **167**

Assim, no relacionamento agência-anunciante a discussão sobre posicionamento era uma árdua tarefa, pois exigia diversas interpretações distintas das pessoas envolvidas – diretores de comunicação, diretores de marketing, gerentes de produtos, atendimento das agências, diretores de criação, criativos da agência, entre outros – que dificilmente conseguiam se alinhar numa campanha publicitária.

Para facilitar a apresentação e identificação de um posicionamento, Rosser Reeves nos anos 50 propôs uma fórmula simples baseada numa frase de destaque denominada *Unique Seller Proposition*, ou USP, que consistia em apresentar em uma única frase a proposição básica da comunicação.

Nos anos 50, quando o conceito USP foi apresentado, não era difícil ocupar um lugar único no mercado, pois este era composto por um número menor de marcas e produtos. Hoje é praticamente impossível pensar em ser único, e por mais que se consiga em pouquíssimo tempo haverá uma infinidade de empresas se emaranhando pelo caminho aberto por você.

Nos anos 70, procurou-se dar ênfase aos aspectos emocionais relacionados aos produtos, surgindo então o conceito *Emotional Sales Proposition*, ou, ESP, proposto pela agência Bartle Bogle Hegart. Na virada do século, a ênfase foi dada às atividades sociais e ambientais, surgindo então o conceito SSP, ou *Social Sales Proposition*.

Todos esses conceitos incluíam a palavra *vendas*, entretanto comunicação não é vendas, e sim comunicação, por isso propõe-se para o posicionamento simplesmente o termo *afirmação básica*, que consiste na afirmação que se deseja fixar na mente do consumidor.[5] Essa afirmação pode ser racional, emocional ou social, contanto que seja única – não apenas no sentido de exclusividade, mas também no sentido de simplificação. Assim é mais fácil para o público memorizar uma única proposta do que ter que ficar associando a marca ou produto a diversas qualidades distintas.

Numa entrevista bastante interessante com um publicitário, o entrevistador pergunta como uma grande campanha deve ser feita.

Ele responde que:

– A campanha deve dizer sempre a mesma coisa independentemente da peça que está sendo veiculada.

Para exemplificar ele arremessa uma bola de beisebol ao entrevistador, e depois afirma:

– Este é um conceito de uma campanha que eu como publicitário lancei para você: meu público.

E continua:

– Entretanto, como comunicador eu tenho a habilidade de lidar com diversas informações ao mesmo tempo.

---

5 Termo proposto por Figueiredo (2005).

> A partir de então ele começa a fazer malabarismos com uma série de pequenas bolas. Depois de um tempo, ele as arremessa ao entrevistador, que evidentemente se atrapalha e não pega nenhuma. Com isso, o publicitário conclui:
>
> – Não é melhor eu investir meu talento em escolher num único conceito e ter certeza que você – meu público – está entendendo, do que investir em diversos conceitos e confundir a sua cabeça?
>
> Isso é dinheiro jogado fora.

É importante lembrar que cabe à organização anunciante definir seu posicionamento. Entretanto, apesar de ser defendido por alguns autores que o posicionamento não é derivado exclusivamente da comunicação, esta possui grande influência sobre ele.

Com isso, para apresentar o posicionamento pretendido de uma organização existe uma fórmula bastante interessante. É importante destacar que esta fórmula é uma simplificação do conceito de posicionamento e serve apenas para facilitar a apresentação do mesmo para o anunciante, e não deve ser encarada como a solução dos problemas de posicionamento. O primeiro passo é identificar – através de pesquisas – qual é a imagem que a marca do produto/serviço possui na cabeça das pessoas. Uma vez identificada, a melhor forma de descrevê-la é através de uma *afirmação básica*.

A afirmação básica consiste na descrição do benefício que a marca propõe ao seu público. É também a forma em que o público deve ver o produto, é o resultado de uma associação direta. Por exemplo, ao se pensar na marca de automóveis Volvo, a primeira associação que se faz é com segurança.

É bom lembrar que o posicionamento deve preceder o tópico que fala sobre a criação e a mídia, ou seja, o argumento deve vir antes da criação e não o contrário (como acontece em muitas agências e em muitos trabalhos acadêmicos).

A afirmação básica deve vir do planejador. Ao contrário do que muita gente pensa, é a partir do planejamento que são definidos os argumentos que irão compor a mensagem, e não a partir da criação. Esta última é responsável pela abordagem – uma condição necessária, fundamental, mas não exclusiva do sucesso da campanha. O planejamento – juntamente com o cliente – deve definir "o que dizer", enquanto que a criação deve definir "como dizer".

O planejador deve identificar quais serão as características positivas que diferenciam o produto ou serviço de seus concorrentes, os elementos motivadores e as atitudes do público-alvo diante do produto. Os elementos motivadores são as motivações básicas que levam os indivíduos a procurar uma determinada categoria de produtos, as intenções e preferências que pesam na escolha da marca e do local de compra, enfim todos os fatores que podem influenciar no processo de decisão.

Faça portanto uma lista dos elementos motivadores e dos diferenciais do produto/serviço. Diante desses elementos encontre um atributo único que diferencie-o dos concorrentes.[6]

Uma vez definida qual será a afirmação básica, o próximo passo é justificá-la. Dependendo da linha seguida (racional, emocional, social), a afirmação básica deve ser justificada ou embasada em argumentos racionais, emocionais, sociais ou ambos. A esse embasamento dá-se o nome de *justificativa da afirmação básica*, ou *reason why* – como é visto na língua inglesa. A justificativa deve ser simples e objetiva, usando somente os argumentos necessários para justificar a promessa básica.

Há produtos (e também serviços e marcas) que possuem mais qualidades do que aquelas indicadas na afirmação básica. Nessas circunstância sugere-se que essas qualidades sejam colocadas num tópico denominado: *Atributos complementares à afirmação básica*. Muitos preferem resumir o nome deste tópico e chamá-lo somente de imagem desejada. Isso pode confundir o cliente, pois imagem desejada pode ser considerada uma palavra sinônima de posicionamento desejado, o que não possui relação nenhuma com o termo *atributos complementares à afirmação básica*, por isso, muito cuidado com os termos empregados no seu trabalho.

Os atributos complementares à afirmação básica são os argumentos que irão auxiliar na formação da imagem de marca, tais como modernidade, jovialidade, classe, ou qualquer outro atributo que venha a ser associado à marca de forma complementar.

Dessa forma, a descrição de um posicionamento em um planejamento estratégico é feita através de uma *afirmação básica*, uma *justificativa da afirmação básica* e uma descrição dos *atributos complementares à afirmação básica*.

É importante lembrar que a *afirmação básica* é o benefício do produto ou serviço anunciado que é feito ao seu público-alvo, e não a promessa que você (agência) está fazendo a seu cliente (anunciante). Seguindo a mesma linha, a justificativa serve para embasar a afirmação básica, e não para justificar a campanha proposta pela agência.

Curiosamente, o posicionamento não é derivado da criação, e nem sequer do planejamento. Ele é detectado a partir do público-alvo e por isso deve ser descrito antes da criação. Às vezes é comum repetir esses itens (afirmação básica, justificativa da afirmação básica e a descrição dos atributos complementares à afirmação básica) quando se inicia o item criação, pois eles são importantes para o desempenho de sua função.

Esses itens não devem aparecer descritos de forma diferente na criação, por isso eles estão sendo apresentados no item imediatamente anterior à criação, para

---

[6] Note a importância da análise da concorrência.

170 COMO PLANEJAR E EXECUTAR UMA CAMPANHA DE PROPAGANDA • PÚBLIO

que sejam reaproveitados exatamente na maneira que estão descritos no posicionamento:

> é preciso definir muito bem os traços dessa personalidade [da marca] a ser construída, registrá-los no papel e [principalmente] cuidar para que sejam respeitados no processo criativo de qualquer elemento de contato com o público. Isso significa manter a mesma estratégia de comunicação visual e auditiva, desde o cartão de visitas até o comercial de televisão, desde o uniforme dos promotores até a decoração da loja, da agência ou do posto de serviço, porque qualquer contato é uma pequena parte da comunicação da marca que contribui e faz parte do todo.[7]

Assim, o posicionamento orienta a mensagem que a marca deve transmitir, definindo "o que dizer". O passo seguinte é definir a abordagem criativa que será utilizada, ou seja, definir "como dizer". A Tabela 9.2 apresenta um pequeno resumo de como deve ser a descrição do posicionamento de uma marca.

Tabela 9.2 Descrição do posicionamento de uma marca.

Afirmação básica	O benefício principal da marca do produto/serviço a ser divulgado. O motivo que levará o consumidor a preferir a marca.
Justificativa da afirmação básica	Argumento de suporte que explica a afirmação básica. É o porquê de poder ser feita essa afirmação.
Atributos complementares da afirmação básica	As qualidades da marca que se quer adicionar à comunicação, complementando os itens anteriores.

Existem diversas maneiras de apresentar o que está descrito na tabela acima. Entre eles há duas principais: (1) discriminação pura e simples de cada um dos itens, e (2) descrição dos três itens acima em forma de um parágrafo único, que pode ser chamada de: *conceito de criação*.

A discriminação pura e simples de cada um dos itens é a maneira mais simples, consiste na descrição dos itens da Tabela 9.2. Esta maneira é a mais indicada na descrição do posicionamento exatamente por sua simplicidade e fácil entendimento.

Já a segunda maneira consiste na apresentação dos itens da tabela na forma de parágrafo. Esse tipo de apresentação vem exatamente ao encontro das neces-

---

[7] Corrêa (2002, p. 61).

sidades do departamento de criação, pois descreve a situação da marca num determinado contexto.

A partir do conceito é possível fazer o caminho inverso e identificar a promessa básica, justificativa e atributos complementares à imagem desejada. Além disso, a descrição em forma de conceito funciona muito bem também como defesa de criação, e por esse motivo ela será abordada em mais detalhes no próximo capítulo, que fala exatamente sobre criação.

PERGUNTAS PARA REFLEXÃO

1. O que é USP? E ESP? E SSP?
2. Qual é a diferença entre USP e afirmação básica?
3. Qual é a afirmação básica de seu anunciante?
4. Qual é a justificativa dessa afirmação básica?
5. Quais são os atributos complementares da comunicação de seu anunciante?
6. Como encontrar um posicionamento pretendido?

DICA I: Como encontrar um posicionamento pretendido para seu produto ou serviço

1. Desenvolva uma pesquisa com o público e veja quais características mais se destacam no produto/serviço.
2. Faça uma lista dos elementos motivadores e dos principais diferenciais de seu produto/serviço.
3. Escolha nesta lista qual atributo mais descreve os elementos motivadores e diferenciais do produto/serviço.
4. Descreva esse atributo principal como *afirmação básica da comunicação*.
5. Explique e argumente a afirmação básica da comunicação no item: *Justificativa da afirmação básica*.
6. Descreva os demais elementos motivadores e diferenciais no item: *Atributos Complementares à afirmação básica*.

172 COMO PLANEJAR E EXECUTAR UMA CAMPANHA DE PROPAGANDA · PÚBLIO

DICA 2: Exemplo de posicionamento

Imagine o surgimento de uma operadora de telecomunicações brasileira que atua como prestadora de soluções completas em comunicação. A empresa começou com a prestação de serviço de telefonia fixa convencional e transformou-se em um grupo que hoje oferece serviços de longa distância, banda larga, telefonia via Internet e provedor de Internet de banda larga.

A proposta do grupo é oferecer tudo o que o usuário residencial ou empresarial precisa com segurança, preço justo, tecnologias de ponta, qualidade e excelência no atendimento.

Posicionamento pretendido

1. Afirmação básica de comunicação

Valorização do cliente com qualidade e excelência no atendimento.

2. Justificativa da afirmação básica

Empresa que investe em tecnologia para facilitar a vida do cliente, seja residencial ou empresarial.

3. Atributos complementares da afirmação básica

- segurança;
- preço justo;
- tecnologias de ponta;
- qualidade e excelência no atendimento;
- comodidade;
- conveniência.

10

CRIAÇÃO: COMO COMUNICAR

O que significa e como chegar ao conceito criativo?

"Não há nada mais maçante do que um comercial mostrando a verdade de maneira óbvia" (Bill Bernbach).

Conteúdo deste capítulo:

- Como defender a criação?
- Qual é a estrutura lógica da defesa de criação?
- O que é problema de comunicação?
- O que é objetivo de comunicação?
- Qual é a diferença entre tema e abordagem?
- Onde entra o posicionamento definido no item anterior?
- A diferença entre público-alvo e mercado-alvo
- Qual é a diferença entre *slogan* e assinatura?

Este é o tópico que mais chama atenção em todo plano de comunicação, pois ele é extensamente ilustrado e colorido. É o momento de encantar o anunciante, fazer com que seus olhos brilhem, é o momento da sedução.

Para que a sedução funcione eficientemente, existe um protocolo a ser seguido, que também funciona como defesa da criação. Algumas pessoas pulam a defesa e vão logo apresentando as peças. Isso é um erro, pois o anunciante deve saber o contexto em que elas irão aparecer para seu consumidor. Uma boa defesa é tão importante – se não mais importante – quanto uma boa criação.

O trabalho da agência é dividido em: planejamento, estratégia de criação e estratégia de mídia. Portanto, a criação divide com a mídia a categoria estratégica da agência, entretanto, para não haver confusão com as estratégias de marketing este tópico deve ser chamado apenas de criação. O mesmo acontecerá com a mídia.

Alguns trabalhos apresentam a criação em anexo, o que caracteriza uma dupla ingenuidade. Em primeiro lugar porque um trabalho elaborado pelos autores do projeto não deve ser considerado anexo, e sim, apêndice, e em segundo lugar porque se perde uma grande chance de seduzir o cliente, uma vez que todo trabalho vem sendo construído com este fim. O melhor lugar para se colocar as peças de criação é dentro do trabalho, no item relacionado à criação.

O publicitário americano Bill Bernbach, citado em inúmeros livros de propaganda em seus *cases* clássicos de criatividade, costumava dizer que "não há nada mais maçante do que dizer o que todo mundo sabe de uma maneira óbvia". Com essa frase fica evidente que este é o momento de quebrar algumas barreiras e tentar propor algo realmente novo, ou pelo menos uma visão diferente sobre um determinado assunto. É o momento de propor reflexão ao espectador, provocar uma reação e não simplesmente anunciar.

Ser criativo em comunicação de marketing não é apenas "ver o que todo mundo vê, mas de uma maneira diferente", é propor uma forma diferente de ver o mundo e com isso provocar uma reação no público-alvo. Esse é o momento de arregaçar as mangas e propor a melhor criação possível para seu anunciante, mas não se esqueça de que a ideia tem que estar de acordo com todo o planejamento e, principalmente, adequada a seu público-alvo.

A apresentação da criação divide-se em duas partes principais, a apresentação da ideia, ou conceito de criação, e a apresentação das peças publicitárias. A apresentação da ideia da criação sempre precede as peças, pois funciona como defesa e induz o raciocínio no anunciante.

A apresentação da ideia de criação deve começar retomando o **problema que a comunicação pretende resolver**. Note que se trata do problema da comunicação e não do problema da publicidade e propaganda, uma vez que a criação, segundo as ideias de comunicação integrada de marketing, deve permear todo tipo de comunicação do anunciante e não apenas a publicidade e propaganda.

Lembre-se de que o problema de comunicação já foi descrito anteriormente no Capítulo 8, Objetivos e estratégias de comunicação, portanto para não confundir a cabeça de seu cliente, reproduza-o aqui de forma idêntica ao apresentado.

Uma vez descrito o problema da comunicação, o próximo passo é descrever o **objetivo da comunicação**. Como foi dito anteriormente, problema e objetivo

CRIAÇÃO: COMO COMUNICAR **175**

estão intimamente relacionados, pois geralmente o objetivo do anunciante é resolver seu problema, dessa forma, a descrição do objetivo é apenas uma variação da descrição do problema. Assim como no problema de comunicação, o objetivo já fora descrito no Capítulo 8, relacionado aos objetivos e estratégias de comunicação, portanto basta reproduzi-lo integralmente.

Na sequência reescreva o **posicionamento** que fora tratado no capítulo anterior. Eu sei que é meio repetitivo reproduzir o que já foi descrito, mas a criação é a oportunidade de amarrar todas as ideias que foram espalhadas no projeto. Posicionamento está intimamente relacionado com o público-alvo, pois "não está relacionado ao produto, nem à marca do mesmo, mas com o que o público pensa sobre ele".[1] Além disso, o posicionamento é um elemento que estabelece o contorno da personalidade da marca e com isso funcionará como base para todo desenvolvimento criativo. Como descrito anteriormente, a melhor maneira de descrever um posicionamento pretendido em uma campanha é desmontá-lo em forma de uma equação que abrange: **afirmação básica, justificativa da afirmação básica e atributos complementares da afirmação básica.**

A **afirmação básica** consiste em oferecer um benefício único ao consumidor. É uma descrição sucinta da base de argumentos sobre a qual a mensagem estará apoiada para convencer o público-alvo a preferir a marca. Como já fora descrito no capítulo anterior, na parte relacionada ao posicionamento, basta reproduzi-la.

A **justificativa da afirmação básica** é a razão que sustenta a afirmação básica apresentada acima, transformando-a em algo convincente e com credibilidade. Aqui é importante notar que a justificativa não justifica a campanha para o anunciante dizendo algo do tipo: "Ela se justifica, pois está de acordo com as estratégias de comunicação propostas." Mas, ao contrário, a justificativa é o argumento que convence que a afirmação básica é adequada, portanto, justifique a afirmação básica e não a campanha. Como nos itens do capítulo anterior relacionados ao posicionamento, provavelmente a justificativa da afirmação básica já fora descrita anteriormente, bastando, portanto, reproduzi-la fielmente.

O próximo item, ainda relacionado ao posicionamento, são os **atributos complementares da afirmação básica** que tratam da descrição das qualidades, atributos e diferenciais que são importantes para o consumidor e que o ajudam a pensar sobre a marca de uma forma única e exclusiva. Em síntese, reúnem as características de sua personalidade que ainda não foram descritas na afirmação básica. Nesse item coloque tudo aquilo que você considera importante que o seu público-alvo conheça sobre o produto, ou serviço, ou marca. Novamente é um item que já fora descrito anteriormente e basta reproduzi-lo fielmente aqui.

Até o momento, trata-se da reprodução pura e simples do que já fora descrito ao longo do projeto. Essa reprodução tem a função de aumentar ainda mais a ex-

---

[1] Ries e Trout (1999, p. 23).

176 COMO PLANEJAR E EXECUTAR UMA CAMPANHA DE PROPAGANDA • PÚBLIO

pectativa do anunciante, pois ele passará a imaginar o que vem daqui por diante. A partir de agora vêm à tona os elementos novos e criativos. O primeiro deles é a descrição do conceito criativo.

A grande questão que atormenta praticamente todos os estudantes é entender o que significa e como chegar ao conceito criativo. A verdade, no entanto, é bem mais simples do que parece. Um conceito raramente pode ser apresentado numa campanha da forma bruta. Ele geralmente é pouco persuasivo e mostra a realidade de uma maneira fria e calculista. As pessoas geralmente apresentam uma reação negativa a esse tipo de apelo, pois possuem mecanismos de defesa desenvolvidos durante suas vidas justamente para protegê-las do bombardeio de propagandas a que vêm sendo submetidas.

O **conceito criativo** nada mais é do que o posicionamento expresso sob a forma de texto, é o carro-chefe da criação. É aquilo que se pretende dizer com a campanha. Consiste em descrever em forma de um parágrafo a ideia que se pretende passar na campanha. Um caminho interessante para ajudar na descrição do conceito pode ser através da aglutinação dos três elementos do posicionamento (afirmação básica + justificativa da afirmação básica + atributos complementares da afirmação básica) em um único parágrafo. Esse exercício ajuda a compreender melhor do que trata seu conceito.

O conceito criativo está relacionado com O QUE se pretende comunicar, e isso, mesmo que às vezes não pareça, ainda continua sendo de responsabilidade do anunciante, pois, como visto, é ele mesmo quem define seu próprio posicionamento.

Provavelmente você não ficará satisfeito com o resultado de seu conceito criativo, pois trata-se de um parágrafo inteiro dizendo um monte de coisas que todos já sabem. Mas a partir dele você será capaz de desenvolver uma série de frases que servirão como roupagem ou pano de fundo para seu conceito.

Então, uma vez definido O QUE comunicar, o próximo passo deve ser definir COMO comunicar. A partir de agora é que entra o serviço da criação. Portanto, desenvolver um conceito vai um pouco além de simplesmente descrevê-lo. Esse argumento deve estar embalado em uma roupagem que o torne sedutor. Uma vez embalado, o conceito transforma-se em tema.

O **tema** é o pano de fundo ou ambientação da comunicação, é o item que indica qual será o clima da campanha. É o tema que faz a coesão da campanha, indicando a linha a ser seguida. Todas as peças impressas, audiovisuais e de ponto de venda deverão seguir a mesma temática, caso contrário a campanha perde coesão e consequentemente dissipa sua força. A frase-tema também é considerada por alguns autores como um resumo do conceito, ou seja, um resumo criativo daquilo que se pretende dizer.

O processo para desenvolver um tema é individual. Algumas pessoas pensam mais visualmente, e estabelecem relações mentais com imagens. Outras raciocinam em tópicos, outras vão para o papel e começam a rabiscar. Geralmente é utilizada a técnica do *brainstorm* para se chegar a um tema para a campanha. O resultado do *brainstorm* deve ser uma ideia *"visuverbal"* bastante fértil expressa em uma única frase.[2]

O tema, assim como o conceito criativo, pode ser apresentado para o público--alvo de diversas maneiras diferentes. A maneira mais apropriada escolhida pela criação é o próximo item da estratégia criativa: a **abordagem**. A abordagem é maneira escolhida pela criação para comunicar o tema e o conceito criativo, respeitando evidentemente as limitações de cada meio. Abordagem é a forma como a história será contada. Consiste na trama dos personagens envolvidos que irá levar à moral da história: o conceito criativo. Numa analogia cinematográfica pode-se dizer que a abordagem é a tensão no relacionamento dos personagens, o tema é a história e o conceito é a moral da história.

A abordagem faz com que se inicie o processo de familiarização do produto/serviço com o consumidor. Consiste em apresentar o produto como importante "personagem" que resolve o problema indicado. Existem algumas formas de abordagem que provocam maior familiarização com o público e estão relacionadas a representação de: sexo e erotismo; amor e afetividade; horror e impacto; e estranhamento. Essas formas de abordagem são bastante utilizadas em propaganda tanto impressa quanto audiovisual. A abordagem de uma campanha é geralmente construída através de uma história fragmentada através das especificidades de cada meio escolhido para sua divulgação. Assim, é interessante, se possível, descrever a história que será adotada na campanha, seus principais personagens, suas interações e funções.

O último item da estratégia criativa consiste em definir como será o desfecho da história e como será apresentado o anunciante: a **assinatura**. Esta é a identificação do anunciante e também faz parte do processo de sedução do público-alvo; ela deve "fechar com chave de ouro" o processo da comunicação. Esse desfecho pode ser feito de três maneiras distintas: a simples apresentação do anunciante através de sua marca, a adição de um *slogan* à marca, ou a apresentação de um *tag line* ou assinatura de campanha.

A simples apresentação da marca do anunciante às vezes não é suficiente para o desfecho da campanha. Apesar da escolha das cores, tipologia, *design*, estrutura e símbolo dizerem muito a respeito do anunciante, é sempre interessante adicionar um *slogan* à marca para refletir o posicionamento da empresa.

Ao contrário do que muitos pensam, o termo *slogan* não veio do inglês. Sua origem é gaélica:[3] *sluagh-ghairm*. Esse termo significava na velha Escócia "o grito

---

[2] Ideia *"visuverbal"* é uma ideia fértil, expressa em uma única frase e que desperta sensações visuais (estáticas ou dinâmicas) no leitor. Também pode ser expressa na forma de uma ilustração simples. Por exemplo, uma campanha para o SOS Mata Atlântica poderia apresentar um mico leão dourado ingressando no Movimento Sem Terra (por falta de mata para eles viverem).

[3] Segundo Reboul (apud Figueiredo, 2005, p. 46).

de guerra de um clã". Mais recentemente, o termo passou a designar as palavras de ordem comumente vistas em manifestações políticas do tipo: "Diretas já", "O povo unido jamais será vencido" etc. Acabou tornando-se então refrão dos antigos comerciais de rádio: "Alka-Seltzer, existe apenas um. E, como Alka-Seltzer, não pode haver nenhum", ou "Melhoral, melhoral, é melhor e não faz mal".

Com o advento da propaganda televisiva e a necessidade da demonstração do produto, o *slogan* migrou do título ou repetição para a assinatura. O *slogan* deve ser bem mais do que um reforço do nome do anunciante, deve refletir seu posicionamento.

Algumas campanhas apresentam, além do *slogan* do anunciante, um "*slogan* alternativo" para a campanha. Esse *slogan* alternativo tem a função de fechar o raciocínio criativo e de estar presente em todas as peças da campanha. Pode também ser chamado de *tag line*, ou assinatura da campanha.

Por exemplo, uma campanha criada pela agência Talent para o jornal *O Estado de S. Paulo* assinava constantemente: "É melhor você começar a ler o Estadão." Essa era a sua *tag line*, ou assinatura de campanha, pois o *slogan* sempre acompanhava a marca: "Estadão. É muito mais jornal."

Em muitos casos, a *tag line* – assim como o *slogan* – transforma-se num bordão repetido pelo consumidor. Bordão é "uma frase verbal utilizada em propaganda que resume o conceito da campanha. É informal, bem-humorado e, por ser focado no destinatário, tende a ser memorizado e repetido constantemente pelo público-alvo".[4] Transforma-se portanto num *meme* ou vírus mental.[5] Encontramos exemplos de bordões constantemente na linguagem das pessoas: "não é assim uma Brastemp", "bonita camisa, Fernandinho", "parece, mas não é", "ou seja, cerveja", "não tem comparação", ou internacionalmente coisas do tipo: "*wassssup*", "*got milk*" "*just do it*" ou "*scape the sofa*".

Um bom *slogan, tag line ou bordão* é aquele que provoca uma atitude reflexiva em quem o escuta. É importante excluir qualquer possibilidade de réplica ou atitude, a não ser calar-se ou repeti-lo. Deve resumir, de forma direta, a mensagem que deseja transmitir. Em alguns casos uma palavra a mais pode destruir completamente o efeito desejado. Por exemplo, campanha antitabagista que apresenta a seguinte frase: "o cigarro mata lentamente" não é boa o suficiente, pois permite piadas do tipo: "não estou com pressa". A frase deve ser mais decisiva e não permitir espaço para reflexão, algo do tipo: "o cigarro mata". Pronto, não há questionamentos, nem dúvidas, nem piadinhas.

A Tabela 10.1 apresenta alguns títulos, *slogans, tag lines e bordões* que marcaram a publicidade brasileira.

---

[4] Figueiredo (2005, p. 49).

[5] Para mais detalhes ver o último capítulo do livro *O gene egoísta*, de Richard Dawkins.

CRIAÇÃO: COMO COMUNICAR **179**

Tabela 10.1 Alguns títulos, *slogans*, *tag lines* e bordões memoráveis da propaganda brasileira.

1. A primeira faz tchan. A segunda faz tchun. E a terceira, tchan tchan tchan tchan!
2. Abra a boca, é ROYAL.
3. Abuse e use C&A.
4. ACE todo branco fosse assim!
5. Atchim? RESPRIN.
6. AXE: a primeira impressão é a que fica.
7. BANDEIRANTES: o canal do esporte.
8. BIC, é assim que se escreve.
9. BOMBRIL: 1.001 utilidades.
10. Bonita camisa, Fernandinho.
11. Caldo MAGGI: o caldo nobre da galinha azul.
12. CAMPARI: só ele é assim.
13. CARLTON: um raro prazer.
14. CASAS BAHIA: dedicação total a você.
15. SKOL: a cerveja que desce redondo.
16. Chama o velho que vem coisa boa.
17. CHEETOS: é impossível comer um só.
18. DANONINHO: vale por um bifinho.
19. DENOREX: parece mas não é.
20. Deu duro, tome um DREHER.
21. ELEVADORES ATLAS. É outro nível.
22. Eu sou você amanhã. (Vodka ORLOFF)
23. Existem coisas que o dinheiro não compra. Para todas as outras existe MASTERCARD
24. Experimenta! Experimenta!
25. FOLHA de S. PAULO: não dá pra não ler.
26. FREE: porque alguma coisa a gente tem em comum.
27. GLOBO e você: tudo a ver!
28. Gostoso como a vida tem que ser.
29. HAVAIANAS: não tem cheiro, não deforma, não solta as tiras.
30. HELMANN's: a verdadeira maionese.
31. HOLLYWOOD: o sucesso!
32. KAISER: uma graaaande cerveja!
33. KIBON: é gostoso e faz bem.
34. KILOMÉTRICA: a caneta simpática, por um preço milimétrico.
35. KOLYNOS: Ah!
36. Legítimas, só HAVAIANAS.
37. Lojas MARABRÁS: preço melhor ninguém faz.
38. LUPO: a meia da loba.
39. Mais barato, mais barato. EXTRA.
40. Não basta ser pai... tem que participar... não basta ser remédio... tem que ser GELOL.
41. Não é assim uma BRASTEMP.
42. Não esqueça a minha CALOI.
43. NIKE: *just do it.*
44. NOKIA. *Connecting people.*
45. O sol na medida certa. SUNDOWN.
46. OMO faz. OMO mostra.
47. ORTOPÉ, ORTOPÉ: tão bonitinho.
48. Pise sem dó que a cera é DOMINÓ.
49. Põe na CONSUL.
50. Não é a LEE que é diferente, as outras é que são iguais.
51. Qual é a sua? TERRA.
52. Quem pede um, pede BIS.
53. QUICK! QUICK! Faz do leite uma alegria!
54. RAY-O-VAC: as amarelinhas.
55. RUFFLES: a batata da onda.
56. SBP: terrível contra os insetos; contra os insetos.
57. Se a marca é CICA, bons produtos indica.
58. Se algum desconhecido lhe oferecer flores, isto é IMPULSE!
59. Se é BAYER é bom.
60. Sempre cabe mais um quando se usa REXONA.
61. SEMP-TOSHIBA: os nossos japoneses são mais criativos que os japoneses dos outros.
62. Só na FÁBRICA DE MÓVEIS BRASIL, tá!
63. STILO: ou você tem, ou você não tem .
64. SUCRILHOS: desperta o tigre em você.
65. SUPER NESCAU: energia que dá gosto!
66. Tem coisas [BUM] que só a PHILCO faz para você.
67. *Think different.* APPLE
68. TIM: viver sem fronteiras.
69. Tomou DORIL, a dor sumiu.
70. TOSTINES vende mais porque é fresquinho, ou é fresquinho porque vende mais.
71. Tudo anda bem com BARDAHL.
72. Use RIDER, e dê férias para seus pés.
73. VALISÈRE: o primeiro sutiã a gente nunca esquece.
74. Venha para onde está o sabor, venha para o mundo de MARLBORO.
75. VINÓLIA: sensível diferença.
76. VIVO é você em primeiro lugar.
77. VIVO: sinal de qualidade.
78. Você faz maravilhas com LEITE MOÇA.
79. Você não imagina do que uma DU LOREN é capaz.
80. VOLKSWAGEN: você conhece, você confia.[6]

---

[6] Esse *slogan* era originariamente da Maizena.

180 COMO PLANEJAR E EXECUTAR UMA CAMPANHA DE PROPAGANDA · PÚBLIO

São várias as funções da assinatura. Uma delas é a adesão, pela força da repetição ocorre a memorização e, como consequência, a lembrança na hora de decisão da compra. Outra função da assinatura é a informação ou identificação, seja do produto, do serviço, ou do segmento em que a empresa atua.

Portanto, no item criação de seu trabalho abra uma parte dedicada à assinatura e indique se existirá um *slogan*, uma *tag line*, ou ambos.

Após a descrição da assinatura, é interessante descrever no trabalho quais as peças publicitárias que irão compor a sua campanha. Para tanto, utilize uma ordem lógica, agrupando as peças em diferentes segmentos, como impressas, eletrônicas e digitais. Não se esqueça de que as peças impressas podem ser divididas em: mídia e materiais promocionais ou de *merchandising*. A Figura 10.1 apresenta as principais peças publicitárias, promocionais e de *web* que podem compor uma campanha. Faça uma tabela, que possa levar o nome de Mapa Conceitual da Campanha, com um infográfico demonstrando as inter-relações entre as mídias utilizadas e as histórias contadas em cada uma delas, apresentando a amplitude da campanha. Se esse mapa for bem feito funcionará como um excelente argumento de defesa. É interessante que o anunciante veja a dimensão de sua campanha.

CRIAÇÃO: COMO COMUNICAR **181**

1. Impressas	**1.1 Mídia impressa**	– Mídia ao ar livre (*outdoor*) – Anúncio em revista – Anúncio em jornal – Mídia interior ou *indoor* – Mídia em locais específicos: aeromídia, *shoppings* etc...
	1.2 Materiais promocionais e de *merchandising*	– Cartaz/cartazete – Folheto/*folder*/*flyer* – *Banners* – Infláveis – Bandeirola – Móbile – Faixa de gôndola/*stopper* – *Displays*
2. Eletrônicas	**2.1 Rádio/áudio**	– *Spot* – *Jingle* – Chamada/material para testemunhal – Vinhetas/texto foguete – Espera telefônica
	2.2 TV/vídeo	– Comercial – Material para *merchandising* promocional – Material para *merchandising* eletrônico – Vídeos institucionais – Infomercial
	2.3 Cinema	– Cinemídia – Material para *merchandising* eletrônico
3. Digitais	**3.1 Mídias óticas**	– CD-ROM – DVD-ROM – CD *card*
	3.2 Material para *Web*	– *Site* – *Hotsite* – *Banners* – *Pop-ups* – *Rádio digital* – *Web TV*
	3.3 Novos meios	– TV digital – *Podcast* MP3/MP4 – SMS/MMS – *Bluetooth*

Figura 10.1 **Organização das principais peças publicitárias e promocionais.**

Após a apresentação da tabela, descreva sucintamente cada uma das peças publicitárias, promocionais e de *web* a serem utilizadas na campanha, e apresente um exemplo de seu *layout* em proporções reduzidas para caber no projeto.[7] É

---

[7] Para peças audiovisuais apresente ou a sinopse, ou *script*, ou roteiro ou *storyboard*.

182 COMO PLANEJAR E EXECUTAR UMA CAMPANHA DE PROPAGANDA • PÚBLIO

interessante que elas sejam apresentadas ainda no corpo de texto do projeto de comunicação, pois elas compõem a parte mais bela do trabalho e sua função principal é encantar o cliente.

Além de colocar as peças em proporções reduzidas no corpo do trabalho, se for fazer uma apresentação oral, sugiro que as peças sejam impressas em tamanho real,[8] e montadas em pranchas rígidas para impressionar ainda mais o anunciante. Se tiver peças audiovisuais, produza-as e apresente ao seu anunciante.

A Tabela 10.2 apresenta um modelo de estrutura lógica de raciocínio para persuadir o anunciante.

Tabela 10.2 Estrutura lógica para persuadir o anunciante.

1. Apresente o meio onde o cliente está inserido (macroambiente e microambiente)	10. Apresente os objetivos de comunicação
2. Apresente aquilo que você pôde extrair da organização estudada (ambiente interno)	11. Apresente o perfil do público-alvo da comunicação
	12. Apresente as estratégias de comunicação
3. Apresente os públicos da empresa estudada	13. Apresente o posicionamento pretendido
4. Apresente os principais concorrentes da empresa e suas forças e fraquezas	14. Apresente e defenda a criação
5. Feche apresentando quais as vantagens e desvantagens de seu cliente em relação à concorrência (forças e fraquezas)	15. Encante (muito) o cliente com as peças
	16. Mostre a dimensão da campanha indicando a mídia (estratégias, táticas e justificativa)
6. Apresente como o ambiente se comporta (ameaças e oportunidades)	17. Demonstre o valor do trabalho no orçamento (assuste o cliente)
7. Apresente a sua análise sobre esta situação	18. Demonstre que tudo isso cabe no bolso do cliente através da viabilidade econômica
8. Apresente a missão e visão da empresa	
9. Apresente os objetivos de marketing	19. E por fim indique como os resultados serão avaliados

Ao apresentar a criação, não se esqueça que uma boa argumentação e justificativa de todos os elementos é fundamental para uma boa persuasão, assim é sempre interessante inserir gráficos, infográficos e referências visuais. Apresente,

---

[8] Na medida do possível, não vá imprimir um *outdoor* em tamanho real e tentar apresentar para o cliente. Vale sempre o bom-senso.

CRIAÇÃO: COMO COMUNICAR **183**

de uma forma criativa, as alusões, citações e referências visuais,[9] textuais e conceituais que inspiraram a campanha e por fim, apresente as peças da campanha.

PERGUNTAS PARA REFLEXÃO

1. Qual é o seu problema de comunicação?
2. Qual é o seu objetivo de comunicação?
3. Descreva o seu público-alvo.
4. Qual é a afirmação básica do produto/serviço ao público-alvo?
5. Justifique.
6. Quais outros atributos o produto/serviço possui?
7. Qual é o conceito da campanha?
8. Qual é o tema da campanha?
9. Qual é a abordagem?
10. Qual é a assinatura?

DICA: Exemplo de estratégia de criação

Imagine que o Ministério da Educação (MEC) percebeu que o índice de cópias desautorizadas de textos alheios na Internet (plágio) vem crescendo vertiginosamente, por isso resolveu contratar uma agência de propaganda para desenvolver uma campanha tentando reverter, ou amenizar, este quadro.

Depois de desenvolvida toda a análise da situação a agência descreve a sua estratégia de criação, dessa forma:

Problema de comunicação

O número de trabalhos copiados da Internet sem autorização dos autores vem crescendo muito nos últimos anos.

Objetivo de comunicação

Diminuir o número de trabalhos copiados da Internet sem a autorização do autor. Reverter através da conscientização da importância de não copiar.

---

[9] O livro de Covaleski: *Cinema, publicidade e interfaces* (2009) aborda de maneira interessante a intertextualidade entre referências cinematográficas e a publicidade.

Descrição do público-alvo

Estudantes do ensino médio, graduação e pós-graduação, principalmente de instituições particulares, que se sentem sobrecarregados por excesso de trabalhos escolares e que afirmam não ter tempo para se divertir, por isso optam por não "perder tempo" fazendo trabalhos escolares. Essas pessoas, na maioria adolescentes, se mostram bastante preocupados com a autoafirmação e com o que os colegas pensam deles. Os alunos mais esforçados são taxados como *nerds* que não se relacionam com os demais colegas e estão sempre preocupados em estudar.

Posicionamento – afirmação básica da campanha

Copiar texto pronto atrofia o raciocínio.

Posicionamento – justificativa da afirmação básica

Quem copia textos da Internet dificilmente raciocina sobre eles ou questiona-os, dificultando a aprendizagem e a construção do conhecimento.

Posicionamento – atributos complementares à afirmação básica

Para garantir o seu futuro e melhorar a sociedade há a necessidade de mais conhecimento, não se pode ser repetidor de conceitos, há ainda a lei de defesa da propriedade intelectual, a produção científica desenvolve o indivíduo e a sociedade, quanto maiores as chances de sucesso, maiores serão as chances de se relacionar com outras pessoas. Além de tudo isso, a grande maioria dos estudiosos em economia garante que o desenvolvimento econômico e a sustentabilidade de um país só acontecem com investimentos em educação, entretanto não há educação quando se copiam textos alheios.

Conceito criativo

Aquele que copia textos da Internet está prejudicando a si próprio, pois não exercita a sua capacidade de raciocínio. Além disso, está prejudicando a sociedade em que vive: além de violar os direitos autorais, dificilmente contribui para a evolução da sociedade e de si próprio. Sendo um mero repetidor de conceitos ele diminui as suas chances de sucesso.

Tema

O tema utilizado na campanha será relacionado ao desperdício de coisas boas, o que parece irracional: quem copia desperdiça.

Abordagem

A campanha pretende apresentar diversas pessoas diferentes contratando um serviço e não usufruindo deles, por exemplo, pagando uma viagem e não indo, pagando uma academia e fingindo que faz exercícios, pagando restaurante e não comendo, indo de tapa-olho ao museu, indo ao *show* com fone de ouvidos etc. Tentando criar uma emulação através do humor, mas ao mesmo tempo conscientizando as pessoas de que é irracional copiar textos prontos, pois se desperdiça o aprendizado.

Para chamar mais a atenção, pretende-se trabalhar com uma estratégia de *teaser* e resposta, logo, os comerciais eletrônicos entrarão no ar nas primeiras semanas da campanha apenas apresentando as pessoas que não usufruem do serviço. Aparentemente será um *nonsense*, pois o sentido somente será revelado após 15 dias com o início da campanha.

Assinatura da campanha *(tag line)*

Todas as peças da campanha terão a seguinte assinatura:

Viva a razão – Uma campanha do Ministério da Educação do Brasil

MEIOS PLANEJADOS PARA A DIFUSÃO DA COMUNICAÇÃO

Mídia, *no media* e *digital media*: a dimensão da campanha

*De nada adianta um conceito genial
se ninguém ficar sabendo dele.*

Conteúdo deste capítulo:

- A amplitude do termo *mídia*
- O que são objetivos de mídia?
- O que é cobertura e frequência?
- O que é GRP e Tarp e onde se aplicam?
- Como apresentar um cronograma de veiculação?
- Como justificar os meios escolhidos?

A estratégia de mídia é um dos aspectos mais importantes de um planejamento de comunicação, entretanto dificilmente é valorizada pela maioria dos publicitários e aspirantes a publicitários. É verdade que o grande *glamour* da publicidade parece estar em criações geniais, mas poucos se lembram de que a maior parte da verba de comunicação do cliente é destinada à mídia. É exatamente a mídia que irá definir o tamanho da campanha, a visibilidade da mesma.

O retorno do cliente provavelmente será proporcional ao montante do investimento e às escolhas certas. Uma campanha que não é vista nem comentada pelo

186 COMO PLANEJAR E EXECUTAR UMA CAMPANHA DE PROPAGANDA • PÚBLIO

público-alvo não é uma campanha de resultados, é como um livro que ninguém lê. De nada valerá uma excelente criação se os veículos escolhidos para divulgá-la não forem adequados para atingir o público.

O termo *mídia* é muito mais abrangente do que simplesmente o planejamento de utilização dos veículos tradicionais de propaganda: TV, jornal, rádio, revista e *outdoor*. Mídia, na verdade, refere-se a qualquer meio de difusão da comunicação.

A mídia, de uma maneira geral, tem passado por diversas transformações e hoje é quase impossível reconhecer a linha divisória entre o que é mídia tradicional e o que não é.

A estratégia de mídia no planejamento de comunicação deve ser mais abrangente e englobar todos os meios planejados para difusão da comunicação. Não só a mídia tradicional como também a *no media* e a *digital media*.

Ao pensar mídia de uma maneira ampla, além dos meios tradicionais, somam-se a ela: *flyers*, *folders*, impressos em geral, *mechandising* no ponto de venda, telemarketing ativo, marketing direto, além da infinidade de recursos oferecidos pela Internet, celulares, SmartTVs, *tablets*, e outros *gadgets* tecnológicos.

Com a convergência tecnológica, a interdependência entre as mídias está ficando cada vez maior, e fica cada vez mais difícil classificá-la. Diversos autores classificam as mídias das mais diferentes formas. Para efeitos didáticos, tem-se:

- a **mídia tradicional**, que utiliza um meio pré-estabelecido como suporte para a difusão de informação. Por exemplo, a TV e o rádio são meios pré-estabelecidos, já existiam antes de você implementar seu projeto de comunicação, e estão lá à disposição de quem quiser anunciar. O mesmo acontece com revistas, jornais, *outdoors* e espaços internos (mídia *indoor*);

- a *no media* que, como o próprio nome diz, não utiliza um meio pré-estabelecido para a divulgação da informação; ela cria o seu próprio suporte. Por exemplo, uma panfletagem utiliza como suporte para a divulgação da informação o papel, nesse caso o papel não é um espaço à disposição para locação. A criação de *totens* (desde que não pré-estabelecidos), carros adesivados, uniformes, brindes, materiais de *merchandising* em ponto-de-venda,[1] também é considerada *no media*;

- e a *digital media*,[2] que refere-se aos canais de comunicação interativos e que utilizam como suporte tecnologias digitais como telefonia (fixa ou

---

[1] Apesar de haver em alguns casos a locação de espaços no ponto-de-venda, essa não é considerada uma mídia tradicional.

[2] O termo *digital media* substituiu o termo *new media*, pois há mais de quinze anos as mídias digitais são utilizadas para a comunicação de marketing, e já não faz mais sentido chamá-las de "novas mídias".

móvel), Internet, TV digital, MP3 *players*, tecnologias de rede sem fio, *tablets*, *smartphones*, consoles de games etc.

Tabela 11.1 Exemplos de canais de difusão da comunicação.

Mídia tradicional	• TV aberta • TV fechada • Rádio • Cinema • Mídia ao ar livre (*outdoor*) • Anúncio em revista • Anúncio em jornal • Mídia interior ou *indoor* • Mídia em locais específicos: aeromídia, *shoppings* etc.
No media	• Marketing direto • Cartaz • Folheto/*folder*/*flyer* • *Banners* • Infláveis • Bandeirola • Móbile • Faixa de gôndola/*stopper* • *Displays* • Intervenções urbanas
Digital media	• Mídias sociais • *Site* • *Hotsite* • Rádio web • *Web TV* • Telemarketing ativo • TV Digital • *Podcast* • SMS/MMS • *Bluetooth* • *Games* • *Blogs* • *Mobile* • *Aplicativos*

188 COMO PLANEJAR E EXECUTAR UMA CAMPANHA DE PROPAGANDA · PÚBLIO

O planejamento de mídia deve ser desenvolvido juntamente com a criação, pois um mau funcionamento do primeiro inviabiliza completamente a segunda, enquanto que um exagero da criação limita completamente o sistema de trabalho do planejamento de mídia.

A natureza da mensagem influi diretamente na escolha dos meios, como defende McLuhan "O meio é a mensagem", portanto a seleção dos veículos e meios deve ser iniciada no planejamento. Com a segmentação da mídia, a definição do público-alvo é quem dita os gêneros dos meios e veículos a escolher.

O plano de mídia precisa ser claro e objetivo no que pretende fazer. Comumente encontram-se objetivos do tipo: "atingir o maior número de pessoas do público--alvo e levar a mensagem criada de forma eficaz". Parece brincadeira, mas ainda há um grande número de estratégias de mídia que possuem objetivos genéricos.

É importante que as informações contidas no objetivo de mídia – assim como nos demais objetivos – sejam quantificadas,[3] somente assim é possível verificar se os objetivos foram atingidos ou não.

Assim como na criação, a mídia também recebe o nome de estratégia de mídia, entretanto, para não criar maior confusão entre as diversas estratégias existentes no projeto e mostrar a sua nova abrangência, optou-se por chamá-la de "Meios planejados de difusão da comunicação". Dentro deste tópico devem destacar-se:

A. o objetivo de mídia;

B. as estratégias de mídia;

C. a justificativa dos meios;

D. as táticas de mídia;

E. a programação resumida de mídia.

O primeiro elemento a ser decidido no planejamento de mídia é o **objetivo de mídia**, que deve indicar claramente a quantidade de pessoas que se pretende atingir com a campanha, com qual intensidade de veiculação e durante quanto tempo.

A. Objetivo de mídia

No **objetivo de mídia** devem constar quatro itens importantes: a cobertura geográfica planejada, a duração da campanha, a cobertura da campanha e a frequência média ideal. A Tabela 11.2 apresenta os principais elementos que devem compor o objetivo de mídia.

---

[3] Como visto na Capítulo 7, sobre os objetivos estratégicos de marketing, após verificar a opinião de diversos autores, optou-se por incluir a meta dentro do objetivo. O primeiro deve indicar a intensidade e o tempo necessários para atingir o segundo, e com isso evita-se o uso de muitos termos com significados diferentes dentro do projeto.

MEIOS PLANEJADOS PARA A DIFUSÃO DA COMUNICAÇÃO 189

Tabela II.2	Elementos que devem compor o objetivo de mídia.
a) Cobertura geográfica	Indicar qual é a área geográfica da campanha.
b) Duração da campanha	Indicar qual é o tempo que pretende permanecer com a campanha no ar, levando sempre em consideração a verba do cliente.
c) Cobertura ou alcance da campanha	Indicar qual é a porcentagem do público-alvo que se pretende atingir ao longo da campanha.
d) Frequência média ideal	Indicar quantas vezes o público-alvo deverá entrar em contato com as peças da campanha para que a mensagem se fixe.

Como a verba do anunciante destinada à comunicação, por maior que seja, é sempre limitada, é interessante delimitar a **cobertura geográfica da campanha**, ou seja, em qual região a mídia irá divulgar seus produtos, serviços ou marca. O tamanho da região, a quantidade de pessoas e o perfil dessas pessoas têm uma grande influência no volume da verba a ser destinada à comunicação.

Depois de definida a cobertura geográfica da campanha, indique também **durante quanto tempo pretende permanecer com ela no ar**. Por melhor que seja a campanha e por maior que seja a verba ela sempre tem uma data para iniciar e uma data para acabar, principalmente no que se refere à mídia tradicional, pois as novas mídias oferecem a oportunidade de uma continuidade espontânea que foge ao controle do departamento de mídia.

Até pouco tempo atrás, quando pensava-se em mídia, pensava-se em meios tradicionais de divulgação da mensagem, principalmente na coqueluche da propaganda: a TV. Portanto, ao definir o objetivo de mídia definiam-se principalmente a cobertura e a frequência esperados, pois a combinação destes (*reach and frequency)* permitia o cálculo do volume de GRPs[4] desejados.

O termo *GRP* é direcionado para a TV, e acaba perdendo seu sentido nas novas mídias, mas a lógica por trás da cobertura e frequência continua funcionando, por isso é muito importante definir quantas pessoas pretende atingir e com qual frequência.

---

[4] *Gross Rating Points* – audiência bruta acumulada na TV. Um GRP significa 1% da audiência, ou seja, o GRP = 1 significa que a mensagem teria sido vista uma vez por 1% dos lares com TV. GRP = 100 significa que a mensagem teria sido vista uma vez por 100% dos lares com TV. A soma dos GRPs pode ultrapassar 100%. Por exemplo, se somam-se 10 inserções em uma programação que tem 30% de audiência, o total de GRPs será de 300 (SANT'ANNA, 2002, p. 221).

A **cobertura ou alcance pretendido pela campanha** consiste em indicar quantos indivíduos do seu público-alvo identificado como prioritário pretende-se atingir com a campanha.

A cobertura ou alcance de cada um dos veículos deve ser levada em consideração na escolha dos meios. *Reach* ou alcance é a porcentagem do público-alvo de um dado mercado que foi atingido por determinado comercial pelo menos uma vez.

Refere-se ao potencial de domicílios na praça onde a mensagem chegou. Ex.: se teoricamente em um dado momento todos os indivíduos de São Paulo componentes de um determinado público-alvo estivessem assistindo a um só programa de TV, estaríamos atingindo com um comercial 100% destes indivíduos e, portanto, o *reach* seria igual a 100.

Informações sobre a cobertura ou alcance dos meios podem ser extraídas de pesquisas periódicas dos próprios veículos ou de empresas de pesquisas. Frequentemente o Grupo de Mídia de São Paulo publica informações sobre a penetração dos meios e o investimento em cada um deles numa pesquisa periódica denominada Mídia Dados.[5]

Juntamente com a definição do alcance, deve-se definir a **frequência planejada para a exposição da campanha**. Frequência da campanha é o número de vezes em que a mensagem foi exposta ao público durante um determinado espaço de tempo, geralmente uma semana.

É interessante perceber que, como a verba é limitada, o alcance é inversamente proporcional à frequência. Quanto mais pessoas atingir, menor será a verba para repetir o comercial. Assim a frequência será menor, entretanto, se utilizar meios com menor alcance – portanto mais baratos –, mais verba sobrará para a repetição do comercial, consequentemente terá um aumento de frequência.

Não existe uma frequência ideal para cada tipo de campanha. O que se costuma fazer é analisar o setor, ou seja, controlar a frequência a partir da análise da mesma usada pela concorrência ou então pela prática generalizada dos anunciantes do setor. A frequência média ideal de um comercial depende de alguns fatores. Os principais fatores que influenciam na definição da frequência média ideal de uma campanha estão descritos no Quadro 11.1.

---

[5] <http://www.gm.org.br>.

MEIOS PLANEJADOS PARA A DIFUSÃO DA COMUNICAÇÃO **191**

Quadro 11.1 Fatores que influenciam na determinação da frequência média ideal de uma campanha.

1. **Criatividade e elaboração:** quanto melhor for a qualidade de comunicação do comercial, menor a frequência necessária, e maior será seu impacto. Isso pode ser detectado através de um pré-teste da campanha.

2. **Grau de envolvimento do produto na satisfação das necessidades do público-alvo:** quanto maior o envolvimento e interesse do público-alvo no produto, menor será a frequência necessária.

3. **Frequência da comunicação dos congêneres:** num mercado competitivo, quanto maior for a frequência de comunicação dos congêneres, maior deverá ser a frequência de seu anunciante, para que sua marca não caia no esquecimento.

4. **Objetivo de marketing:** a frequência média ideal depende do objetivo de marketing. Uma estratégia de sustentação exige uma frequência menor do que um lançamento ou reposicionamento.

Não se esqueça de que cada elemento do público-alvo pode (e deve) entrar em contato com a campanha mais de uma vez, através de meios diferentes, por isso é importante que cada peça mantenha um identidade – visual e de conceito – para manutenção da unidade da campanha. A exposição do público-alvo a mais de uma peça da campanha é chamada de *overlapping* ou superposição de leitura. O *overlapping* é saudável para a fixação da campanha, desde que não seja exagerado.

> Quando veículos diferentes são lidos ou vistos pela mesma pessoa dobra-se a fixação da mensagem, e para isso deve-se observar bem as datas de publicações [...] e desta forma tirar partido dela para obter maior impacto no menor espaço de tempo ou, ao contrário, evitar a repetição em benefício de uma maior amplitude de exposição do anúncio (Sant'anna, 2002, p. 197).

Por outro lado, o exagero da exposição do comercial – ou uma frequência muito alta – pode ser prejudicial à campanha. A partir de um certo número de vezes, o público-alvo deixa de prestar atenção à campanha. Uma peça publicitária vista mais do que dez vezes, na melhor das hipóteses, é um desperdício de dinheiro. Em alguns casos um excesso de frequência chega a criar uma aversão do público.

Entretanto, uma campanha vista menos do que três vezes é de difícil fixação, resultando em pouquíssimo retorno, o que acaba se tornando também um desperdício de dinheiro, portanto é preciso muito cuidado ao definir a frequência da campanha.

Após descrito no objetivo quais serão a frequência e alcance pretendidos, a cobertura geográfica pretendida e o período da campanha, o próximo passo é definir quais serão os meios mais apropriados para esta campanha e como eles serão utilizados.

192 COMO PLANEJAR E EXECUTAR UMA CAMPANHA DE PROPAGANDA · PÚBLIO

A escolha dos meios recebe o nome de **estratégia de mídia**. A estratégia de mídia depende, antes de tudo, do objetivo que é destinado às mídias, no contexto geral do objetivo de comunicação.

B. Estratégia de mídia

A estratégia de mídia consiste em definir os melhores meios para se levar a comunicação de uma forma eficiente e eficaz e com isso fornecer a melhor relação entre o investimento, a quantidade e a qualidade da comunicação.

O Quadro 11.2 apresenta os principais elementos que devem constar na descrição de uma estratégia de mídia.

Quadro 11.2 **Principais elementos que compõem uma estratégia de mídia.**

a) **Meios que serão utilizados:** indique os tipos de mídias mais adequados e aptos para atingir os objetivos publicitários e particularmente os clientes potenciais do produto.

b) **Métodos de utilização dos meios:** indique os métodos de utilização das mídias: formato dos anúncios ou duração das mensagens no rádio ou na TV; uso da cor, utilização sucessiva ou simultânea dos meios etc.

c) **Fluxo ou continuidade da campanha:** indique como será o fluxo da campanha, se investirá maior quantidade de verba no início e depois terá apenas mídia de apoio, se será através de investimentos maciços em intervalos constantes (*flights*), se será apenas em datas e ocasiões especiais etc.

d) **Divisão do orçamento:** indique através de um gráfico tipo *pizza* a divisão do orçamento entre diferentes mídias, se for o caso.

e) **Campanhas regionais:** quando tratar de campanhas com diversas regiões ao mesmo tempo, indique como será a pressão publicitária em cada uma delas.

Para construir a estratégia de mídia é essencial ter conhecimento da natureza e características próprias de cada gênero e a circulação de cada um, além dos preços de inserção e peculiaridades de cada um deles. Esses dados podem ser obtidos em institutos de pesquisas e associações ou grupos – como no caso do Grupo de Mídia –, ou diretamente com os veículos que podem fornecer tabelas de preços de inserções.

Além das características de cada meio, a escolha deve levar em consideração:

1. o público visado;
2. âmbito da campanha (nacional ou local);
3. a natureza do produto;
4. o caráter sazonal de seu consumo;

MEIOS PLANEJADOS PARA A DIFUSÃO DA COMUNICAÇÃO **193**

5. o ritmo de compra;

6. as qualidades que devem ser demonstradas;

7. as restrições jurídicas;

8. a atividade publicitária dos concorrentes;

9. a natureza da mensagem.

Como "a mídia possui grande influência sobre a mensagem", a mídia e a mensagem não podem ser desassociadas, bem como a oportunidade e o prestígio do veículo devem ser aproveitados. Tudo deve levar em consideração a verba disponível. Outros fatores que podem influenciar as estratégias de mídia são:

1. o tipo de distribuição do produto;

2. e a necessidade da campanha de influenciar revendedores.

É fundamental conhecer as características e limitações de cada meio de comunicação para poder utilizá-los da melhor maneira possível na campanha. Não existe um veículo ideal para divulgar uma campanha. O melhor veículo é uma combinação de alguns deles, e o número de variáveis é cada vez maior, pois o comportamento de consumo de mídia tem sofrido grandes transformações. Todos os veículos apresentam vantagens e limitações, uma boa estratégia de mídia deve saber usar isso a seu favor.

Para aproveitar as vantagens de cada meio é preciso conhecer bem suas características e saber selecionar os que se adaptam à natureza da mensagem e fazem uma boa cobertura do grupo consumidor visado. O melhor veículo para uma campanha é aquele que atinge maior quantidade de pessoas do público-alvo, de maneira mais eficiente e ao menor preço.

Portanto, no item **meios que serão utilizados** apresente simplesmente uma lista com todos os meios que irá utilizar para difundir a sua comunicação. Para facilitar a compreensão separe os meios em: mídia tradicional, *no media* e *digital media*. Numere esses itens, pois os números serão retomados para indicar os métodos de utilização dos meios, a justificativa dos mesmos e as táticas de mídia.

Logo após a indicação dos meios que serão utilizados para a difusão da campanha, é interessante indicar os métodos de utilização dos mesmos, ou seja, quando um meio irá entrar no ar, quando o outro irá entrar, se haverá *teaser* e resposta, qual será a mídia principal e qual será a mídia de apoio, qual será a mídia mais explicativa, qual será a mídia de maior visibilidade, o que deve levar a quê, enfim, como os meios irão se completar e interagir. Esse item denomina-se **métodos de utilização dos meios**.

COMO PLANEJAR E EXECUTAR UMA CAMPANHA DE PROPAGANDA • PÚBLIO

Cada meio pode ter uma missão diferente dependendo do objetivo pretendido. A Tabela 11.3 apresenta superficialmente a missão de alguns meios tradicionais de comunicação, que devem variar de acordo com cada estratégia.

Tabela 11.3 — A missão de alguns meios de comunicação publicitária no Brasil.

Meios	Modalidade comercial	Missão
TV aberta	Programação avulsa	Consolidação da imagem institucional da marca; liderança
	Flights estratégicos	Datas promocionais Ações sazonais Movimentação da concorrência
	Patrocínios	Manutenção das frequências Adequação editorial Apropriação do horário
	Tie-in/merchandising eletrônico/product placement	Informações adicionais Cobertura nacional Demonstrativo de uso e consumo
Rádio	Programação	Consolidação da informação Mensagem associada a informação (serviço)
	Flights contínuos	Proximidade do consumidor Integração de mensagem Momento de consumo
	Testemunhais	Credibilidade dos comunicadores Presença
Revista	Programação identidade	Adequação e ambientação editorial Presença nacional Continuidade
	Publieditorial	Benefícios Diferenciais da marca integrados ao editorial
Jornal	Programação de impacto	Transmissão de informações técnicas Oficialização da comunicação
	Anúncios indeterminados	Adequação às seções/cadernos
Outdoor	Programação de impacto	Roteiro e seleção de locais próximos ao ponto de venda Concentração do público-alvo

Na estratégia de mídia também deve ser definido o tipo de continuidade que se espera para a campanha, ou seja, se ela será linear ou variável – através dos chamados *flights*. "Não se deve vender intensamente numa época determinada, mas, pausadamente, fixando-se a ideia."[6] Para tanto é preciso bom-senso no equilíbrio entre frequência e intensidade. O quadro abaixo apresenta uma história bastante interessante para entender como funciona uma continuidade de campanha.

Campanha no ar é como um avião no ar

Existe uma história que parece bastante oportuna para entender a continuidade da campanha. Num determinado dia, encontraram-se num avião um executivo de alto escalão de uma multinacional – responsável pela manutenção de uma marca conhecida e respeitada internacionalmente, como a Coca-Cola, por exemplo – e um jovem aprendiz de publicidade.

Após algum tempo de conversa, o jovem aprendiz lançou sua maior dúvida: por que uma marca conhecida precisava de tanto investimento em mídia, uma vez que, caso parasse de investir em mídia, levaria muito tempo para ser esquecida? Além disso, a verba economizada poderia ser investida em outras áreas, como pesquisa e desenvolvimento de novos produtos.

O executivo aproveitou o fato de eles estarem num avião para responder à pergunta: – Se você observar a estratégia de voo deste avião irá perceber que ele, ao decolar, ganha altitude rapidamente, e isso provavelmente consome uma grande quantidade de combustível. Mas após um curto espaço de tempo ele atinge a altitude e velocidade desejadas, o que se costuma chamar de velocidade e altitude de cruzeiro.

Provavelmente, esse tipo de estratégia de voo deve ter sido estudada milhares de vezes e deve ser considerada a mais econômica e segura. Durante a subida, o avião deve gastar uma grande quantidade de combustível, mas ao atingir a velocidade de cruzeiro, a quantidade de combustível a ser consumida deve diminuir consideravelmente.

Se por acaso o piloto resolver interromper o uso de combustível, ou seja, desligar os motores na altitude de cruzeiro, provavelmente o avião continuaria a voar por muito tempo ainda, aproveitando-se principalmente da sua velocidade, altitude e capacidade de planar. Isso provavelmente iria economizar ainda mais a quantidade de combustível consumida.

Entretanto, ao cortar o combustível, a altitude iria diminuir gradativamente, lentamente no início e, depois, cada vez mais depressa. Para evitar uma queda, o piloto teria que religar os motores. Nesse caso, a quantidade de combustível necessária a recolocar o avião em altitude e velocidade de cruzeiro seria muito maior do que aquela necessária para mantê-los inicialmente. Provavelmente, é por esse motivo que sua estratégia de voo é traçada desta maneira.

Por outro lado, uma empresa como a Coca-Cola deve ter investido grandes quantidades de combustível (investimento em mídia) para atingir o reconhecimento necessário (altitude e velocidade de cruzeiro). Uma vez atingido o nível desejado é necessário continuar investindo na manutenção desta posição. Se tentar poupar capital irá iniciar uma trajetória descendente que, para reverter, será necessário um investimento muito maior em mídia.

Com esta história é possível ter uma noção de como deve funcionar uma estratégia de mídia. Uma grande quantidade de combustível deve ser empregada inicialmente para que o avião possa alçar voo, mas é sempre bom ter uma reserva para manter o avião em voo por

---

6   Sant'anna (2002, p. 198).

> pelo menos um tempo até encontrar seu destino. É comum encontrar campanhas em que se gasta muito para se alcançar grandes altitudes, mas não sobra combustível para manter o voo, o que faz com que a campanha saia rapidamente do ar e caia no esquecimento em pouquíssimo tempo. "Não adiantam esforços isolados. Deve haver persistência e continuidade. Para incutir o hábito deve haver a repetição."[7]

Depois de indicar quais meios irá utilizar, como eles irão interagir entre si e como será o fluxo da campanha, é interessante indicar como será **a divisão do orçamento** de mídia de seu anunciante.

Para isso basta indicar através de porcentagens qual meio irá receber maior parte da verba e qual meio irá receber menor parte da mesma. É interessante montar uma tabela ou um gráfico para tornar esse dado mais didático.

Depois de tudo isso, se tratar-se de uma campanha com uma área de abrangência muito grande, é interessante indicar como a verba será destinada regionalmente, ou seja, qual porcentagem da verba será destinada para cada região de atuação da campanha. Nesse caso também use um gráfico ou tabela para facilitar a visualização.

C. Justificativa dos meios

Depois da enumeração simples dos meios que serão utilizados para divulgar a campanha – separados por mídia tradicional, *no media* e *digital media* – deve-se fazer uma **justificativa dos meios**.

Nesta justificativa deve-se explicar detalhadamente ao cliente o porquê da escolha de cada um dos meios. Para tanto comente as características de cada meio e sua contribuição à estratégia de criação e aos objetivos de comunicação traçados. Trabalhe o texto de forma a elucidar as dúvidas do cliente, evite textos voltados apenas à descrição fria das características dos meios.

D. Tática de mídia

Até agora a estratégia de mídia estava restrita aos meios utilizados para a divulgação da informação. A partir de agora, você deverá descrever e justificar os veículos que serão utilizados. Para tanto entenda que meios são os canais de difusão da comunicação como TV, revistas e *outdoors* e veículos são as empresas responsáveis pelo uso de tais meios como as emissoras de TV, os títulos de revistas e as empresas de *outdoor*.

---

[7] Sant'anna, (2002, p. 197).

MEIOS PLANEJADOS PARA A DIFUSÃO DA COMUNICAÇÃO **197**

Portanto, depois de justificar o uso dos meios (TV ou revistas na justificativa dos meios) a tática de mídia deve indicar em quais revistas e em quais emissoras de TV (inclusive no intervalo de qual programa) o comercial será inserido e o porquê dessa escolha.

Na tática de mídia deve ser detalhada a utilização dos veículos da campanha. Com isso é importante destacar "a proposta de uso das emissoras, programas e horários mais adequados, os títulos das revistas e jornais, qual é a posição e as seções selecionadas, tais como economia, internacional, esportes, saúde, social, etc., utilização dos materiais publicitários e os principais pontos necessários a uma programação em todas as praças de interesse".[8]

Assim como na justificativa dos meios, evite textos frios e meramente descritivos, convença – através de argumentos persuasivos – que a tática apresentada é a melhor a ser utilizada para atingir o objetivo de mídia proposto. A tática de mídia é o detalhe da execução. Existe uma série de medidas a serem adotadas durante a tática de mídia. As principais providências são destacadas no Quadro 11.3.

Quadro 11.3 Providências a serem tomadas ao se definirem as táticas de mídia.

1. **Indicar a cobertura e frequência que serão utilizadas em cada meio:**
   a) Se for usar TV, definir quantos GRPs colocar numa estação de TV durante determinado prazo.
   b) Se for usar o rádio, indicar também a cobertura e frequência.
   c) Se for usar mídia impressa (revista ou jornal), indicar o formato, localização e tiragem.
   d) Enfim definir o impacto do anúncio na mídia.
2. **Indicar o custo da mídia:**
   a) em valores absolutos ou seja, quanto vai custar a inserção;
   b) em valores relativos por cada mídia:
      i. GRP para TV;
      ii. custo por mil para impressos;
      iii. custo por *page view* para *Web*;
      iv. etc.
3. **Indicar qual a frequência e intensidade recomendadas para cada mídia.**
4. **Indicar o melhor horário e a melhor colocação.**

Se for usar TV, é interessante conhecer o cálculo de GRPs (*Gross Rating Points*) ou Tarps (*Target Rating Points*).[9] A ideia do GRP, apesar de parecer complexa por causa do excesso de números, na verdade, é bastante simples. Ela consiste apenas

---

8   Corrêa (2002, p. 157).
9   Audiência bruta acumulada no público-alvo.

em calcular a porcentagem do público-alvo que viu o comercial na TV e o número de vezes que viu.

Se for usar rádio verifique a audiência no seu público, o perfil do ouvinte e o custo por mil ouvintes na inserção do comercial. Se for usar mídia exterior é necessário conhecer principalmente os pontos de veiculação, o tráfego de pessoas no local, o perfil médio dessas pessoas e também a tabela de veiculação, pois apesar de trabalhar principalmente com 15 dias, nem sempre as trocas acontecem nos dias 1 e 15 do mês.

Se for trabalhar com revistas é interessante levar em consideração a tiragem da revista (total de exemplares produzidos), a circulação (total de exemplares vendidos), o perfil do leitor, o conteúdo editorial, a periodicidade da revista (que geralmente é mensal ou semanal), os formatos disponíveis e quantas pessoas leem a mesma revista (dependendo da revista ela pode ser lida na média por três a cinco pessoas), com isso é possível calcular o custo que se terá a cada mil leitores.

Para jornal devem-se levar em consideração praticamente os mesmos critérios da revista, mas não se esqueça de que o estilo de leitura do jornal é completamente diferente da revista: o jornal é mais local, mais dinâmico e mais perecível que a revista. O perfil do leitor pode ser dividido de acordo com o conteúdo editorial dos cadernos.

A Internet é o ambiente mais segmentado e complexo disponível. Nele é preciso verificar o conteúdo dos *sites*, a quantidade de visitantes, o perfil do visitante, a navegabilidade e usabilidade do *site*, a quantidade de visitantes por dia, a quantidade de cliques e a quantidade de *page views* (visualizações da página).

O meio postal ou correio também pode ser usado como meio de difusão de sua comunicação. Nessa mídia deve-se levar em consideração principalmente a qualidade do banco de dados acerca do público – quanto melhor conhecer seu perfil, mais assertiva será a peça e melhor será seu retorno.

Não se esqueça de que sua tática de mídia deverá enfatizar os veículos escolhidos para a divulgação de sua comunicação, suas principais características e seus custos absolutos e relativos.

Existem algumas etapas a serem cumpridas na determinação das táticas de mídia para cada meio. Essas etapas são descritas na Tabela 11.4, e devem ser preparadas uma para cada meio a ser utilizado na campanha.

MEIOS PLANEJADOS PARA A DIFUSÃO DA COMUNICAÇÃO 199

Tabela II.4 **Determinação das táticas de mídia.**

1. Fixar com clareza os objetivos	Que público atingir	Mulher AB de 19 anos
	Em qual lugar encontra-se o público	São Paulo e Rio
	Duração da campanha	3 meses
	Espaço ocupado pela peça	O comercial é de 30″
	Prioridades: qual praça é mais importante	São Paulo é mais importante que Rio
2. Fixe a frequência média (FMP) ideal Não é uma tarefa fácil Use a experiência e o bom-senso	Fatores que influenciam a decisão da frequência média ideal	a) Nível de comunicação do comercial. Quanto melhor, menor a frequência necessária.
		b) Interesse pelo produto. Quanto maior o interesse, menor a frequência necessária.
		c) Ação da concorrência. Procure conhecer a frequência da concorrência. Quanto maior a ação da concorrência, maior deverá ser a frequência de seu anunciante.
		d) Qual é o objetivo da comunicação? Lançar um produto ou simplesmente sustentá-lo?
		e) Tente descobrir o IA (índice de afastamento do aparelho).

Após estas análises, vamos admitir que se tenha chegado à conclusão de que se cada pessoa visse oito vezes em média a mensagem em cada mês da campanha; os objetivos estariam sendo atingidos satisfatoriamente.

3. Determine o período	Vamos supor que a intenção seja manter o comercial no ar durante três semanas por mês	Neste caso optou-se por conseguir frequência 8 em horizontalidade e não num impacto total em uma só semana.
4. Determine o GRP semanal para a TV ou o número de leitores	Consulte a tabela ou faça os cálculos com a fórmula para encontrar o FMP	Dividindo-se este total de GRP em 3 semanas, nós teremos 400 GRPs semanais. Se a tabela não estiver em mãos, para saber o *reach* podemos calcular em número acima de 90 que a margem de erro será muito pequena.
5. Qualifique os programas	a) A sua qualificação junto ao público-alvo.	
	b) O seu custo por mil visualizações.	
	c) A sua adequação junto ao público-alvo.	
6. Faça um quadro geral de programação e de custos	Baseando-se no custo de 1 GRP obtido é possível montar um quadro de toda a campanha.	

Tabela II.5 — Mapa resumido de programação de mídia.

Mídia	Novembro				Dezembro				Janeiro				Fevereiro				Março				Abril				Maio				Junho				Julho				Agosto				Frequência total
	1	2	3	4	1	2	3	4	1	2	3	4	1	2	3	4	1	2	3	4	1	2	3	4	1	2	3	4	1	2	3	4	1	2	3	4	1	2	3	4	
Outdoor					260																																				260 cartazes
TV aberta		600					300				300												300				300														1.800 Tarps
TV cabo																																									
Cinema						90					90			90				90				90				90															540 Comerciais
Rádio FM			70			70				70			70																70				70								420 Inserções
Busdoor										760				760					760																						2.280 Cartazes
Painel eletrônico															20																										20 Painéis
Jornal lançamento					1																																				1 Anúncio
Jornal sustentação							4			4				4				4				4				4															24 Anúncios
Revista						8				4				4				4				4				4				3				3				3			37 Anúncios
Internet																																								3	3 Banners

Fonte: Adaptada de Franzão Neto (2000, p. 42).

É interessante também que o anunciante tenha uma noção da amplitude da campanha. Para tanto sugere-se o desenvolvimento de uma **programação de mídia resumida**, pois a programação completa possui tantos detalhes que, ao invés de esclarecer, acabam confundindo o anunciante.

A programação completa, ainda que confusa, é necessária ao projeto – e principalmente para sua implementação –, mas devido a sua complexidade ela pode confundir o anunciante no momento da apresentação, por isso deixe-a para os apêndices do projeto.

A Tabela 11.5 apresenta um mapa resumido de uma programação de mídia, indicado para apresentar a amplitude da campanha para o cliente.

Estudos de simulações, qualificação, dados de mercados e outras informações também devem estar no anexo para não atrapalharem a leitura e o raciocínio do plano. A Tabela 11.6 apresenta os principais pecados e as principais virtudes de um bom plano de mídia.

Tabela 11.6   **Pecados e virtudes de um bom plano de mídia.**

Virtudes de um plano de mídia	Pecados de um plano de mídia
• Ser um documento completo.	• Ser um documento redundante.
• Ser um documento didático.	• Ser um documento cheio de erudição e de difícil entendimento.
• Apesar de repleto de números e tabelas, deve ser um documento claro.	• Ser um documento superficial.
• Deve ser à prova de dúvidas.	• Ser um documento pouco didático.
• Deve ter um raciocínio lógico e coerente.	• Resumir-se a uma única folha de cronograma com resumos de verbas e GRP.
• Deve ser o conjunto de soluções mais rentáveis e adequadas para veicular as peças da campanha.	
• Possuir os argumentos necessários para persuadir o anunciante.	

Fontes: Adaptada de Sant'anna (2002); Corrêa (2002) e Franzão Neto (2000).

Como se pode notar, a atividade de planejamento de mídia é uma atividade de adequação e de tentativas e erros. Deve-se fazer de tudo para conseguir atingir os objetivos ao menor custo possível, mas se ainda assim a verba necessária à campanha for inferior à verba planejada pelo cliente, Sant'anna (2002, p. 230) sugere: reduzir a frequência ou cobertura, cortar períodos, reduzir o tempo comercial, cortar praças, tentar um estudo de *reach* mais baixo ou ainda, se necessário, cortar meios.

O primeiro passo, e menos doloroso, é a redução de cobertura e frequência, preferencialmente na sustentação da campanha, assim trabalha-se com o mesmo impacto inicial, mas abre-se mão de algumas inserções no período de sustentação. Caso isso seja necessário, explique para o anunciante que um plano ideal não é possível.

Se a diminuição desses elementos ainda não for suficiente, corte períodos da campanha, portanto em vez de nove semanas, use oito ou sete. Se ainda assim não for suficiente para o cliente, sugere-se reduzir o impacto (tempo e tamanho das peças publicitárias).

Se esse corte ainda não for suficiente, o próximo passo é cortar algumas praças menos importantes para os objetivos mercadológicos do cliente.

Se, ainda assim, tiver que cortar mais cobertura e frequência verifique se a campanha não ficará muito esparsa e, consequentemente, enfraquecida. Nesses casos diminua um pouco o alcance: "é melhor falar bem a poucas pessoas, que mal a muitas delas" (Sant'anna, 2002, p. 230).

Por fim, se nada der certo, procure meios de comunicação mais apropriados para a verba do cliente, pois o caminho escolhido não é o melhor para este anunciante.

PERGUNTAS PARA REFLEXÃO

1. Quais mídias você irá utilizar para divulgar sua campanha?
2. Qual é o seu objetivo de mídia?
3. Qual é a cobertura pretendida para a campanha?
4. Qual é a frequência média ideal?
5. Como é a continuidade da campanha?
6. Qual é a cobertura geográfica da campanha?
7. O que é *overlapping*?
8. Qual é a sua estratégia de mídia?
9. Justifique a utilização de cada um dos meios escolhidos.
10. Qual será a tática de mídia?
11. Justifique a escolha de cada canal de TV, estação de rádio, ponto de *outdoor* e revista escolhida.

MEIOS PLANEJADOS PARA A DIFUSÃO DA COMUNICAÇÃO **203**

DICA: Etapas de um planejamento de meios para difusão da comunicação

A. OBJETIVOS DE MÍDIA

a) Qual será a área geográfica da campanha? Indique em quais regiões a campanha irá atuar.

b) Qual será a duração da campanha? Indique quanto tempo pretende permanecer com a campanha no ar. Leve em consideração a verba disponível.

c) Qual será a cobertura da campanha? Indique exatamente qual porcentagem do público-alvo pretende atingir ao longo da campanha, levando sempre em consideração a existência de um cenário realista com relação à verba do cliente.

d) Qual é a frequência média ideal? Indique qual deve ser a frequência média ideal, ou seja, quantas vezes é necessário que público-alvo veja (ou escute) a campanha para fixar sua mensagem.

B. ESTRATÉGIAS DE MÍDIA

a) **Meios que serão utilizados.** Indique os tipos de mídias mais adequados e aptos para atingir os objetivos publicitários e particularmente os clientes potenciais do produto.

b) **Métodos de utilização dos meios.** Indique os métodos de utilização das mídias: formato dos anúncios ou duração das mensagens no rádio ou na TV; uso da cor, utilização sucessiva ou simultânea dos meios etc.

c) **Fluxo ou continuidade da campanha.** Indique através de um gráfico tipo *pizza* a divisão do orçamento entre diferentes mídias, se for o caso.

d) **Divisão do orçamento.** Indique a prioridade dada à intensidade ou à frequência nos períodos ao longo da campanha.

e) **Campanhas regionais.** Quando tratar de campanhas com diversas regiões ao mesmo tempo, indique como será a participação publicitária em cada uma delas.

C. JUSTIFICATIVA DOS MEIOS

D. TÁTICAS DE MÍDIA

E. PROGRAMAÇÃO RESUMIDA DE MÍDIA

12

VERBA DO CLIENTE E ORÇAMENTO DA CAMPANHA

A melhor campanha é aquela que o anunciante pode pagar

> *Não se gasta com comunicação, se investe.*

Conteúdo deste capítulo:

- A diferença entre verba e orçamento.
- A importância da determinação da verba.
- Como montar um orçamento de criação.
- Como montar um orçamento de produção.
- Como montar um orçamento de veiculação
- Qual é a diferença entre orçamento e viabilidade econômica?

Orçamento é outra parte negligenciada pelos estudantes de comunicação. Ironicamente, esta é a parte mais importante para o anunciante. Não é preciso pensar muito para entender que qualquer anunciante quer, no fim das contas, investir a menor quantidade possível de capital numa grande campanha. Essa é a chamada "melhor relação custo-benefício", base de qualquer transação com fundo racional.

Mas, apesar de todo interesse do anunciante no orçamento, na maioria das vezes ele esconde a quantia que pretende investir e assim não informa a agência durante a reunião de *briefing*. Essa atitude se dá provavelmente porque o anunciante imagina que, dessa forma, a agência se esforçará mais para negociar com seus fornecedores e assim conseguirá o menor preço, principalmente se for uma concorrência.

Para não haver confusão entre os termos, sugere-se dividir o orçamento em duas partes: montante que o anunciante pretende investir e o custo total da campanha. Parece estranha esta divisão, pois os dois supostamente deveriam ser iguais, mas ao longo do texto você vai perceber por que é interessante fazer esta divisão.

O montante que o anunciante pretende investir é geralmente chamado de verba do anunciante ou *budget* e deve ser informado à agência antes do início do projeto, durante a reunião de *briefing*. Este montante ajuda a dimensionar a intenção do anunciante.

A determinação do *budget* depende de fatores como:

- margem de lucro da organização;
- objetivos da comunicação;
- comportamento do setor;
- comportamento do público-alvo;
- valores da organização;
- participação de mercado;
- estágio do ciclo de vida do produto (lançamento, maturidade, proposição de novos usos) etc.

A verba é calculada geralmente sobre uma porcentagem do volume de vendas, levando-se em consideração o exercício passado e com base em uma previsão futura de vendas.

O fator mais importante na determinação da verba é o comportamento dos congêneres, que acabam por determinar o comportamento do setor.

> Da mesma maneira que em uma estratégia militar, um destaque de ruptura exige um esforço muito maior que o da exploração do êxito e organização da posição conquistada, um lançamento publicitário exige um maior esforço financeiro que uma campanha de sustentação de posição. Neste caso há que se calcular o máximo, não fazendo excessivas economias no investimento, mas apenas reservando uma verba para eventualidades que possam ocorrer. [...] Algumas organizações adotam uma verba equivalente ao dobro do seu investimento publicitário tradicional, quando se trata de lançamento (Sant'Anna, 2002, p. 133).

Se, por um lado, cabe ao anunciante definir qual será a parcela do faturamento que irá investir em comunicação, por outro lado, cabe ao planejador indicar se a verba condiz com os objetivos mercadológicos propostos.

Em comunicação, como em qualquer outro investimento, não existem milagres, apenas relações entre a verba estabelecida e o rendimento. O retorno é sempre consequência de um investimento. Ou, como se costuma dizer em economia: *There's no free lunch.*[1]

Depois de desenvolvida a campanha ideal para o perfil de seu anunciante, faz-se uma análise dos custos da mesma. A este custo dá-se o nome de orçamento da campanha. O orçamento dificilmente coincide exatamente com o *budget*, mas há sempre uma relação estreita entre eles, e depois da negociação chega-se a um consenso: às vezes a agência convence o anunciante a investir um montante um pouco maior. Às vezes (quase sempre) o anunciante convence a agência a reduzir seu orçamento.

Esse esforço de coincidir o *budget* com o orçamento recebe o nome de "viabilidade econômica", e será objeto de análise no próximo tópico.

O *budget* é de extrema importância para se iniciar um projeto. Sem uma noção do mesmo a agência não consegue dimensionar a campanha, tornando o trabalho de mídia quase impossível. E com isso, na maioria das vezes, ou o projeto acaba custando muito mais do que o anunciante imaginou – como na maioria dos casos – ou o trabalho acaba custando muito menos – provavelmente porque sua dimensão foi muito menor do que a esperada pelo anunciante.

Em ambos os casos o anunciante fatalmente solicitará uns ajustes, ou seja, a elaboração de um novo trabalho desde o início. É como se o anunciante solicitasse um meio de transporte e a agência desenvolvesse um carro compacto e econômico; ao apresentar ao anunciante, percebe-se que na verdade ele estava esperando um meio de transporte veloz, potente, com aparência esportiva e sofisticada, e ainda com espaço para bagagem, e estava inclusive disposto a pagar por isso.

Não dá para simplesmente trocar o motor e colocar um bagageiro externo, tem que refazer todo o carro. É mais ou menos assim que acontece quando não se tem noção do tamanho do orçamento do anunciante.

As empresas de grande porte, quando anunciam, geralmente apresentam seu *budget* de marketing ou de comunicação. A dificuldade é maior em construir projetos de comunicação para pequenas e médias empresas,[2] pois estas relutam em fornecer às agências o montante que pretendem destinar à comunicação.

É uma tarefa bastante complicada convencer o anunciante a dizer quanto pretende investir, mas é mais complicado ainda desenvolver uma campanha sem ter uma noção de sua dimensão. O que a maioria dos atendimentos de agências faz é realizar uma série de perguntas para investigar qual é o tamanho da campanha

---

[1] Não há almoço gratuito. Os economistas costumam utilizar esta frase para indicar que sempre há um custo, e sempre alguém estará pagando por ele.

[2] 98% da empresas do Brasil.

aproximadamente, e com isso passa a sua percepção à agência. Este é um meio bastante impreciso de análise da dimensão da campanha. O ideal é que o anunciante passe, mesmo que aproximadamente, o valor que pretende investir na comunicação, e com isso a agência irá se esforçar para conseguir o melhor retorno com aquele montante.

A verba destinada à comunicação – o *budget* do anunciante – deve ser inserido no *briefing* que se encontra em anexo no trabalho, e também se deve fazer referência a ele na introdução do projeto, pois ele acaba fazendo parte da construção de seus objetivos. Entretanto, não se deve ficar preso a ele. Todo anunciante espera mais de sua agência, por isso o *budget* deve servir apenas como parâmetro para a construção da campanha e não como meta da mesma.

Por outro lado, o orçamento da campanha corresponde a descrever os custos da elaboração da campanha. Geralmente o orçamento da campanha é dividido em três partes principais: criação, produção e veiculação/distribuição.

Na criação entram os custos da elaboração do material. Isso é feito geralmente com base em hora/máquina destinada a cada um dos materiais da campanha. Há também algumas tabelas referenciais fornecidas por entidades, como associações e sindicatos,[3] que servem de parâmetros para os orçamentos. Na criação podem entrar também os custos de pesquisa e planejamento da agência, pois eles não se encaixam na produção e nem na mídia.

No orçamento da produção entra tudo aquilo que deve ser produzido para ser veiculado, inclusive os fornecedores de material, como fotógrafos, diretores de cena, atores, cachê de modelos fotográficos, programadores de *Web* etc. Além disso, nesta parte do orçamento entra também o custo de produção gráfica, que é o custo de todo material impresso do anunciante.

Na veiculação e distribuição entram os custos de toda veiculação do material, desde as mídias tradicionais (impressas e eletrônicas) até as mídias digitais.

A Tabela 12.1 apresenta os principais itens que compõem cada parte de um orçamento.

---

[3] Como a ADG (Associação dos Designers Gráficos), <http://www.adg.org.br> e o Sinapro (Sindicato das Agências de Propaganda do Estado do Paraná), <http://www.sinapro.org.br>.

208   COMO PLANEJAR E EXECUTAR UMA CAMPANHA DE PROPAGANDA · PÚBLIO

Tabela 12.1   Principais itens que compõem um orçamento.

Criação		Produção	Veiculação e Distribuição
Identidade visual	**Materiais promocionais e de *merchandising***	**Produção gráfica**	*Outdoor*
Logotipo de empresa		Fotógrafos	Revista
Logotipo de produto	Adesivagem de frota	Fotolito	Jornal
Manual de uso	Adesivo	Ilustradores	TV aberta
Material de papelaria	Bandeirola (por modelo)	Impressão de material	TV assinatura
		Modelos	Rádio
Cartão de visitas	*Banner*	Tratamento de imagem	*Mailing lists* e envio
Envelope	*Broadside*		Distribuição de *folders* e folhetos
Papel-carta	Camiseta	**Produção eletrônica – vídeo**	
Mídia impressa	Cartão de natal		Internet
Anúncio de jornal	Cartão postal	Animação gráfica	Mídia *indoor*
Anúncio de revista	Cartaz/pôster	Atores	Mídia aeroportuária
Outdoor/painel	Chaveiro	Direção de atores	Etc...
Mídia eletrônica	Diploma	Direção de fotografia	
Roteiro para VT	*Display* de mesa/*take one*	Edição	
Script para rádio		Efeitos especiais	
Spot/jingle	Encarte de CD	Iluminação	
Vinhetas	Faixa de gôndola/ *stopper*	Locações	
Materiais digitais	*Folder*	Locutores	
Banner de Internet	*Folder*/folheto/ catálogo	Produção sonora	
CD/DVD – ROM		**Produção eletrônica – Áudio**	
Hotsite	Mala direta	Estúdio	
Podcast	Placa/painel	Locutores	
Website	Portfólio-perfil institucional	Músicos	
Projetos especiais		Produção Sonora	
Planejamento de comunicação	*Presentation*	Etc...	
	Relatório anual		
Planejamento de eventos	Revista		
	Etc...		
Planejamento de marketing direto e fidelização			
Planejamento de promoções			

VERBA DO CLIENTE E ORÇAMENTO DA CAMPANHA **209**

Em muitos casos, para diminuir o valor total do orçamento – principalmente nos casos de projetos acadêmicos – os alunos optam por doar os valores de criação e negociar os valores de produção e veiculação. Nesses casos é importante que os valores originais sejam apresentados integralmente e na sequência sejam apresentados os valores com o desconto, para que o anunciante tenha noção do valor do trabalho do publicitário. Mesmo que este valor venha a ser doado, o anunciante passa a ficar ciente do valor de seu trabalho, por isso, toda vez que for fazer o orçamento de um trabalho, faça-o integralmente e só depois apresente os descontos.

Geralmente os valores e os descontos são apresentados na mesma tabela para facilitar a visualização do orçamento por parte do anunciante. As negociações e doações devem ser apresentadas por escrito, para tanto se destina uma parte do projeto denominada: viabilidade econômica.

Frequentemente encontram-se projetos que visam se autofinanciar. Esse raciocínio de autofinanciamento também deve ser inserido na viabilidade econômica, como será apresentado na sequência.

Como se pode notar, o orçamento de um plano de comunicação é bastante complexo e dividido em diversas partes, por isso é muito difícil apresentar todo orçamento em uma única tabela. Por outro lado, um número excessivo de tabelas pode confundir a cabeça do anunciante. Para não confundi-lo e ao mesmo tempo mantê-lo informado de tudo o que está sendo orçado, sugere-se uma apresentação detalhada do orçamento e, na sequência, a apresentação de um resumo. Assim ele pode conferir apenas o resumo ou verificar os detalhes caso surjam dúvidas.

O resumo do orçamento é válido também para a apresentação do projeto usando meios como *datashow*, pois evita letras muito pequenas que apenas atrapalham a apresentação e confundem o cliente.

As tabelas a seguir demonstram modelos genéricos de apresentação de orçamento para uma campanha fictícia. Imagine uma campanha composta por:

- Ações de identidade visual:
  - modernização da marca; e
  - material de papelaria.
- Ações de publicidade e propaganda:
  - planejamento estratégico;
  - três variações de *outdoor*;
  - três variações de anúncios de página inteira de revista;
  - uma versão página dupla de revista;
  - uma versão página dupla de jornal;
  - uma versão página simples de jornal;

- três versões meia página de jornal;
- um comercial para TV; e
- três *spots* para rádio.
- Ações de *merchandising*:
  - *display*;
  - faixa de gôndola;
  - *stoppers*;
  - *banners*;
  - cartazes; e
  - folhetos.
- Ações de *Web*:
  - criação de um *hotsite*; e
  - três versões de *full banners*.

Aparentemente, uma campanha desse nível parecerá complexa e de alto custo, pela quantidade de peças. Ironicamente não é a quantidade de peças que torna a campanha onerosa, mas a quantidade e intensidade de mídia. Portanto, grande quantidade de peças não é necessariamente sinônimo de campanha de alto custo, e nem o contrário. Por exemplo, provavelmente uma campanha com três comerciais de TV e três versões de *outdoor* veiculados nacionalmente custariam muito mais caro do que a campanha acima.

A Tabela 12.2 apresenta um modelo genérico de orçamento para a criação desta campanha fictícia.[4]

---

[4] Evidentemente, para o orçamento desta campanha dever-se-ia levar em consideração a estratégia de criação e estratégia de mídia, para identificar a frequência e cobertura ideais, além da cobertura geográfica. Entretanto, essa tabela foi desenvolvida apenas de forma ilustrativa: para se ter uma noção do custo de uma campanha que use os meios tradicionais de comunicação e para indicar um modelo de construção de tabela que discrimine os principais pontos que compõem seu custo. Para alguns esta campanha pode parecer bastante onerosa, para outros, ao contrário, pode parecer uma campanha de baixo custo. É importante deixar claro que é apenas uma tabela ilustrativa. Ao atender um anunciante cada caso deve ser analisado de acordo com suas particularidades, o que pode gerar valores completamente diversos dependendo do tamanho do anunciante, setor ou objetivos.

VERBA DO CLIENTE E ORÇAMENTO DA CAMPANHA **211**

Tabela 12.2 Modelo genérico de apresentação de orçamento de criação.

ORÇAMENTO DE CRIAÇÃO			
Identidade visual e corporativa			
Material	Quantidade	Valor unitário	Valor total
Modernização da marca	1	3.398,00	3.398,00
Cartão de visitas	1	738,00	738,00
Papel-carta	1	760,00	760,00
Envelope	1	760,00	760,00
Total criação de identidade visual			**5.656,00**
Publicidade e propaganda			
Material	Quantidade	Valor unitário	Valor total
Planejamento estratégico	1	8.711,00	8.711,00
Outdoor	3	1.641,00	4.923,00
Página inteira de revista	3	1.532,00	4.596,00
Página dupla de revista	1	2.265,00	2.265,00
Página dupla de jornal	1	1.620,00	1.620,00
Página simples de jornal	1	1.279,00	1.279,00
Meia página de jornal	3	1.067,00	3.201,00
Comercial para TV	1	1.246,00	1.246,00
Spot para rádio	3	426,00	1.278,00
Total criação de publicidade e propaganda			**29.119,00**
Merchandising			
Material	Quantidade	Valor unitário	Valor total
Display	1	1.553,00	1.553,00
Faixa de gôndola	1	1.553,00	1.553,00
Stoppers	1	1.553,00	1.553,00
Banners	1	1.553,00	1.553,00
Cartazes	1	1.553,00	1.553,00
Folhetos	1	1.394,00	1.394,00
Total criação de *merchandising*			**9.159,00**
Web			
Material	Quantidade	Valor unitário	Valor total
Hotsite	1	2.500,00	2.500,00
Full banner	3	426,00	1.278,00
Total criação de *Web*			**3.778,00**
TOTAL DE CRIAÇÃO			**47.712,00**

Os valores da criação acima foram embasados em tabelas referenciais. Não há uma tabela padrão de preços – o que caracterizaria um cartel –, por isso, pode haver grandes diferenças entre orçamentos dependendo principalmente do tamanho da agência, do tamanho do cliente e da região em que se encontra. O valor acima representado é apenas um valor fictício. A tabela acima pretende servir como parâmetro para indicar o valor da criação em uma agência de propaganda. Note que o valor nem sempre corresponde ao custo.

Há uma história que indica nitidamente a diferença entre valor e custo protagonizada por um grande artista. Diz-se que, numa ocasião, ele necessitava vender uma coleção de obras suas para gerar fundos, mas como era época de guerra estava difícil encontrar compradores. Numa dada reunião, seu *marchand* questionou quanto custava a coleção e ele respondeu:

– Olha, quanto custa eu não sei. Mas para mim vale um milhão de dólares!

O *marchand* ficou indignado com esta resposta, pois para ele valor e custo eram a mesma coisa e, portanto, o conjunto de obras custava um milhão de dólares, o que seria quase impossível conseguir naquela época.

Para explicar a diferença entre valor e custo, o artista solicitou a seu *marchand* uma nota de um dólar, e perguntou:

– Quanto custa essa nota?

– Um dólar – respondeu o *marchand*.

– E qual é o valor dessa nota?

– Um dólar! – respondeu agora com ar de superioridade, pois havia concluído que ambos eram iguais.

Enquanto isso, o artista pegou uma caneta e firmou sobre a nota a sua assinatura característica nos quadros. Levantou a cabeça e perguntou para o *marchand*:

– Quanto vale essa nota agora?

Nem sempre é fácil convencer alguém a pagar o valor da criação, mesmo porque este é um valor de difícil mensuração, por isso seu custo nem sempre corresponde a seu valor. Por outro lado, a criação é apenas o 1% correspondente à inspiração, os 99% de transpiração correspondem à produção e veiculação desse material. Como a produção e veiculação dependem de terceiros, é de praxe fazer três orçamentos com empresas diferentes e indicá-los na íntegra nos anexos do projeto. E o orçamento que a agência considerar mais interessante – de acordo com a sua análise de custo-benefício – deve figurar nas tabelas correspondentes. A Tabela 12.3 apresenta um modelo genérico de apresentação de orçamento de produção.

VERBA DO CLIENTE E ORÇAMENTO DA CAMPANHA **213**

Tabela 12.3 Modelo genérico de apresentação de orçamento de produção.

ORÇAMENTO DE PRODUÇÃO			
Identidade visual			
Material	Quantidade	Valor unitário	Valor total
Modernização da marca	–	–	–
Cartão de visitas	5.000	0,24	1.200,00
Papel-carta	20.000	0,12	2.400,00
Envelope	10.000	0,16	1.600,00
Total produção de identidade visual			**5.200,00**
Publicidade e propaganda			
Material	Quantidade	Valor unitário	Valor total
Planejamento estratégico	–	–	–
Outdoor	–	–	–
Fotografia/ilustração para material impresso			4.200,00
Página inteira de revista	–	–	–
Página dupla de revista	–	–	–
Página dupla de jornal	–	–	–
Página simples de jornal	–	–	–
Meia página de jornal	–	–	–
Comercial para TV	1	25.000,00	25.000,00
Spot para rádio	3	3.200,00	9.800,00
Total produção de publicidade e propaganda			**39.000,00**
Merchandising			
Material	Quantidade	Valor unitário	Valor total
Display	500	4,20	2.100,00
Faixa de gôndola	10.000	0,18	1.800,00
Stoppers	1.000	2,10	2.100,00
Banners	500	5,10	2.550,00
Cartazes	10.000	0,34	3.400,00
Folhetos	50.000	0,08	4.000,00
Total produção de *merchandising*			**15.950,00**
Web			
Material	Quantidade	Valor unitário	Valor total
Hotsite	–	–	–
Full banner	–	–	–
Total produção de *Web*			–
TOTAL DE PRODUÇÃO			**60.150,00**

A modernização da marca, na verdade, não entra na produção, somente os resultados como material de papelaria e *merchandising*, por exemplo. Os valores de produção para a identidade visual correspondem aos custos da produção gráfica. Nestes valores já estão inseridos os custos de impressão, provas e acabamentos.

A produção de materiais impressos de publicidade e propaganda corresponde principalmente à fotografia, ilustração e tratamento de imagem. O valor de produção do *outdoor* geralmente está inserido no custo de sua veiculação, por isso o campo correspondente ao preço de sua produção será deixado em branco. Assim também ocorre com os demais materiais de publicidade e propaganda, pois as empresas de veiculação não solicitam mais os fotolitos, elas recebem o material digital e cuidam da produção e veiculação.

Por outro lado, os materiais eletrônicos exigem mais cuidado na sua produção, pois envolvem atores, diretores, locações, materiais, produção, iluminação, edição, efeitos, estúdios, locutores, músicos, direitos de utilização de músicas etc.

Os materiais de *merchandising* correspondem também à produção gráfica, enquanto que materiais para *Web*, quando não necessitam de banco de dados e programadores, já são produzidos no momento de sua criação.

Por outro lado, a maior fatia do bolo vai para a veiculação do material criado e produzido. Entretanto, o orçamento de veiculação e distribuição do material está atrelado à estratégia de mídia da campanha, por isso é muito importante que ela seja bem construída.

Com a estratégia de mídia em mãos, juntamente com um conjunto de dados que chamamos de mapa da mídia, é possível saber exatamente quantas inserções da peça publicitária serão realizadas ao longo dessa campanha. De posse desses números, basta multiplicar o número de inserções pelo valor de cada uma e terá o orçamento de veiculação e distribuição da campanha. A Tabela 12.4 apresenta um modelo genérico de orçamento de veiculação e distribuição.

Note que a tabela deve ser preenchida a partir dos totais, pois estes valores já foram calculados pela mídia. Ao dividir os totais de mídia pelo número de inserções, encontraremos os valores médios de cada veículo. Os detalhes referentes a cada um dos meios deverão constar nos apêndices.

VERBA DO CLIENTE E ORÇAMENTO DA CAMPANHA **215**

Tabela 12.4 Modelo genérico de apresentação de orçamento de veiculação e distribuição.

ORÇAMENTO DE VEICULAÇÃO E DISTRIBUIÇÃO			
Publicidade e propaganda			
Material	**Quantidade**	**Valor médio unitário**	**Valor total**
Planejamento estratégico	–	–	–
Outdoor	80	400,00	32.000,00
Página inteira de revista	40	10.000,00	400.000,00
Página dupla de revista	10	20.000,00	200.000,00
Página dupla de jornal	10	7.200,00	72.000,00
Página simples de jornal	20	3.600,00	72.000,00
Meia página de jornal	60	1.800,00	108.000,00
Comercial para TV aberta	80	30.000,00	2.400.000,00
Comercial para TV fechada	120	300,00	36.000,00
Spot para rádio	120	150,00	18.000,00
Total veiculação de publicidade e propaganda			**3.338.000,00**
Web			
Material	**Quantidade**	**Valor médio unitário**	**Valor total**
Hotsite	1	5.000,00	5.000,00
Full banner	5.000	60,00 CPM	30.000,00
Total veiculação de *Web*			**35.000,00**
TOTAL DE VEICULAÇÃO E DISTRIBUIÇÃO			**3.373.000,00**

Não há mídia para veicular ou distribuir material de identidade visual, por isso esse item não entra no orçamento de veiculação e distribuição. O mesmo acontece com o material de ponto-de-venda e *merchandising* que são fixados pelo pessoal de vendas ou o pessoal de apoio – os chamados *merchandeiros*. Alguns pontos de venda cobram aluguéis de espaços publicitários, mas como os valores variam muito, optou-se por eliminar também o custo de veiculação do material de *merchandising*.

Os valores de veiculação de mídia variam muito de acordo com a praça, abrangência e tipo da mídia utilizada, por exemplo, é mais caro anunciar em revistas

216 COMO PLANEJAR E EXECUTAR UMA CAMPANHA DE PROPAGANDA • PÚBLIO

de maior circulação do que em revistas especializadas. Por outro lado, as revistas especializadas costumam ter um público melhor delimitado. A escolha dos meios é competência da mídia da agência.

Outro valor que deve figurar nos custos de uma agência é o valor referente à pesquisa de aceitação da campanha para a avaliação e controle da mesma.

Tabela 12.5   Orçamento de sistemas e métodos de avaliação e controle.

ORÇAMENTO DE SISTEMAS E MÉTODOS DE AVALIAÇÃO E CONTROLE	
	Valor total
Pesquisa	3.000,00

Por último, é interessante fazer um quadro que resuma o total de custos da campanha para que o anunciante tenha uma noção geral da mesma.

Tabela 12.6   Modelo genérico de apresentação de orçamento total.

ORÇAMENTO TOTAL DA CAMPANHA	
Criação	47.712,00
Produção	60.150,00
Veiculação	3.373.000,00
Outros	3.000,00
TOTAL	3.483.862,00

PERGUNTAS PARA REFLEXÃO

1. Quais são as três divisões principais de um orçamento de publicidade e propaganda?

2. O que deve ser englobado em cada uma das divisões do orçamento?

3. Quanto vai custar o seu projeto completo?

13

VIABILIDADE ECONÔMICA

Nenhuma campanha é boa o suficiente se não for viável

Não se pode dar o passo maior do que as pernas.

Conteúdo deste capítulo:

- O que é viabilidade econômica?
- Onde indicar os descontos?
- Como fazer para mostrar para o cliente o valor e o custo da campanha?

Viabilidade econômica nada mais é do que o casamento perfeito entre a verba disponibilizada pelo anunciante – o *budget* – e o orçamento proposto pela agência, desde que a campanha proposta tenha uma probabilidade alta de resolver o problema do cliente. Caso contrário, estaremos diante de uma campanha viável economicamente, mas sem nenhum efeito do ponto de vista mercadológico.

O estudo da viabilidade econômica por parte da agência é de vital importância para passar tranquilidade ao anunciante na hora de investir na campanha. Este estudo apresenta exatamente como a campanha deverá ser financiada e como funcionará o fluxo de caixa, pois numa campanha de quatro meses a um custo de um milhão de reais, dificilmente o cliente terá verba para financiar a campanha toda logo no primeiro mês. Essa verba provavelmente será dividida ao longo de todo o tempo de duração da campanha.

Existem casos também em que parte do projeto é financiado pelo próprio projeto. Por exemplo, na confecção de brindes, parte do custo dos mesmos é dividida com o consumidor quando ele junta algumas embalagens, mais um montante em dinheiro. Portanto, o fato de estimular as vendas mais um montante em dinheiro faz com que o custo da campanha seja diluído com o aumento do consumo do produto e com o montante em dinheiro que o cliente disponibiliza ao adquirir o brinde. Esse tipo de autofinanciamento é mais comum em ações promocionais do que em ações de reforço de marca institucionais.

Tudo isso deve entrar no estudo de viabilidade econômica para demonstrar que, mesmo que seja uma campanha fictícia – como no caso da maioria dos projetos experimentais acadêmicos –, trata-se de uma campanha viável do ponto de vista financeiro.

Portanto, no item viabilidade econômica deve constar novamente uma tabela resumida do orçamento, constando os descontos e doações conseguidos em prol do cliente, fazendo um comparativo do custo da campanha sem descontos e do custo da campanha depois dos descontos. Se possível, dedique também uma tabela para apresentar o montante que o anunciante economizará depois dos descontos conseguidos pela agência. Além de deixar a relação agência-anunciante mais transparente, essa apresentação funciona como um excelente argumento de convencimento do anunciante a investir na campanha criada pela agência.

As tabelas a seguir demonstram modelos genéricos de apresentação de viabilidades econômicas para cada item dos orçamentos. É interessante também que os argumentos utilizados para os descontos sejam apresentados imediatamente após as tabelas, para que o anunciante possa consultá-los a qualquer momento.

VIABILIDADE ECONÔMICA 219

Tabela 13.1 Modelo genérico de apresentação de viabilidade econômica de criação.

VIABILIDADE ECONÔMICA DE CRIAÇÃO			
Identidade visual			
Material	Valor bruto	Desconto	Valor líquido
Modernização da marca	3.398,00	1.898,00	1.500,00
Cartão de visitas	738,00	538,00	200,00
Papel-carta	760,00	538,00	222,00
Envelope	760,00	538,00	222,00
Total criação de identidade visual	5.656,00	3.512,00	2.144,00
Publicidade e propaganda			
Material	Valor bruto	Desconto	Valor líquido
Planejamento estratégico	8.711,00	6.211,00	2.500,00
Outdoor	4.923,00	3.423,00	1.500,00
Página inteira de revista	4.596,00	3.096,00	1.500,00
Página dupla de revista	2.265,00	1.265,00	1.000,00
Página dupla de jornal	1.620,00	620,00	1.000,00
Página simples de jornal	1.279,00	279,00	1.000,00
Meia página de jornal	3.201,00	1.701,00	1.500,00
Comercial para TV	1.246,00	246,00	1.000,00
Spot para rádio	1.278,00	278,00	1.000,00
Total criação de publicidade e propaganda	29.119,00	17.119,00	12.000,00
Merchandising			
Material	Valor total	Desconto	Valor líquido
Display	1.553,00	553,00	1.000,00
Faixa de gôndola	1.553,00	1.053,00	500,00
Stoppers	1.553,00	1.053,00	500,00
Banners	1.553,00	1.053,00	500,00
Cartazes	1.553,00	1.053,00	500,00
Folhetos	1.394,00	894,00	500,00
Total criação de merchandising	9.159,00	5.659,00	3.500,00
Web			
Material	Valor Bruto	Desconto	Valor Líquido
Hotsite	2.500,00	0,00	2.500,00
Full banner	1.278,00	1.278,00	–
Total criação de Web	3.778,00	1.278,00	2.500,00

TOTAL DE CRIAÇÃO	VALOR BRUTO	TOTAL DE DESCONTO	VALOR LÍQUIDO
	47.712,00	27.568,00	20.144,00

220 COMO PLANEJAR E EXECUTAR UMA CAMPANHA DE PROPAGANDA • PÚBLIO

Os preços em publicidade não são estanques, portanto imagine que após um tempo de negociação foram concedidos os descontos acima para a criação. Por outro lado, os descontos para a produção dependem de negociações com os fornecedores. Imagine que após algum tempo de negociação foram concedidos os seguintes descontos:

Tabela 13.2 Modelo genérico de viabilidade econômica de produção.

VIABILIDADE ECONÔMICA DE PRODUÇÃO			
Identidade visual			
Material	Valor bruto	Desconto	Valor líquido
Modernização da marca			
Cartão de visitas	1.200,00	250,00	950,00
Papel-carta	2.400,00	400,00	2.000,00
Envelope	1.600,00	400,00	1.200,00
Total produção de identidade visual	5.200,00	1.050,00	4.150,00
Publicidade e propaganda			
Material	Valor bruto	Desconto	Valor líquido
Planejamento estratégico	–	–	–
Outdoor	–	–	–
Fotografia/ilustração para material impresso	4.200,00	700,00	3.500,00
Página inteira de revista	–	–	–
Página dupla de revista	–	–	–
Página dupla de jornal	–	–	–
Página simples de jornal	–	–	–
Meia página de jornal	–	–	–
Comercial para TV	25.000,00	3.000,00	22.000,00
Spot para rádio	9.800,00	4.000,00	5.800,00
Total produção de publicidade e propaganda	39.000,00	7.700,00	31.300,00
Merchandising			
Material	Valor bruto	Desconto	Valor líquido
Display	2.100,00	100,00	2.000,00
Faixa de gôndola	1.800,00	300,00	1.500,00
Stoppers	2.100,00	200,00	1.900,00
Banners	2.550,00	100,00	2.450,00
Cartazes	3.400,00	500,00	2.900,00
Folhetos	4.000,00	0,00	4.000,00
Total produção de merchandising	15.950,00	1.200,00	14.750,00
TOTAL DE PRODUÇÃO	VALOR BRUTO	DESCONTO	VALOR LÍQUIDO
	60.150,00	9.950,00	50.200,00

Mesmo com as negociações e diminuição de valores, a campanha ainda pode ter ficado onerosa para o anunciante. Nesses casos é interessante diminuir a quantidade de inserções de acordo com as sugestões trabalhadas no Capítulo 11, referente à mídia.

A Tabela 13.3 trabalha com supostos descontos derivados de negociações com os meios e também descontos referentes à diminuição do número de algumas inserções. Nesses caso é bom sempre deixar claro que a mídia não é mais a considerada ideal e esse ajuste foi feito para adequação à verba.

Tabela 13.3 Modelo genérico de apresentação de viabilidade econômica de veiculação e distribuição.

VIABILIDADE ECONÔMICA DE VEICULAÇÃO E DISTRIBUIÇÃO			
Publicidade e propaganda			
Material	Valor bruto	Desconto/corte	Valor líquido
Outdoor	32.000,00	7.000,00	25.000,00
Página inteira de revista	400.000,00	200.000,00	200.000,00
Página dupla de revista	200.000,00	200.000,00	–
Página dupla de jornal	72.000,00	72.000,00	–
Página simples de jornal	72.000,00	22.000,00	50.000,00
Meia página de jornal	108.000,00	58.000,00	50.000,00
Comercial para TV aberta	2.400.000,00	900.000,00	1.500.000,00
Comercial para TV fechada	36.000,00	2.000,00	34.000,00
Spot para rádio	18.000,00	2.000,00	16.000,00
Total veiculação de publicidade e propaganda	3.338.000,00	1.463.000,00	1.875.000,00
Web			
Material	Valor bruto	Desconto/corte	Valor líquido
Hotsite	5.000,00	0,00	5.000,00
Full banner	30.000,00	10.000,00	20.000,00
Total veiculação de Web	35.000,00	10.000,00	25.000,00
TOTAL DE VEICULAÇÃO E DISTRIBUIÇÃO	Valor bruto	Desconto	Valor líquido
	3.373.000,00	1.473.000,00	1.900.000,00

É importante mostrar a seu cliente – o anunciante – o seu esforço para adequar a campanha considerada ideal à verba disponibilizada por ele. Portanto, estas tabelas indicam o valor de uma campanha ideal, e qual valor você está conseguindo através de uma política de negociações e descontos.

Se por acaso você teve de cortar inserções para adequar a campanha à verba, deixe isso claro na apresentação, pois fatalmente a estratégia de mídia terá de ser ajustada.

222 COMO PLANEJAR E EXECUTAR UMA CAMPANHA DE PROPAGANDA • PÚBLIO

Tabela 13.4 Modelo genérico de apresentação de viabilidade econômica geral.

	Valor bruto	Descontos/cortes	Valor líquido
Criação	47.712,00	27.568,00	20.144,00
Produção	60.150,00	9.950,00	50.200,00
Veiculação	3.373.000,00	1.473.000,00	1.900.000,00
Outros	3.000,00	0,00	3.000,00
TOTAL	**3.483.862,00**	**1.510.518,00**	**1.973.344,00**

Apesar de aparentemente parecer um grande investimento, você deve levar em consideração que não se está tratando de pessoas físicas e sim de organizações. Evidentemente a campanha deve estar de acordo com o tamanho da organização. Imagine o montante de investimento acima em uma organização que fature uma média de 200 milhões de reais por ano, o que equivaleria aproximadamente a 17 milhões de reais por mês.[1] Para essas organizações, um investimento de 1,9 milhão de reais para um planejamento anual equivaleria a aproximadamente uma verba de 150 mil reais de investimento em comunicação por mês. Esse investimento em comunicação, para organizações desse porte, equivale a aproximadamente 8% do faturamento.

O percentual do faturamento que deve ser investido em comunicação depende principalmente do setor, e do comportamento das organizações congêneres. Ao supor que o setor em que se encontra o anunciante do exemplo invista uma média de 10% de seu faturamento em comunicação, o investimento acima seria bastante viável, desde que busque acertar os objetivos de marketing da organização.

PERGUNTAS PARA REFLEXÃO

1. O que é viabilidade econômica?

2. Quanto de desconto você conseguiu para seu cliente?

3. Por que fazer um estudo de viabilidade econômica? Por que não informar diretamente os valores com desconto?

---

[1] Para se ter uma ideia de investimento em comunicação, segundo informações do Ibope (2006), os 30 maiores investidores em publicidade do país dedicaram verbas entre 150 milhões e 2 bilhões de reais em publicidade durante o ano de 2006. Evidentemente estamos falando dos maiores anunciantes do país, entretanto nosso exemplo indica um investimento mais modesto de apenas 2 milhões de reais, o que evidentemente está mais próximo da realidade das organizações de médio porte.

14

CRONOGRAMA DE AÇÕES E MÉTODOS DE AVALIAÇÃO E CONTROLE

Como o projeto será implantado e como serão feitos os ajustes

*Nem sempre a coisa
sai como planejada.*

Conteúdo deste capítulo:

- Por que é importante ter um controle?
- Como organizar um cronograma de ações?
- Como realizar uma pesquisa de resultados de campanha?
- O que deve ser verificado e controlado?

Depois de planejado todo o trabalho, este deve ser colocado em prática. Dificilmente uma pessoa sozinha colocará em prática tudo aquilo que foi planejado, isso é feito por equipes. E para tanto é interessante que haja um roteiro a ser seguido.

Todo plano estratégico requer quatro fases para a sua realização: planejamento; implementação; verificação e controle; e, por fim, ajustes. A fase do planejamento é o que foi feito até agora.

A implementação consiste em colocar em prática aquilo que foi planejado. Mas nem sempre a prática condiz com o planejado; nesses casos é sempre bom ter um caminho alternativo, um plano B, caso as coisas não saiam de acordo com o protocolo.

Tabela 14.1 — Modelo de cronograma de ações para implementação de um projeto de comunicação.

	Jan.	Fev.	Mar.	Abr.	Maio	Jun.	Jul.	Ago.	Set.	Out.	Nov.	Dez.
Diagnóstico												
Briefing	■											
Pesquisas preliminares	■											
Diagnóstico	■	■										
Estratégias												
Definição dos objetivos e estratégias de marketing e comunicação	■	■	■									
Definição do posicionamento	■	■										
Criação das peças	■	■	■									
Implementação da campanha												
Propaganda												
Revista					■	■						
Jornal					■	■					■	■
Outdoor					■							
Mídia *indoor*												
Rádio					■				■			
Lista telefônica		■	■	■	■	■	■	■	■	■	■	■
Marketing promocional												
Merchandising no PDV					■	■			■		■	■
Marketing direto				■					■			■
Relações públicas												
Assessoria de imprensa				■	■							
Feiras e eventos					■				■			
Venda pessoal												
Campanha de incentivo interno						■	■	■	■	■	■	■
Campanha de incentivo a vendedores						■	■	■	■	■	■	■
Campanha de incentivo a distribuidores						■	■	■	■	■	■	■
Campanha de incentivo a balconistas						■	■	■	■	■	■	■
Evento de fim de ano												■
Identidade visual												
Renovação da marca	■											
Material de papelaria	■	■	■	■	■	■	■	■	■	■	■	■
Adesivagem da frota		■	■	■	■	■	■	■	■	■	■	■
Web												
Revitalização do *website*	■	■	■	■	■	■	■	■	■	■	■	■
Criação de *hotsite* da campanha					■	■	■	■	■	■	■	■
Newsletter	■	■	■	■	■	■	■	■	■	■	■	■
Produção e distribuição de vídeos (YouTube)							■		■			
Verificação e controle												
Pré-teste			■									
Pós-teste					■					■	■	

CRONOGRAMA DE AÇÕES E MÉTODOS DE AVALIAÇÃO E CONTROLE **225**

Para a implementação do projeto é interessante que seja montado um cronograma de ações, assim todo o pessoal envolvido consegue ter uma noção da amplitude do projeto. Nesse cronograma de ações devem ser inseridos cada uma das fases do projeto, os prazos limites e as pessoas responsáveis pela ação. Com isso é mais fácil conhecer suas responsabilidades e seus prazos.

A Tabela 14.1 apresenta um modelo de cronograma de ações para implementação de um projeto de comunicação.

É interessante definir exatamente quem será responsável por cada ação do projeto, assim é possível cobrar mais facilmente o cumprimento dos prazos. O projeto é como uma máquina e qualquer falha em uma de suas engrenagens pode prejudicar o seu andamento.

Após a definição do cronograma e das responsabilidades e competências, é importante definir como será a fase de verificação e controle do projeto. Essa fase serve para identificar se o plano está no caminho certo e em que velocidade, dessa forma é possível perceber se o objetivo será atingido no prazo determinado. Caso seja verificada uma impossibilidade de chegar ao objetivo ao longo do processo, este deve ser ajustado.

Para construir um sistema de avaliação conciso, o primeiro passo é determinar exatamente quais os objetivos e metas que se pretende atingir, pois como defende Mena Barreto: "se você não sabe onde quer chegar todos os caminhos são errados".[1]

Depois de definidos os objetivos e metas, que provavelmente já foram descritos e explicados exaustivamente na fase da determinação dos objetivos de marketing e comunicação, o próximo passo é definir como os resultados serão avaliados: se através de números absolutos, visitas ao *site*, visitas à empresa, percentual de aumento de vendas, índice de lembrança espontânea através de pesquisa de campo, participação em vendas no mercado, participação em volume no mercado, pré-testes, pós-testes etc.

Um dos caminhos de verificação pode ser o uso de uma pesquisa. Nesse método devem-se medir dois elementos: quantas pessoas lembram-se da campanha; e porcentagem de consumidores do produto ou serviço que se identifica com a campanha em cada um dos grupos.

Ao medir o número de pessoas que se lembram da campanha se extrai o índice da penetração da campanha ou índice de lembrança (*recall*). Para maior veracidade dos dados, é interessante comparar os resultados com o índice de lembrança de uma outra campanha qualquer que tenha utilizado a mesma metodologia de pesquisa, por isso é interessante fazer esse tipo de pesquisa periodicamente.

A porcentagem de consumidores que se identifica com a campanha permite verificar o índice de atração para o uso: se entre as pessoas que se recordam da

---

[1] Provavelmente, a esta altura, os objetivos de marketing e de comunicação já foram estabelecidos.

propaganda a porcentagem do produto é mais alta do que entre os que não se recordam, se verifica que a campanha produziu uma boa atração no uso (é melhor ou pior do que uma campanha anterior).

Se, por outro lado, é igual, conclui-se que o interesse é nulo, e se por acaso a porcentagem de consumidores for mais elevada entre os que não se lembram da publicidade, conclui-se que o efeito da campanha é negativo.

A grande validade deste método baseia-se no fato de que um dos principais fins da comunicação publicitária é a lembrança da mensagem. "A lembrança se mede em termos verbais de grande simplicidade. As mensagens mais lembradas são as verbais, ou que sejam imediatamente traduzidas em termos verbais."[2]

Outro modo de verificar a eficácia de uma ação publicitária é a verificação do acréscimo de vendas. Entretanto este acréscimo não pode ser um único elemento a determinar ou medir o efeito da ação publicitária, pois as vendas são resultado de um conjunto de fatores que vão além da comunicação.

É interessante que a eficácia da comunicação seja medida somente com elementos capazes de estar relacionados estritamente à comunicação, como: capacidade do anúncio de atrair atenção, despertar o interesse, ser compreensível e acreditado, estabelecer a aceitação do produto, criar uma imagem positiva do mesmo etc.

Por outro lado, não basta simplesmente analisar a qualidade criativa do anúncio, devem-se investigar também a mídia e as formas e canais utilizados para que a mensagem chegue efetivamente a seu destino.

> Uma grande dificuldade para a investigação publicitária é ter que atuar em um campo tão complexo e em grande parte indefinido como é o do comportamento humano e dos processos psicológicos que devem ativar uma comunicação publicitária para chegar a influir e persuadir. Por estes motivos há sérias limitações instrumentais para realizar perfeitamente tal análise.[3]

O teste de comunicação requer uma interação de diversas técnicas e instrumentos. Entretanto não há uma maneira precisa para medir com segurança o efeito de uma campanha, "não existe tampouco uma fórmula para reunir as diversas metodologias cuja aplicação varia, necessariamente, de uma situação a outra", por isso a identificação dos problemas e objetivos é tão importante para uma campanha.

A investigação pode dividir-se em duas etapas: o pré-teste e o pós-teste. O pré-teste consiste em uma pesquisa realizada antes da veiculação da campanha, com a finalidade de se obterem indicações prévias sobre sua capacidade de comunicar-se com o público e para que se possam fazer as modificações necessárias, antes da

---

[2] Sant'Anna (2002, p. 133).

[3] Idem. ibidem.

CRONOGRAMA DE AÇÕES E MÉTODOS DE AVALIAÇÃO E CONTROLE **227**

difusão definitiva. Já o pós-teste consiste em investigações que se realizam após a veiculação da campanha.

O pré-teste pode ser feito durante a fase de preparação, geralmente feito em discussões entre a criação e o diretor de criação da agência, ou em reuniões rápidas com o cliente, ou imediatamente antes da publicação da campanha, quando esta já está pronta. Serve principalmente para: verificar o grau de interesse do público-alvo no tema da campanha; determinar como foram expressas as ideias e como foram acolhidas pelo público; determinar o grau de correspondência da campanha aos objetivos de comunicação; verificar a presença de aspectos negativos ou positivos com o fim de melhorar sua capacidade de comunicação publicitária.

Ao verificar o grau de interesse do público-alvo no tema da campanha verifica--se a escolha sobre alternativas de afirmações, expressões, enfoques e abordagens para se passar à afirmação básica da campanha.

Ao determinar como foram expressas as ideias e como foram acolhidas pelo público verificam-se determinadas soluções criativas, representações, personagens, títulos, ilustrações, *layouts* e analisam-se os elementos dos anúncios determinando valores imediatos como: atenção, compreensão, comunicação e significados.

Determinar o grau de correspondência dos anúncios e do tema publicitário aos objetivos prefixados em termos de comunicação consiste em simplesmente confrontar os resultados obtidos aos resultados esperados, em termos de reações do público-alvo.

Outro elemento importante do pré-teste consiste em verificar a presença de aspectos negativos ou positivos e sensações adversas causadas no público-alvo, com o fim de melhorar sua capacidade de comunicação publicitária.

São várias as formas de se fazer um pré-teste. Usam-se mais frequentemente técnicas baseadas em baterias de perguntas diretas, que tendem a solicitar o julgamento direto do entrevistado. Para tanto são utilizadas ações de ordenamento (*scaling*) e técnicas sociopsicológicas, entre elas os testes projetivos.

É extremamente importante a realização de um pré-teste antes da realização da campanha. Coincidentemente – ou não –, ao enfrentar uma banca de defesa de projeto, o aluno acaba fazendo exatamente um pré-teste de sua campanha. As técnicas utilizadas para o pré-teste da campanha assemelham-se bastante às técnicas utilizadas no pós-teste, diferenciando-se apenas pelo momento em que são aplicadas. Portanto os modelos de questionários sugeridos nos Quadros 14.1 e 14.2 para o pós-teste podem também ser aproveitados para o pré-teste.

Uma vez publicada a campanha, é importante que seus resultados sejam analisados para um eventual ajuste de rota. O teste realizado após a veiculação da campanha é denominado de pós-teste. O pós-teste se realiza principalmente para o controle da percepção e da penetração da campanha e os ajustes necessários para melhor eficácia da mesma.

228 COMO PLANEJAR E EXECUTAR UMA CAMPANHA DE PROPAGANDA · PÚBLIO

O controle da percepção indica como a campanha foi percebida pelo público e, a partir disso, se ela tem condições de produzir os efeitos desejados, ou seja, esse tipo de controle está relacionado diretamente aos fatores da criação da peça publicitária.

O controle da penetração da comunicação publicitária, por outro lado, indica se a mídia está sendo bem empregada, indicando os índices de lembrança e notoriedade da marca, do produto, além de indicar as modificações de atitude face à marca. Dessa forma, enquanto o controle da percepção analisa a criação, o controle da penetração analisa a mídia.

Para a obtenção desses dados é necessária a realização de uma pesquisa. O orçamento desta pesquisa deve constar no orçamento da campanha. O custo dessa pesquisa é muito pequeno se comparado ao custo total da campanha e seus resultados são extremamente úteis.

Os testes variam de acordo com a finalidade da campanha, daí a importância da definição dos objetivos.[4] "Se a finalidade da mensagem é construir uma imagem determinada, o enfoque do teste deve ser sobre este aspecto; ao contrário, se se trata de lançamento de um novo produto, é determinante a valorização sobre até que ponto a novidade despertou o interesse do público."[5] Assim, a escolha dos métodos e dos instrumentos de investigação deve levar em consideração o objetivo. Isso irá indicar o "QUE" se pede que a investigação meça.

É importante a seleção da amostra a ser investigada, devendo ser levado em consideração o segmento da população (*target-groups*) em função do qual se realizaram as mensagens publicitárias.

O Quadro 14.1 apresenta um questionário modelo para a realização de testes de medida de eficiência da publicidade. Para tanto, é interessante apresentar uma série de anúncios aleatórios ao entrevistado e não identificar a organização que está fazendo a pesquisa. Esse teste é dividido em duas fases: a primeira consiste em questionar o entrevistado enquanto ele observa os anúncios; na segunda fase, escondem-se os anúncios e pede-se para o entrevistado comentá-los de memória.

---

[4] Acredito que isso já tenha sido enfatizado o suficiente.

[5] Sant'anna (2002, p. 141).

CRONOGRAMA DE AÇÕES E MÉTODOS DE AVALIAÇÃO E CONTROLE **229**

Quadro 14.1 Modelo de questionário para a realização de testes de medida de eficiência da propaganda.

Fase 1 – Mostrando os anúncios

1. Desta série de anúncios apresentada, qual dos anúncios lhe chamou particularmente a atenção?
2. Por que preferiu este?
3. O que mais lhe chamou a atenção: a ilustração ou o apelo?
4. Considera convincentes as informações contidas no anúncio?
5. Considera o anúncio fácil de compreender?
6. Considera necessária a inclusão de mais informações ou o seu conteúdo é bem explícito?
7. Dos anúncios apresentados, dê uma nota de 0 a 10, conforme uma escala de atenção, interesse e credibilidade.

Anúncio 1	Anúncio 2	Anúncio 3
Atenção: 0 a 10	Atenção: 0 a 10	Atenção: 0 a 10
Interesse: 0 a 10	Interesse: 0 a 10	Interesse: 0 a 10
Credibilidade: 0 a 10	Credibilidade: 0 a 10	Credibilidade: 0 a 10

8. Ao ver este anúncio, qual foi a sua sensação?
9. Que associações mentais você fez ao analisar este anúncio?
10. O produto anunciado atende alguma coisa de suas necessidades? Quais?
11. Recorda-se de já ter visto algum anúncio vendendo este produto? Qual?
12. Qual é a sua interpretação do anúncio?
13. Já havia visto este anúncio antes?

Fase 2 – Esconda os anúncios

1. Qual destas afirmações você tem certeza de que estavam nos anúncios analisados? Responda usando os números da legenda abaixo.

	Anúncio 1	Anúncio 2	Anúncio 3
Afirmação 1			
Afirmação 2			
Afirmação 3			

Legenda
1. Certeza que sim
2. Talvez sim (dúvida)
3. Talvez não (dúvida)
4. Certeza que não

230 COMO PLANEJAR E EXECUTAR UMA CAMPANHA DE PROPAGANDA · PÚBLIO

2. Responda o que você pensa sobre o anúncio 1:

É uma marca de prestígio	
É uma solução para o problema	
É um processo de fácil colocação	
É uma solução eterna	

3. Qual a principal afirmação do anúncio capaz de convencer o público interessado a procurar mais informações?
4. Gostaria que escrevesse no cartão o que primeiro lhe ocorreu depois de ver cada um, sem preocupação com o que se refere ao produto anunciado.

Anúncio 1	Associei com...
Anúncio 2	Associei com...
Anúncio 3	Associei com...

5. Poderia descrever o que você recorda de cada um dos anúncios?

Anúncio 1	Recordo-me de... .
Anúncio 2	Recordo-me de...
Anúncio 3	Recordo-me de...

6. O que dizia o texto do anúncio nº 1 ?
7. Que impressão você teve do anúncio no seu conjunto?
8. Qual o elemento que mais lhe chamou a atenção?
9. Pode descrever o produto?

Fonte: Adaptado de Sant'anna (2002, p. 144).

Além da análise da campanha, alguns elementos devem ser levados em consideração ao se analisar um anúncio de revista. Para tanto proponha para o pesquisado indicar os itens que ele achou importantes ao analisar a campanha impressa. O Quadro 14.2 indica como este item deve ser apresentado ao entrevistado.

CRONOGRAMA DE AÇÕES E MÉTODOS DE AVALIAÇÃO E CONTROLE **231**

| Quadro 14.2 | Critérios para a análise de um anúncio impresso. |

Abaixo estão 14 elementos que devem ser encontrados num anúncio de revista. Assinale os que você acha serem os mais importantes e relacione, pelas letras de ordem, as frases assinaladas em ordem de importância.

a.	Prende a atenção visual?	1. ( )
b.	O texto tem a informação necessária?	2. ( )
c.	Cria desejo?	3. ( )
d.	Produz ação por parte do leitor?	4. ( )
e.	O título desperta curiosidade?	5. ( )
f.	A ilustração é diferente?	6. ( )
g.	A ilustração provoca a emoção do leitor?	7. ( )
h.	O texto é lógico?	8. ( )
i.	A ilustração é a cores?	9. ( )
j.	O texto mantém o interesse do leitor em toda a extensão?	10. ( )
k.	Os nomes do anunciante e do produto serão lembrados pelo leitor?	11. ( )
l.	O texto é divertido, intrigante?	12. ( )
m.	O texto é escrito em linguagem coloquial?	13. ( )
n.	O texto é convincente?	14. ( )

Fonte: Sant'anna (2002, p. 144).

Na fase de verificação dos resultados deve-se determinar também quem será o encarregado de coletar esses dados, se a agência, a empresa anunciante ou algum terceiro.

Uma vez coletados os dados, comparam-se os resultados obtidos com os resultados pretendidos. Se houver um desvio além da margem de segurança estabelecida é possível definir uma ação corretiva – o famoso plano B – para que o resultado caminhe próximo ao esperado.

O sistema de avaliação é importante também para verificar se o investimento está sendo bem empregado – informação de extrema importância para o anunciante.

Às vezes acontece que, a uma semana do lançamento da campanha, alguém se lembra: "Vamos fazer um teste de *recall* do comercial de televisão?". No último momento, procura-se desesperadamente o telefone do instituto de pesquisa. Um outro executivo, mais pragmático pergunta: "tem verba para pesquisa?". Começa então a correria para obter a aprovação da verba para a pesquisa [...] tanto a pesquisa do comercial quanto os demais sistemas de avaliação, como estatísticas de vendas, pesquisa junto ao consumidor ou no canal de distribuição, podem e devem estar contidos em qualquer plano que venha a ser elaborado.[6]

A quantidade de verba a ser destinada ao sistema de avaliação é muito pequena em relação ao montante destinado a produção e mídia. Se apenas 1% a 3% do projeto for alocada para a pesquisa, geraria um fundo suficiente para programar algum tipo de avaliação sistemática. O simples fato de saber se está no caminho certo aumentaria em muito a eficácia do investimento em comunicação.

A pesquisa é importante, mas também não é uma fonte absoluta e inquestionável. Não deve se levar o resultado da pesquisa ao extremo. Muitas das propagandas mais famosas de todos os tempos não existiriam se tivessem que passar por um pré-teste. Então, bom-senso na interpretação dos resultados é fundamental.

Portanto, é extremamente importante num projeto acadêmico a preocupação com a verificação da campanha: como será feita? Quanto irá custar? Quem será o responsável? De onde sairá a verba? E como será implementada? É importante também que o valor a ser destinado ao sistema de avaliação e controle da campanha seja discriminado no orçamento da mesma, bem como, se possível, uma breve descrição do plano B, quando necessário.

PERGUNTAS PARA REFLEXÃO

1. Por que é importante fazer um controle da campanha?
2. Quais são as principais diferenças entre pré-teste e pós-teste?
3. Quem fará a verificação e controle de sua campanha?
4. Quanto irá custar a avaliação e controle da campanha?
5. Como será feito o processo de avaliação e controle da campanha?
6. Por que a delimitação dos objetivos de comunicação é tão importante para a avaliação e controle da campanha?
7. Como será o cronograma do plano de ações do seu projeto?

---

[6] Corrêa (2002, p. 103).

EXTRAS: DICAS E LEMBRETES

Quase a saideira, pois, como dizia um sábio senhor:
Nunca peça a saideira, peça sempre a penúltima.

Um projeto envolve uma infinidade de detalhes. Alguns deles não puderam ser abordados ao longo do livro, por isso foram criadas algumas dicas e sugestões extras para ajudar no desenvolvimento de seu projeto. Algo do tipo: perguntas mais frequentes.

EXTRA I Como montar um projeto de pesquisa em fontes primárias?

Um planejamento estratégico de comunicação bem-feito é resultado de um conjunto de atividades organizadas e estruturadas. Entre essas atividades, a mais importante é a pesquisa, pois é ela que traz os dados novos que irão orientar o desenvolvimento do projeto.

A pesquisa auxilia no conhecimento do público-alvo, informação fundamental para se fazer uma boa comunicação. A comunicação e principalmente os meios de comunicação têm mudado bastante ao longo dos últimos anos. Hoje em dia é inconcebível que a divisão do público-alvo seja feita exclusivamente baseada em idade, sexo, região e no critério Brasil,[1] pois a mídia já permite uma segmentação muito mais detalhada acerca do público-alvo.

---

[1] Critério que divide a sociedade em classes sociais, de acordo com sua renda e suas posses, dividindo a sociedade nas classes A1, A2, B1, B2, C, D e E.

Até pouco tempo, era possível planejar uma campanha de comunicação usando critérios vagos como: pessoas do sexo masculino, com idades variando entre 18 e 25 anos, das classes sociais A, B e C que moram na região de Curitiba. Entretanto, parece evidente que o comportamento de compras de um jovem universitário de 19 anos, sustentado pelos pais, com uma visão romântica sobre o socialismo e que estuda ciências sociais numa universidade federal seja diferente de um jovem de 25 anos, que trabalha, sustenta dois filhos e à noite – para tentar aumentar suas oportunidades no mercado de trabalho – estuda administração de empresas numa universidade particular.

Hoje é possível segmentar mais o público-alvo, e com isso é preciso uma investigação mais aprofundada para se conhecer os hábitos das pessoas que se encaixam num determinado perfil: como se comportam, como se comunicam, quais os seus jargões, o que está na moda para eles (se é que se preocupam com moda), quais os seus valores etc. A ideia é descobrir informações que ajudem a descrever e a prever o que o público-alvo está fazendo e como irá se comportar no futuro.

Essa investigação, para ser bem-feita, deve ser fruto de um projeto de pesquisa bem estruturado, e para tanto deve seguir uma determinada metodologia.

Todo projeto de pesquisa inicia com um problema[2] – note que se trata de um projeto de pesquisa, dentro de seu projeto de comunicação, portanto, na verdade, trata-se de um "subprojeto" de seu projeto de comunicação.

O projeto de pesquisa é dividido em partes distintas: reconhecimento do problema; planejamento; execução; e comunicação dos resultados. Essas partes são descritas na Tabela X.1.

---

[2] Ou problemática, como é comumente chamado.

Tabela X.I	Etapas de um projeto de pesquisa.
Etapa 1: Reconhecimento de um problema	Apesar de parecer a parte mais fácil da pesquisa, o reconhecimento do problema é fundamental para o bom desenvolvimento da pesquisa. Essa etapa exige método e disciplina, pois, se o problema for mal identificado, compromete toda a pesquisa.
Etapa 2: Planejamento	Corresponde a definição dos objetivos, métodos, forma de coleta de dados, da construção do instrumento, definição do plano de amostragem, do tamanho da amostra, definição dos procedimentos de campo, elaboração de um plano de processamento e análises, definição dos recursos necessários à realização da pesquisa, definição da equipe e suas funções e definição do cronograma e prazos.
Etapa 3: Execução	A execução é dividida em (a) coleta dos dados e (b) processamento, análise e interpretação dos mesmos.
Etapa 4: Comunicação dos resultados	Compreende a apresentação oral e verbal das principais descobertas da pesquisa, bem como sugestões e recomendações de ações.

Fonte: Adaptada de Mattar, 1999, p. 43.

Cada etapa contém uma série de fases e cada nova fase define uma série de passos a serem seguidos. As fases e os passos serão apresentados à medida que forem sendo descritas as etapas.

A primeira etapa de um projeto de pesquisa deve ser o reconhecimento de um problema. Essa fase é fundamental, pois nela se define um norte para a pesquisa evitando assim passar por caminhos desnecessários, economizando tempo e dinheiro.

Reconhecimento de um problema de pesquisa

Geralmente, no dia a dia de uma organização, depara-se com situações inusitadas para as quais é necessária a tomada de decisão, e muitas vezes, para se fundamentar essa decisão, é necessário responder a uma série de perguntas.

As perguntas relacionadas ao problema inicial, geralmente, são encadeadas e possuem algo em comum entre elas, que é chamado de *tema* da pesquisa. A pergunta-chave que origina esta série de perguntas encadeadas recebe o nome de *problema da pesquisa*.

O problema deve ser muito bem delimitado, pois quando o problema não é delimitado, seu tema geralmente passa a ter "uma amplitude tal que nem todos os aspectos do problema poderão ser estudados simultaneamente". Por esse motivo o problema deve ser "reduzido a um só aspecto, que possa ser tratado num único estudo". No caso de temas muito complexos, divida-o em partes distintas, que gerarão pesquisas separadas "para que possam ser tratadas por estudos separados".[3]

Ao contrário do que muita gente pensa, o fato de encontrar o tema da pesquisa não garante que o pesquisador tenha condições de iniciar a pesquisa. Portanto, antes de iniciar as perguntas que farão parte do instrumento da pesquisa, é aconselhável explorar mais profundamente o tema utilizando para tanto os recursos disponíveis. Essa exploração inicial do tema já faz parte da metodologia do estudo e é chamada de *pesquisa exploratória*.

Explorar o tema é uma prática extremamente saudável para a pesquisa e deve ser realizado sempre que se quiser definir um problema da pesquisa. Para explorar o tema, o caminho mais fácil hoje em dia é utilizar a Internet. Utilize palavras-chaves em *sites* de busca e veja o que tem sido discutido sobre o tema.

Além da Internet, é interessante pesquisar também livros, revistas e jornais, já que é uma base mais confiável. Além disso, se possível, converse com especialistas e formadores de opinião. Uma conversa informal com públicos de interesse também é sempre bem-vinda. Dessa forma, você vai se familiarizando com o tema e isso o torna mais apto a definir o problema de sua pesquisa.

Uma vez explorado o tema, você já possui dados suficientes para saber *o que quer saber* e, com isso, já está apto a descrever o problema de pesquisa. Pense que o problema é exatamente aquilo que o objetivo pretende resolver.

Pode parecer fácil descrever o problema de pesquisa, mas não é. Nesta fase você vai se encontrar com aquela estranha sensação de que sabe exatamente o que quer dizer, mas não sabe como dizer. Uma sugestão é utilizar a técnica do *brainstorm*. Se a pesquisa estiver sendo desenvolvida em grupo, faça-o em grupo, e se estiver sendo feita sozinha, faça um *brainstorm* consigo mesmo.

Escreva todas as ideias numa folha de papel e depois dê um tempo a elas. Após um dia, volte a ler as ideias descritas e veja qual delas melhor se encaixa na função de descrever o seu problema de pesquisa. Se, durante a leitura, surgirem novas ideias, não se esqueça de anotá-las. Não se esqueça de que, geralmente, o problema é uma afirmação e não uma interrogação.

Uma vez encontrado o real problema da pesquisa, o próximo passo é planejar a sua execução. Essa etapa recebe o nome de *planejamento da pesquisa*.

O planejamento da pesquisa

No planejamento da pesquisa se definem os objetivos, as questões a serem resolvidas, estabelecem-se as necessidades de dados e definem-se as variáveis,

---

[3] Selltiz et al. (1959).

EXTRAS: DICAS E LEMBRETES **237**

determina-se a fonte dos dados, a metodologia, a organização, o cronograma e o orçamento.

Depois de definidas todas essas fases redige-se a proposta da pesquisa, para que seja aprovada por seu mentor (chefe, cliente, empresa anunciante ou, quem sabe, seu professor orientador – no caso de um projeto experimental). As fases de um planejamento de pesquisa estão descritas a seguir na Tabela X.2.

Tabela X.2 Fases da etapa 2: planejamento de pesquisa.

Definição dos objetivos		
Estabelecimento das questões da pesquisa e (ou) formulação das hipóteses		
Estabelecimento das necessidades de dados e definição das variáveis e de seus indicadores		
Determinação das fontes de dados		
Determinação da metodologia	Determinação do tipo de pesquisa	
	Determinação dos métodos e técnicas de coleta de dados	
	Determinação da população de pesquisa, do tamanho da amostra e do processo de amostragem	
	Planejamento da coleta de dados	
	Previsão do processamento e análise dos dados	
Planejamento da organização		
Cronograma		
Orçamento		
Redação da proposta de pesquisa (ou projeto de pesquisa)		

Fonte: Mattar (1999, p. 55).

A primeira fase do planejamento da pesquisa é determinar o seu objetivo. Essa fase é extremamente simples, desde que a fase anterior tenha sido bem construída: determinar o objetivo de pesquisa nada mais é do que indicar qual seria a possível solução do problema de pesquisa: "a definição do objetivo da pesquisa deve estar perfeitamente amarrada à solução do problema de pesquisa, e a ele deve estar restrita".[4]

Determinar os objetivos de pesquisa pode parecer desnecessário principalmente para pessoas que nunca se envolveram com o processo de pesquisa. Entretanto, se a pesquisa for iniciada sem um objetivo preciso, corre-se o risco de, após um grande esforço, chegar a resultados que não tenham nenhuma utilidade para você.

Os objetivos de pesquisa podem ser divididos em principal e secundário. O objetivo principal é aquele que é perseguido pela pesquisa. Deve ser único, e estritamente relacionado ao problema. Por outro lado, se para chegar ao objetivo principal for necessário passar por outros objetivos, esses devem ser classificados como objetivos secundários.

A título de ilustração, a Tabela X.3 apresenta um exemplo de reconhecimento de problema de pesquisa e definição de seus objetivos primários e secundários.

Tabela X.3 — Exemplo de problema e objetivo de pesquisa.

Problema de pesquisa	O que a população de Curitiba pensa acerca de ajudar instituições que trabalham com deficientes mentais que utilizam o serviço de *call centers* periódicos.
Objetivo principal	Reunir informações que possibilitem conhecer a opinião de pessoas que ajudam instituições que trabalham com deficientes mentais.
Objetivos secundários	Demonstrar o perfil de pessoas da região de Curitiba que ajudam periodicamente instituições que trabalham com deficientes mentais.
	Demonstrar o perfil de pessoas da região de Curitiba que não ajudam periodicamente instituições que trabalham com deficientes mentais.
	Apresentar as principais razões e motivos utilizados pelas pessoas da região de Curitiba que não ajudam periodicamente instituições que trabalham com deficientes mentais.

Depois de definido onde se quer chegar, o próximo passo do planejamento da pesquisa é estabelecer as *questões da pesquisa*. As questões da pesquisa são indagações mais amplas que aquelas encontradas no questionário e, geralmente, para serem respondidas exigem mais do que uma pergunta; portanto, as questões da pesquisa não são as perguntas do questionário de coleta de dados, mas as perguntas que pretende-se responder com a pesquisa.

---

[4] Mattar (1999, p. 60).

Esse tópico pode receber um tratamento especial quando se trata de pesquisas básicas, ou seja, quando se intenta descobrir determinadas relações de causa e efeito. Nesses casos costumam-se presumir determinadas relações e depois se reúnem esforços para tentar verificá-las. Essa suposição recebe o nome de formulação de hipóteses. Esse tipo de pesquisa não é muito utilizado em marketing, fica mais a cargo da economia ou das ciências exatas.

Algumas questões de pesquisa exigem uma grande quantidade de questionamentos para que sejam respondidas. Por exemplo, para se analisar o perfil dos usuários atuais de seus produtos é necessária uma série de dados, como dados demográficos, dados psicográficos etc. Esses dados são descritos em mais detalhes na Tabela X.4.

Tabela X.4   **Dados necessários para se analisar o perfil dos usuários de um produto.**

1. Dados demográficos	Ocupação
	Estado civil
	Renda familiar
	Escolaridade
	Classe social
	Idade
	Chefe da família
	Raça
	Tamanho da família
	Ciclo de vida da família
2. Dados psicográficos	Estilo de vida
	Atividades
	Interesses
	Ocupações
3. Dados comportamentais	O que leva os consumidores a fazerem suas compras
	Influências sociais
	Atitudes sobre as qualidades dos produtos
	Soluções para os problemas dos consumidores

Após determinar os objetivos e as questões da pesquisa, o próximo passo é o *estabelecimento das necessidades de dados e definição das variáveis de pesquisa e seus indicadores*. Nessa etapa se define quais os dados que se necessita para chegar ao objetivo da pesquisa. Cada valor que um dado pode possuir é chamado de variável. Por exemplo, a idade de uma pessoa pode ser indicada por qualquer número real entre 1 e 100. Essa gama de dados recebe o nome de variável idade.

Existem dois tipos de variáveis, as simples e as complexas. As variáveis simples são aquelas facilmente detectáveis através de uma única pergunta, direta e objetiva, como: idade, altura, peso, sexo, entre outras. Já a variável complexa necessita uma série de perguntas para ser identificada, por exemplo: nível socioeconômico dos entrevistados. Essa variável só pode ser identificada através da combinação de dados simples como: nível de escolaridade, atividade profissional, posse de bens, renda, local e tamanho da moradia.

Depois de definido o tipo de variável que irá necessitar na pesquisa, o próximo passo é *definir qual será a fonte, ou fontes, dos dados da pesquisa*. Para tanto, basta definir a fonte entre duas possíveis, a fonte primária e a fonte secundária. Fonte primária é quando você mesmo coleta os dados, enquanto fonte secundária é quando os dados já foram coletados, analisados e publicados por um outro pesquisador ou órgão de pesquisa.

Geralmente, para uma pesquisa ampla em marketing, usam-se os dois tipos de fontes, ou seja, procura-se no mercado ou no cliente algum tipo de pesquisa já realizada que possa ser aproveitada, e depois parte-se para a coleta de dados primários.

As fontes de dados mais comuns são: IBGE, Fipe, FGV, além de jornais, revistas e livros. Hoje na Internet há uma série de dados interessantes sobre diversos assuntos, mas tome muito cuidado com a fonte desses dados, pois na Internet não há um controle muito rígido e por isso é importante que a fonte seja de extrema confiança para não se correr riscos. A Tabela X.5 apresenta algumas fontes de dados secundários que podem ser úteis no desenvolvimento de uma pesquisa.

EXTRAS: DICAS E LEMBRETES **24I**

Tabela X.5 Fontes de dados secundários.

Jornais	São Paulo	*DCI – Diário Comércio e Indústria*
		Diário Popular
		Folha de S. Paulo
		O Estado de S. Paulo
		Jornal da Tarde
		Diário do Grande ABC
	Rio de Janeiro	*Jornal do Brasil*
		Jornal do Comércio
		O Globo
	Recife	*Diário de Pernambuco*
		Jornal do Comércio
	Porto Alegre	*Zero Hora*
		Correio do Povo
	Brasília	*Correio Braziliense*
	Belo Horizonte	*O Estado de Minas*
	Florianópolis	*Diário Catarinense*
	Salvador	*Diário de Notícias*
Publicações governamentais	IBGE	*Censo Demográfico*
		Censo Industrial
		Censo Predial
		Censo de Serviços
		Censo Agropecuário
		PNAD – Pesquisa Nacional por Amostragem Domiciliar
	Ministério da Educação	*Anuário Estatístico da Educação*
	Banco do Brasil	*Revista do Comércio Exterior*
		Anuário do Comércio Exterior
	Banco Central do Brasil	*Relatório Anual*
Publicações não governamentais	FEA-USP	*RA – Revista de Administração FEA-USP*
		Caderno de Pesquisas em Administração da PPGA FEA-USP
		Publicações da FIPE
	FGV	*RAE – Revista de Administração de Empresas da FGV*
	Imes	*Revista do IMES*
	Fiesp	
	Fiep	
	Anfavea	
	Sindipeças	
	Abav	
	Dieese	
	FIA	
Serviços de informações em marketing	Anepe	
	Abipeme	
	SBPM	
	Nielsen	
	Ipsus/Marplan	
	Serasa	
	Ibope	
	IVC	

Depois dessas etapas, o próximo passo é definir qual será a metodologia da pesquisa. Essa etapa possui cinco diferentes passos: determinação do tipo de pesquisa; determinação dos métodos e técnicas de coleta de dados; determinação da população de pesquisa, do tamanho da amostra e do processo de amostragem; planejamento da coleta de dados; previsão do processamento e análise dos dados.

Entre os tipos de pesquisa mais utilizados destacam-se: pesquisa exploratória, pesquisa descritiva, pesquisa quantitativa e pesquisa qualitativa. Numa mesma pesquisa pode haver apenas um tipo ou mais de um tipo de pesquisa, depende da necessidade de dados. De qualquer forma, o primeiro passo no processo de pesquisa deve ser a realização de uma pesquisa exploratória, para familiarizar o pesquisador com o assunto a ser estudado. A pesquisa exploratória pode ser realizada através de levantamentos em fontes secundárias, levantamentos de experiências, estudo de casos selecionados e observação informal. Pode ser realizado um ou mais procedimentos desses, dependendo da necessidade.

Na sequência, o próximo passo é definir se a pesquisa a ser realizada será de fundo qualitativo ou quantitativo, ou uma mistura de ambos. A resposta desta pergunta deve estar descrita no objetivo da pesquisa.

Pesquisa qualitativa é aquela que, "tecnicamente [...] identifica a presença ou ausência de algo", ou seja, sua função é meramente identificar a presença de algo a ser verificado, não se preocupando com sua intensidade. Por outro lado, a pesquisa quantitativa "procura identificar o grau em que algo está presente" e, portanto entende-se que a verificação deste algo já foi comprovada.[5]

Existem algumas diferenças metodológicas entre os dois tipos de pesquisas. A pesquisa quantitativa exige um número maior de respondentes para que se consigam escalas numéricas que são submetidas a análises estatísticas formais que dão origem a tabelas e gráficos. Já a pesquisa qualitativa exige, ao invés de um questionário fechado, um roteiro com perguntas abertas. A forma de coleta de dados em pesquisa qualitativa é feita através de entrevistas individuais (entrevistas em profundidade), entrevistas em grupos (dinâmicas de grupo ou *focus group*) ou em testes projetivos, cujo objetivo é detectar a presença ou não de algo.

Entretanto, para fins acadêmicos, a maioria das pesquisas realizadas – principalmente para projetos de conclusão de curso – possui uma amostra insignificante em relação a seu universo, e apesar de possuírem instrumentos qualitativos ou quantitativos não podem ser consideradas conclusivas, portanto nesses casos a pesquisa é realizada apenas para esclarecer dúvidas simples e (ou) familiarizar os pesquisadores com relação ao assunto pesquisado. Por isso devem ser classificadas como não conclusivas, ou pesquisas exploratórias com instrumentos quantitativos ou qualitativos.

---

[5] Kirk e Miller (1986).

EXTRAS: DICAS E LEMBRETES **243**

Depois de definido o tipo de pesquisa, o próximo passo é definir os métodos e técnicas de coleta de dados. Essa definição dependerá do tipo de pesquisa e da fonte de dados escolhidos. Os principais métodos de coleta de dados para pesquisas estão descritos na Tabela X.6.

Tabela X.6   Principais métodos de coleta de dados para pesquisas.

1. Levantamentos bibliográficos
2. Levantamentos documentais
3. Estatísticas publicadas
4. Entrevistas com especialistas
5. Entrevistas focalizadas em grupos
6. Observação assistemática
7. Observação sistemática
8. Entrevistas pessoais
9. Entrevistas por telefone
10. Questionários distribuídos e recolhidos pelo correio
11. Questionários distribuídos e recolhidos por *e-mail*
12. Questionários distribuídos e recolhidos pessoalmente
13. Levantamentos de campo
14. Estudos de campo
15. Estudos em laboratório
16. Estudos de casos

Depois de determinado o método de coleta de dados, o próximo passo é a determinação da população de pesquisa, do tamanho da amostra e do processo de amostragem. Esse passo é fundamental, principalmente quando se trata de uma pesquisa que pretende descrever algo, ou seja, uma pesquisa descritiva. Nesses casos a representatividade da amostra é fundamental.

Não se podem tirar conclusões precipitadas de pesquisas cujas amostras são insuficientes. Por exemplo, ao se analisar o perfil do curitibano médio com relação ao consumo de sorvetes no inverno, não se pode pesquisar uma média de 150 universitários. Segundo dados do IBGE, Curitiba conta com 1.757.904[6] habitantes, assim, 150 universitários correspondem a apenas 0,008% desse universo.

Por outro lado, pesquisar o universo todo da pesquisa é completamente inviável para um projeto experimental e mesmo para um projeto de mercado – imagine entrevistar um milhão e meio de pessoas para obter informações –, por isso,

---

[6]   IBGE – Instituto Brasileiro de Geografia e Estatística. (<http://www.ibge.com.br>), visitado em 26/7/2006).

244 COMO PLANEJAR E EXECUTAR UMA CAMPANHA DE PROPAGANDA · PÚBLIO

costuma-se fazer um recorte do universo total segundo determinados critérios estatísticos para se conseguir informações sobre o assunto pesquisado. Esse processo recebe o nome de amostragem.

O processo de amostragem é intuitivo, e qualquer ser humano o realiza quando pretende tirar conclusões sobre algo. Mattar (1999) cita exemplos de pessoas que entrevistam duas ou três pessoas para tirar conclusões sobre determinada escola antes de matricular seus filhos. Ou quando, num supermercado, diante de uma prateleira com centenas de unidades de um determinado produto, pegamos a primeira e constatamos estar defeituosa, tentamos um segundo e terceiro e constatamos o mesmo. Com isso desiste-se da compra, pois se conclui que todo estoque esteja com problemas.

O processo de amostragem é constantemente utilizado na pesquisa em marketing, mas é importante que a amostra seja significativa e, dessa forma, seja capaz de representar eficientemente os elementos da população.[7] Os passos para a seleção de amostras são apresentados na Tabela X.7.

Tabela X.7	Passos para a seleção de amostras.
1.	Definir a população de pesquisa
2.	Identificar uma lista de todas as unidades amostrais da população
3.	Decidir o tamanho da amostra
4.	Selecionar um procedimento para a determinação da amostra
5.	Selecionar a amostra fisicamente

Uma designação apropriada de população de pesquisa deve conter: a definição das especificações dos elementos de pesquisa, a definição da unidade amostral, a abrangência geográfica da pesquisa e o período de tempo.

Para se analisar a população feminina de gerentes de produtos, formada em administração de empresas há menos de três anos, do setor de sorvetes da indústria de produtos alimentares com mais de 1.000 empregados da Grande São Paulo, no segundo semestre de 2006, tem-se como elemento de pesquisa: mulheres, gerentes de produto, formadas há menos de três anos em administração de empresas. Por outro lado, tem-se como unidade amostral desta pesquisa: empresas fabricantes de sorvetes com mais de 1.000 funcionários; e também é considerada unidade amostral: mulheres formadas há menos de três anos em administração de empresas.

---

[7] Alguns autores chamam o universo de pesquisa de população, outros o chamam simplesmente de universo, por isso, para fins de pesquisa, esses dois termos podem ser usados como sinônimos.

Ainda como complemento desta designação de população de pesquisa tem-se como abrangência: Grande São Paulo; e como período de tempo: segundo semestre de 2006.

Assim, unidade amostral "é o elemento, ou são os elementos disponíveis para seleção em algum estágio do processo de amostragem". No caso do exemplo, são as mulheres que trabalham na indústria e as indústrias que compõem o mercado da Grande São Paulo.[8]

Existem basicamente dois tipos de amostras, as probabilísticas e as não probabilísticas. No primeiro caso, qualquer elemento da população possui uma chance igual de ser escolhido, enquanto que no segundo caso a escolha dos elementos da população depende, ao menos em parte, do julgamento do pesquisador. Somente amostras probabilísticas fornecem estimativas com precisão da população, entretanto há diversas razões práticas que tornam o uso da amostra não probabilística mais conveniente para pesquisas em marketing.

Existem três tipos básicos de amostras não probabilísticas: por conveniência (ou acidentais), intencionais (ou por julgamento) e as amostras por quotas (ou proporcionais).

Nas amostras por conveniência, os elementos são escolhidos, como o próprio nome já diz, por conveniência do pesquisador. Esse é o tipo de amostragem menos confiável, apesar de ser mais simples de ser realizado e também o mais barato. Por essa razão é o tipo de amostra mais usado em projetos acadêmicos de graduação.

É importante destacar que essa forma de amostragem pode dar a impressão de ser tão boa que pareça desnecessário utilizar outras formas mais sofisticadas e precisas. Entretanto, amostras por conveniência são boas apenas para pesquisas exploratórias; não se devem tirar informações conclusivas desse tipo de amostra.

Nas amostras intencionais, ou por julgamento, os elementos são escolhidos pelo pesquisador usando critérios estratégicos. Mais uma vez, esse tipo de amostra não serve para estudos conclusivos. Por outro lado, se a estratégia de escolha da amostra for correta para o tipo de pesquisa, os resultados obtidos podem ser melhores do que numa amostra por conveniência.

Já as amostras por quotas caracterizam um tipo especial de amostra intencional. O pesquisador procura uma amostra similar à população, entretanto há a necessidade de se conhecer a distribuição na população de algumas características controláveis e relevantes.

Por exemplo, se a amostra for dividida por características de sexo e idade (menores de 50 e maiores de 50 anos), o resultado formará quatro células de interesse: homens com menos de 50 anos, homens com mais de 50 anos, mulheres com menos de 50 anos e mulheres com mais de 50 anos. Depois basta estabelecer

---

[8] Para mais detalhes, ver Mattar, 1999, Capítulos 7 e 8.

246 COMO PLANEJAR E EXECUTAR UMA CAMPANHA DE PROPAGANDA · PÚBLIO

quotas para cada célula de acordo com dados obtidos no censo de IBGE. O problema desse tipo de amostragem é que dificilmente se realiza uma pesquisa com tão poucas características. Normalmente surgem mais de 200 células de interesse, que tornam a pesquisa inviável.

Depois de definido o processo, o próximo passo é definir o tamanho da amostra. A definição do tamanho da amostra não é um processo simples, nem tampouco preciso. Existe uma série de cálculos usados para se definir o tamanho da amostra, baseados em teorias estatísticas de amostragem. Entretanto esses cálculos só se aplicam a amostras probabilísticas, o que geralmente não é o caso em pesquisas de projetos experimentais pelo seu alto custo de realização e alto grau de complexidade. Estranhamente, o resultado do cálculo do tamanho da amostra não é intuitivo, ou seja, nem sempre uma amostra maior apresenta maior confiabilidade.

Por esse motivo, costuma-se trabalhar em pesquisa de graduação com um número de 100 elementos de amostra. Mas é importante deixar claro que este número foi escolhido ao acaso e não oferece nenhuma precisão com relação à pesquisa, sendo indicado somente para pesquisas exploratórias, ou seja, não conclusivas. Dependendo da estratégia da pesquisa o tamanho da amostra pode variar, desde que justificado no projeto.

Depois de definido o tamanho da amostra, o próximo passo é o planejamento da coleta de dados. Nessa etapa você deve definir uma série de medidas que venham facilitar a realização da coleta dos dados. Esse planejamento depende do tipo de pesquisa a ser realizado. A Tabela X.8 apresenta a maioria dessas medidas.

Tabela X.8	Medidas do planejamento da coleta de dados.

1. Perfil dos entrevistadores e dos supervisores
2. Número de entrevistadores e supervisores
3. Número de entrevistas diárias por entrevistador
4. Distribuição dos mesmos
5. Prazo para realização de campo
6. Sistema de remuneração dos mesmos
7. Material e forma de treinamento dos mesmos
8. Procedimentos de coleta de dados

Depois de planejada a coleta de dados, o próximo passo é a previsão do processamento e análise dos dados, que consiste em prever como os dados serão processados, e quais as análises que deverão ser efetuadas para se chegar às informações que tragam respostas ao problema de pesquisa. A Tabela X.9 apresenta o que deve constar na previsão do processamento e análise dos dados.

Tabela X.9   Previsão do processamento e análise dos dados.

- Tabelas, quadros, gráficos e figuras
- Quais variáveis terão tabulação simples
- Quais variáveis deverão ter tabulação cruzada
- Quais serão as unidades de medidas

Por último, deve-se definir qual será o cronograma e orçamento da pesquisa.

Tudo isso se refere ao planejamento de pesquisa e deve constar num documento chamado proposta de pesquisa. As próximas etapas referem-se à execução da pesquisa propriamente dita e, por último, redige-se um documento denominado comunicação dos resultados.

A execução da pesquisa

A realização da pesquisa compreende três passos básicos: preparação do campo; o campo propriamente dito; e o processamento e análise.

Na preparação do campo deve ser construído o instrumento de pesquisa e feita realização de um pré-teste. Dessa forma poder-se-ão corrigir problemas ocasionais de perguntas mal formuladas ou mal interpretadas, falta de perguntas ou questionamentos redundantes. Depois o material de coleta deve ser impresso, forma-se a equipe de campo e é feita a orientação dos mesmos.

No campo são feitas a coleta dos dados e a posterior conferência do preenchimento dos instrumentos de coleta de dados.

No processamento são feitos a digitação dos dados, o trabalho de contagem, cruzamentos, realizações de cálculos e testes. Essa fase é também chamada de tabulação, e por último são realizadas as análises e interpretações dos dados. A Tabela X.10 apresenta um resumo detalhado das etapas da realização da pesquisa.

248 COMO PLANEJAR E EXECUTAR UMA CAMPANHA DE PROPAGANDA • PÚBLIO

| Tabela X.10 | Resumo detalhado das etapas de pesquisa. |

Etapa 1: Reconhecimento de um problema	Reconhecimento e formulação do problema de pesquisa	
	Exploração inicial do assunto	
Etapa 2: Planejamento da pesquisa	Definição dos objetivos da pesquisa	
	Estabelecimento das questões da pesquisa e (ou) formulação das hipóteses	
	Estabelecimento das necessidades de dados e definição das variáveis e de seus indicadores	
	Determinação das fontes de dados	
	Determinação da metodologia	Determinação do tipo de pesquisa
		Determinação dos métodos e técnicas de coleta de dados
		Determinação da população de pesquisa, do tamanho da amostra e do processo de amostragem
		Planejamento da coleta de dados
		Previsão do processamento e análise dos dados
	Planejamento da organização	
	Cronograma	
	Orçamento	
	Redação da proposta de pesquisa (ou projeto de pesquisa)	
Etapa 3: Execução da pesquisa	Preparação do campo	Construção do instrumento
		Realização do pré-teste
		Impressão dos instrumentos
		Treinamento da equipe
	Campo	Coleta de dados
		Conferência
	Processamento e análise	Digitação
		Tabulação
		Análises e interpretações
		Conclusões e recomendações
Etapa 4: Apresentação dos resultados	Elaboração dos relatórios de pesquisa	
	Preparação e apresentação oral dos resultados	

Fonte: Mattar (1999, p. 69).

EXTRAS: DICAS E LEMBRETES **249**

Depois dessa breve apresentação é possível perceber que uma pesquisa não consiste em simplesmente elaborar um questionário e sair perguntando por aí. O processo exige uma metodologia séria para que se atinjam resultados minimamente confiáveis.

Uma vez planejado o que se quer fazer, o primeiro passo para etapa da *execução da pesquisa* é a elaboração do instrumento de coleta de dados. Esse instrumento vai depender da metodologia a ser adotada pela pesquisa, por isso o planejamento é muito importante.

Existem dois meios básicos de obtenção de dados primários: a comunicação e a observação. No primeiro caso, os dados são coletados através de preenchimento de questionários pelo próprio respondente ou pelo entrevistador, ou através de entrevistas. Por outro lado, os dados obtidos através de observação são registros de comportamentos, fatos e ações.

A principal vantagem do método de observação é que ele não sofre influências da sinceridade do observado, entretanto a principal desvantagem é que esse tipo de pesquisa é bem mais difícil de ser realizado e suas aplicações são mais limitadas do que as entrevistas.

O método de comunicação é mais utilizado por ser mais versátil, mais rápido e possuir um custo menor, entretanto depende da boa vontade dos entrevistados, da memória dos mesmos e, portanto, é menos preciso.

Os instrumentos de pesquisa podem ser classificados de acordo com diversos critérios: disfarce, estruturação, forma de aplicação, forma de envio.

Quanto ao grau de disfarce, ele se divide em disfarçado e não disfarçado. No primeiro caso o instrumento deve ser construído de forma que o entrevistado não saiba que está sendo entrevistado, enquanto que instrumentos não disfarçados devem apresentar-se como pesquisas.

Quanto ao grau de estruturação, o instrumento pode ser estruturado ou não. No primeiro caso, o instrumento deve ter uma estrutura formal composta de perguntas encadeadas numa determinada sequência, e tal sequência deve ser seguida à risca por todos os elementos da amostra: "um questionário é estruturado quando tem uma sequência lógica de perguntas que não podem ser modificadas nem conter inserções pelo entrevistador. As perguntas são feitas exatamente como estão descritas no formulário de coleta de dados". Por outro lado, num instrumento não estruturado há um roteiro com os principais tópicos a serem abordados, mas a ordem é definida pelo desempenho do entrevistado. "Nas pesquisas qualitativas, utiliza-se um questionário não estruturado, denominado de roteiro, em que pode haver inserção de perguntas pelo entrevistador conforme o andamento da entrevista ou interesse no tópico da questão."[9]

---

[9]   Samara (2002, p. 70).

250 COMO PLANEJAR E EXECUTAR UMA CAMPANHA DE PROPAGANDA · PÚBLIO

Por outro lado, os objetivos da pesquisa podem estar explícitos no questionário ou não, dependendo dos objetivos estratégicos. Dessa forma o instrumento de pesquisa pode ser considerado não disfarçado ou disfarçado.

A Tabela X.11 apresenta um resumo de como pode ser a estrutura de um instrumento de pesquisa de acordo com sua forma e conteúdo.

Tabela X.II Estrutura e grau de disfarce de um instrumento de coleta de dados.

Forma	Conteúdo
Estruturado	Disfarçado
	Não disfarçado
Não estruturado	Não disfarçado
	Disfarçado

Quanto à forma de aplicação, o instrumento de coleta de dados pode ser: entrevista ou autopreenchido. A primeira pode ser individual, em grupo, ou por telefone, já o autopreenchido pode ser enviado de diversas maneiras: correspondência, *e-mail*, *sites*, jornais e revistas, acompanhando o produto, cupons etc.

O questionário é o instrumento de coleta de dados mais utilizado em pesquisas em marketing. Um questionário é dividido geralmente em cinco partes: dados de identificação; solicitação para cooperação; instruções para a sua utilização; questões e formas de registrar as respostas e dados para classificar socioeconomicamente o respondente; e as questões propriamente ditas.

Os dados de identificação são elementos para controle da pesquisa, e geralmente são: nome do entrevistador, número do instrumento, classificação, data, hora e local, além de dados sobre localização e identificação do entrevistado.

A solicitação para cooperação apresenta a empresa realizadora e (ou) a empresa patrocinadora, o objetivo de pesquisa, a promessa de anonimato, o tempo médio que irá tomar o respondente para responder a todas as perguntas.

Nas instruções para a utilização devem estar todas as informações necessárias para orientar o respondente a preencher o questionário. As perguntas, questões e formas de registrar respostas constituem a essência do instrumento e serão trabalhadas em mais detalhes a seguir.

O dados para classificar socioeconomicamente o respondente podem vir no final ou no início da pesquisa, servindo como filtro para separar a tabulação de forma estratificada.

O instrumento de coleta de dados deve ser construído usando sensibilidade e tentando-se raciocinar como se comportaria o entrevistado. "O projeto e construção de um instrumento de coleta de dados está mais para arte do que ciência."[10] Para minimizar os problemas, recorre-se ao projeto para se verificar quais são as informações que se quer obter, depois elabora-se um rascunho com as perguntas que você considerar mais apropriadas. Leia e releia o instrumento e faça os ajustes que julgar necessários.

Quando considerar que o instrumento está pronto, saia a campo e realize umas duas ou três entrevistas. Esse procedimento é denominado pré-teste. Você irá perceber falhas, detalhes, perguntas redundantes, perguntas com interpretações diferentes e principalmente o comportamento do entrevistado. Use essas percepções para alterar o instrumento de coleta de dados. Faça outros pré-testes, tantos quantos julgar necessário, pois pequenos detalhes podem fazer uma grande diferença no resultado final.

A redação de um instrumento de coleta é um processo cíclico e interativo. A melhor maneira de começar é através da redação de um primeiro rascunho em que, tentativamente, procuramos redigir as perguntas e as formas de coletar as respostas, deixando o refinamento para ser feito ao longo de todo o processo. O primeiro rascunho deve ser elaborado pelo pesquisador, que a seguir o submete para os demais participantes da equipe para ser criticado, modificado, revisado, ampliado ou reduzido, até se chegar a uma versão em que todos os membros da equipe estejam de acordo. Esta versão é a que deverá ser pré-testada.[11]

Na elaboração do questionário é bom lembrar-se de alguns pontos importantes; é sempre bom fazer um *check list* para verificar a qualidade de um questionário. Os pontos mais importantes estão indicados no Quadro X.12.

Quadro X.12 Informações importantes na verificação de um instrumento de pesquisa.

- Listar todos os aspectos importantes e verificar se as perguntas formuladas estão voltadas aos objetivos do projeto
- Visar à linguagem do entrevistado
- Simular as possíveis respostas para cada pergunta para verificar se não há ambiguidades ou falta de alternativas
- Não fazer perguntas embaraçosas
- Não obrigar o entrevistado a fazer cálculos
- Não incluir perguntas que remetam a um passado distante
- Não incluir perguntas que já contenham respostas

Fonte: Adaptado de Samara e Barros (2002, p. 69).

---

[10] Mattar (1999, p. 222).

[11] Idem.

Existem diversos tipos de perguntas que podem ser utilizadas para a elaboração de um questionário. A escolha de cada um deles deve levar em consideração os objetivos do projeto, quais respostas pretende-se obter, quais serão os métodos de tabulação e quem é o público que será entrevistado.

As perguntas podem ser: abertas, fechadas, semiabertas, dicotômicas, encadeadas, com matriz de respostas, com ordem de preferência, escalas ordinais de preferência, de *ranking*, de lembrança de marca, escala de diferencial semântico, escala de Likert, escala itemizada, escala de intenção de compra, entre outras.

Nas perguntas abertas o pesquisado responde livremente o que pensa sobre o assunto. Esse tipo de pergunta é muito difícil de ser tabulado, por isso dificilmente é encontrado em pesquisas quantitativas. Além disso, esse tipo de pergunta está sujeito às mais variadas respostas dependendo do entrevistado. Esse tipo de pergunta exige raciocínio e articulação do entrevistado, além de habilidade e velocidade do entrevistador.

As perguntas fechadas são as mais comuns em pesquisas quantitativas, por serem fáceis de perguntar, fáceis de serem respondidas e de serem tabuladas. Nas perguntas fechadas devem ser fornecidas as possíveis respostas à pergunta, sendo necessária apenas a marcação de um "x" no local apropriado. Esse tipo de pergunta deve ter apenas uma resposta possível. Geralmente coloca-se uma alternativa aberta para possíveis dados extras.

Na pergunta semiaberta o entrevistado encontra um híbrido das questões abertas e fechadas. Num primeiro momento o entrevistado responde a uma das opções propostas e em seguida justifica a sua resposta. Esse tipo de pergunta apresenta tanto as vantagens quanto as desvantagens das perguntas abertas e fechadas.

A pergunta dicotômica é um caso especial de pergunta fechada em que o entrevistado encontra somente como resposta os itens: sim ou não.

Nas perguntas encadeadas percebe-se uma relação entre as perguntas, onde a resposta da segunda está subordinada à resposta da primeira. Nesse caso ambas as perguntas podem ser abertas ou fechadas.

Nas perguntas com matriz de resposta monta-se um quadro para facilitar as respostas do entrevistado.

Nas perguntas com ordem de preferência é dada ao entrevistado a possibilidade de escolha da ordem de sua preferência, indicando quais seriam os primeiros, segundos e terceiros lugares de sua escolha.

Dependendo das necessidades de dados é possível fazer questionamentos sobre lembrança espontânea de marca. Nesses casos geralmente se dá ao entrevistado três opções de lembrança, dessa forma monta-se o *ranking* de lembrança de cada entrevistado. Se mesmo depois das três chances o entrevistado não lembrar-se da marca, dá-se a ele mais uma chance indicando o nome da empresa contratante sob forma de pergunta fechada.

EXTRAS: DICAS E LEMBRETES **253**

Existe um tipo de questionamento especial chamado escala de diferencial semântico, ou *osgood*. Nesse tipo de questionamento colocam-se adjetivos opostos para o produto em uma determinada escala e pede-se para o entrevistado indicar qual é a sua opinião dentro desta escala.

Outro tipo especial de questionamento é denominado de escala de Likert. Neste tipo de pergunta o entrevistado deve indicar, de acordo com uma tabela, o que pensa da pergunta, respondendo: CT (Concordo totalmente), CP (Concordo parcialmente), NA (Não concordo nem discordo), DP (Discordo parcialmente) ou DT (Discordo totalmente). Existem também questionamentos que seguem uma escala itemizada através de opções que variam de totalmente satisfeito a totalmente insatisfeito.

Cada tipo de pesquisa exige um questionário diferente: "não há um modelo ideal de questionário em relação ao conteúdo ou número de perguntas. Cada projeto exige criatividade e formas adequadas na formulação de perguntas cujas respostas atendam a todos os objetivos propostos".[12]

Após elaborado e testado o instrumento, o próximo passo é colocá-lo em prática, por isso é sempre bom treinar os entrevistadores e definir qual será a forma de controle de qualidade dos questionamentos.

Depois da coleta dos dados, estes devem ser digitados, organizados, tabulados e dispostos em forma de tabelas ou gráficos; sobre esses resultados deve haver uma interpretação e sugestões. Com isso, é importante montar um relatório escrito e preparar um apresentação oral. Nesses casos é sempre bom ter um suporte eletrônico com planilhas e gráficos. Ferramentas de apresentação (como o Microsoft PowerPoint) são muito úteis nesse tipo de apresentação oral.

PERGUNTAS PARA REFLEXÃO

1. Qual é o problema de sua pesquisa?
2. Qual é o objetivo de sua pesquisa?
3. Quais são as questões de sua pesquisa? Hipóteses?
4. Qual será a fonte de dados? Primária ou secundária?
5. De onde saíram os dados secundários?
6. Qual será a metodologia de sua pesquisa?
7. Qual é o cronograma de sua pesquisa?
8. Qual é o orçamento da mesma?
9. Qual será o tamanho da amostra?
10. Apresente o instrumento de pesquisa.
11. Como os dados serão tabulados?
12. Após a pesquisa, desenvolva o relatório completo da mesma.

---

[12] Samara (2002, p. 69).

254 COMO PLANEJAR E EXECUTAR UMA CAMPANHA DE PROPAGANDA · PÚBLIO

DICA: Como montar um projeto de coleta de dados em fontes primárias

ETAPA 1: RECONHECIMENTO DE UM PROBLEMA

Apesar de parecer a parte mais fácil da pesquisa, o reconhecimento do problema é fundamental para o bom desenvolvimento da pesquisa.

FASE 1.1: Pesquisa exploratória

Para explorar o tema, o caminho mais fácil hoje em dia é utilizar a Internet. Utilize palavras-chave em *sites* de busca e veja o que tem sido discutido sobre o tema.

Pesquise também livros, revistas e jornais. Se possível, converse com especialistas e formadores de opinião. Uma conversa informal com públicos de interesse também é sempre bem-vinda.

FASE 1.2: *Brainstorm*

Escreva todas as ideias numa folha de papel e depois dê um tempo a elas. Após um dia, volte a ler as ideias descritas e veja qual delas melhor se encaixa na função de descrever o seu problema de pesquisa. Se, durante a leitura, surgirem novas ideias, não se esqueça de anotá-las. Não se esqueça de que geralmente o problema é uma afirmação e não uma interrogação.

FASE 1.3: Descrição do problema

ETAPA 2: PLANEJAMENTO

Definição dos objetivos, métodos, forma de coleta de dados, da construção do instrumento, definição do plano de amostragem, do tamanho da amostra, a definição dos procedimentos de campo, elaboração de um plano de processamento e análises, definição dos recursos necessários à realização da pesquisa, definição da equipe e suas funções e definição do cronograma e prazos.

FASE 2.1: Definição dos objetivos

Passo 2.1.1: Problema de pesquisa

Passo 2.1.2: Objetivo principal

Passo 2.1.3: Objetivos secundários

FASE 2.2: Estabelecimento das questões da pesquisa e (ou) formulação das hipóteses

As questões da pesquisa são indagações mais amplas que aquelas encontradas no questionário e, geralmente, para serem respondidas exigem mais do que uma pergunta. Portanto, as questões da pesquisa não são as perguntas do questionário de coleta de dados, mas as perguntas que se pretende responder com a pesquisa.

FASE 2.3: Estabelecimento das necessidades de dados e definição das variáveis e de seus indicadores

Variáveis simples e complexas

FASE 2.4: Determinação das fontes de dados

Fontes primárias e secundárias

FASE 2.5: Determinação da metodologia

Passo 2.5.1: **Determinação do tipo de pesquisa:** pesquisa exploratória, pesquisa descritiva, pesquisa quantitativa e pesquisa qualitativa. Numa

EXTRAS: DICAS E LEMBRETES **255**

mesma pesquisa pode haver apenas um tipo ou mais de um tipo de pesquisa, dependendo da necessidade de dados.

Passo 2.5.2: Determinação dos métodos e técnicas de coleta de dados:

1. Levantamentos bibliográficos
2. Levantamentos documentais
3. Estatísticas publicadas
4. Entrevistas com especialistas
5. Entrevistas focalizadas em grupos
6. Observação assistemática
7. Observação sistemática
8. Entrevistas pessoais
9. Entrevistas por telefone
10. Questionários distribuídos e recolhidos pelo correio
11. Questionários distribuídos e recolhidos por *e-mail*
12. Questionários distribuídos e recolhidos pessoalmente
13. Levantamentos de campo
14. Estudos de campo
15. Estudos em laboratório
16. Estudos de casos

Passo 2.5.3: Determinação da população de pesquisa, do tamanho da amostra e do processo de amostragem:

1. Definir a população de pesquisa
2. Identificar uma lista de todas as unidades amostrais da população
3. Decidir o tamanho da amostra
4. Selecionar um procedimento para a determinação da amostra
5. Selecionar a amostra fisicamente

Passo 2.5.4: Planejamento da coleta de dados:

1. Perfil dos entrevistadores e dos supervisores
2. Número de entrevistadores e supervisores
3. Número de entrevistas diárias por entrevistador
4. Distribuição dos mesmos
5. Prazo para realização de campo
6. Sistema de remuneração dos mesmos
7. Material e forma de treinamento dos mesmos
8. Procedimentos de coleta de dados

Passo 2.5.5: Previsão do processamento e análise dos dados:

1. Tabelas, quadros, gráficos e figuras
2. Quais variáveis terão tabulação simples
3. Quais variáveis deverão ter tabulação cruzada
4. Quais serão as unidades de medidas

FASE 2.6: Planejamento da organização

FASE 2.7: Cronograma

FASE 2.8: Orçamento

FASE 2.9: Redação da proposta de pesquisa (ou projeto de pesquisa)

ETAPA 3: EXECUÇÃO

A execução é dividida em: (a) coleta dos dados e (b) processamento, análise e interpretação dos mesmos.

FASE 3.1: Preparação do campo

Passo 3.1.1: Construção do instrumento

Classificado de acordo com:

1. Grau de disfarce: disfarçado ou não disfarçado
2. Estruturação: estruturado ou não estruturado
3. Forma de aplicação: respondido individualmente ou em grupo; ou autopreenchido
4. Forma de envio: entrevista ao vivo, por telefone, correspondência, *e-mail*, *sites*, jornais e revistas, acompanhando o produto, cupons etc.

Partes que compõem um questionário:

1. Dados de identificação
2. Solicitação para cooperação
3. Instruções para a sua utilização
4. Questões e formas de registrar as respostas
5. Dados para classificar socioeconomicamente o respondente
6. Perguntas propriamente ditas

Passo 3.1.2: Realização do pré-teste

Passo 3.1.3: Impressão dos instrumentos

Passo 3.1.4: Treinamento da equipe

FASE 3.2: Campo

Passo 3.2.1: Coleta de dados

Passo 3.2.2: Conferência

FASE 3.3: Processamento e análise

Passo 3.3.1: Digitação

Passo 3.3.2: Tabulação

Passo 3.3.3: Análises e interpretações

Passo 3.3.4: Conclusões e recomendações

EXTRAS: DICAS E LEMBRETES **257**

> **ETAPA 4: COMUNICAÇÃO DOS RESULTADOS**
>
> Compreende a apresentação oral e verbal das principais descobertas da pesquisa, bem como sugestões e recomendações de ações.
>
> **FASE 4.1: Elaboração dos relatórios de pesquisa**
>
> **FASE 4.2: Preparação e apresentação oral dos resultados**

EXTRA 2 Por que fazer citações e qual é a função do referencial teórico?

Na área da comunicação, assim como em qualquer área do conhecimento, existem diversos estudos sérios a respeito de diversos fenômenos. Esses estudos devem ser citados e referenciados para dar credibilidade a seu trabalho. É comum encontrar pessoas que dizem entender de comunicação ou entender da combinação de cores sem nunca terem lido nada a respeito.

Costuma-se dizer por aí que para ser comunicador não é necessário fazer faculdade. Pode até ser uma verdade, mas é necessário possuir muita disciplina e informação para desenvolver campanhas de sucesso. Tal sucesso não é meramente resultados da influência divina que costuma-se chamar de talento. O talento em publicidade não é um talento nato – ou você tem ou não tem – mas uma série de informações e conhecimentos adquiridos ao longo de sua vida.

Existem diversos autores sérios que desenvolvem pesquisas científicas em comunicação. Esses autores devem ser citados ao longo do projeto e referenciados no final para identificar de onde saem as informações que o sustentam. Portanto, em todo projeto que você fizer indique quais os autores que lhe dão sustentação, isso lhe dará muita credibilidade.

Mas cuidado, segundo as normas – olha elas aí de novo – devem constar nas referências apenas os autores citados ao longo do trabalho. Os demais autores que irão constituir o seu conhecimento deverão ser indicados no item: literatura recomendada.

> ## PERGUNTAS PARA REFLEXÃO
>
> 1. Por que é importante fazer referências?
> 2. Qual é a diferença entre referência e literatura recomendada?
> 3. Existe alguma relação entre as referências bibliográficas e o referencial teórico?
> 4. Qual fonte é mais confiável: livros ou *sites*? Justifique a sua resposta.

258 COMO PLANEJAR E EXECUTAR UMA CAMPANHA DE PROPAGANDA • PÚBLIO

EXTRA 3 Onde colocar os livros e textos importantes que não foram citados?

Sempre existe aquela dúvida de onde colocar os livros que você leu durante o trabalho mas não citou. A sugestão é abrir um item chamado literatura recomendada ou literatura consultada logo depois das referências bibliográficas.

Na literatura consultada devem-se colocar todos os livros – ou pelo menos os mais importantes – que você leu para desenvolver o seu projeto. Evite citar aqueles que já constam nas referências bibliográficas. O item *literatura consultada* é importante, pois quando se analisa o ambiente de uma organização costuma-se trazer autores novos de outras áreas do conhecimento que não a comunicação e nem a publicidade, e com isso a maioria dos livros importantes de comunicação acabam não constando das referências.

Dificilmente os autores de comunicação e publicidade são citados pelos alunos ao longo do projeto, o que culmina ironicamente em projetos experimentais de publicidade e propaganda sem nenhum autor de publicidade em suas referências. Portanto a literatura recomendada é uma oportunidade de reparar essa gafe e indicar os principais autores que construíram seu conhecimento durante o curso.

Esse item é importante também para aqueles alunos que irão ler o seu trabalho futuramente e poderão encontrar fontes interessantes indicadas por você.

PERGUNTAS PARA REFLEXÃO

1. Qual é a diferença entre a literatura consultada e as referências bibliográficas?
2. Quais livros devem constar na literatura consultada?
3. Faça uma listagem dos livros que você considera importantes para o seu projeto.

EXTRA 4 Qual é a diferença entre apêndice e anexo?

Nos apêndices devem ser colocados todos os dados relevantes que foram produzidos por você e que não entraram no corpo do trabalho, enquanto que no anexo constam fatos importantes produzidos por outros que não os autores do trabalho.

É importante organizar os apêndices para facilitar a localização dos mesmos. A cada novo apêndice, prepare uma folha de rosto com uma breve descrição do que se trata – uma pequena capa. Faça também um índice exclusivo dos apêndices para facilitar a sua localização.

Entre os dados que podem figurar no seu apêndice destacam-se: o *briefing* escrito por você, mas coletado junto ao anunciante; o projeto completo da pesquisa em fontes primárias realizada durante o trabalho; e o cronograma de mídia dividido por veículos.

Por outro lado, anexo é todo texto, ilustração, figura, tabela ou dados importantes para o projeto, mas que não foram desenvolvidos pelo planejador, ou seja, foram desenvolvidos por terceiros para objetivos diversos, mas seus resultados são interessantes para o seu projeto.

É importante o planejador definir o nível de importância de cada um dos anexos. Limite-se a colocar apenas os mais importantes, caso contrário você terá um projeto de proporções assustadoras, o que pode causar má impressão para a banca ou para seu anunciante.

É importante também organizar os anexos assim como os apêndices. A cada novo anexo, prepare uma folha de rosto com uma breve descrição do que trata. Faça também um índice exclusivo dos anexos para facilitar a sua localização.

Entre os itens mais encontrados nos anexos de projetos de comunicação destacam-se: pesquisas em fontes secundárias; orçamentos; e legislação.

PERGUNTAS PARA REFLEXÃO

1. Quais itens devem ser colocados nos apêndices? Por quê?

2. Qual é a diferença entre apêndice e anexo?

3. Quais itens você irá colocar nos anexos de seu projeto? Por quê?

EXTRA 5 Coloque a programação completa de mídia no apêndice

Quando a programação de mídia foi apresentada ao cliente, você optou por fazer um resumo dela apresentando numa planilha geral todos os meios que irá usar para divulgar a sua campanha. Essa planilha foi chamada de *flow chart de mídia*. Ela serve para dar uma orientação geral de como será a dimensão da campanha.

Entretanto, é importante também para o anunciante conhecer em detalhes como será a programação de mídia em cada um dos meios escolhidos. Portanto, use os apêndices para descrever detalhadamente como será a campanha em cada um dos meios escolhidos e, para tanto, desenvolva uma planilha exclusiva para cada meio, indicando a frequência de cada veiculação, em quais intervalos comerciais serão inseridos os anúncios, em quais programas, quais serão os pontos de *outdoor* etc.

Enfim, todas as informações sobre a mídia deverão ser explicitadas no item: programação completa de mídia.

260 COMO PLANEJAR E EXECUTAR UMA CAMPANHA DE PROPAGANDA • PÚBLIO

> **PERGUNTAS PARA REFLEXÃO**
>
> 1. Quais mídias você irá utilizar para divulgar a sua campanha?
> 2. Como cada uma dessas mídias será utilizada?
> 3. Faça uma tabela com a programação de cada uma das mídias escolhidas.

EXTRA 6   Onde colocar as pesquisas úteis que foram feitas por outros?

Todos os dados de pesquisa relevantes para o seu projeto devem ser impressos e colocados nos anexos do trabalho, assim fica mais fácil para seu cliente, ou para a banca, encontrar os dados que você utilizou para o desenvolvimento do trabalho.

Entretanto é preciso bom-senso na colocação desses dados, pois uma quantidade muito grande serve somente para atrapalhar. Portanto, coloque somente os dados que julgar estritamente necessários; quanto aos demais, indique precisamente a sua fonte para que futuros pesquisadores possam encontrá-los para desenvolver seus trabalhos.

Não se esqueça de que qualquer trabalho acadêmico será armazenado como referência para futuros pesquisadores, além de ficar como uma marca registrada de sua passagem. Por isso o capricho é fundamental. Qualquer lapso ficará marcado em seu currículo e poderá ser verificado publicamente no futuro, quando você tiver se estabelecido como profissional de comunicação.

> **PERGUNTAS PARA REFLEXÃO**
>
> 1. Quais dados em fontes secundárias são relevantes para seu trabalho?
> 2. Quais fontes foram utilizadas?

EXTRA 7   Onde colocar os orçamentos enviados pelos fornecedores?

É importante que trabalhos, mesmo que acadêmicos, possuam um orçamento condizente com a realidade, por isso sugere-se que sejam realizados orçamentos com empresas reais do mercado.

É de praxe solicitar três orçamentos para a escolha do cliente, portanto escolha três fornecedores de cada um dos serviços que seu projeto necessitará e solicite um orçamento detalhado. Esses orçamentos são geralmente solicitados por *e-mail* ou telefone e respondidos por fax ou *e-mail*.

Imprima esse material e coloque nos anexos do trabalho. Caso o fornecedor solicite, ajuste o documento para que seu nome não fique aparente na folha de orçamento.

Se houver doações de espaços para publicação de publicidade, solicite as doações por escrito e anexe-as também nos orçamentos. Se possível, faça o mesmo para as permutas.

PERGUNTAS PARA REFLEXÃO

1. Quantos orçamentos devem ser feitos por trabalho? Por quê?
2. Por que os orçamentos devem ser colocados em anexo no projeto?
3. Apresente os orçamentos e compare-os, em preço e qualidade.
4. Qual dos três orçamentos é mais indicado para seu anunciante? Por quê?

EXTRA 8 *Links* interessantes

A Internet, quando bem utilizada, é uma excelente fonte de dados secundários. Para tanto fiz uma listagem dos principais *sites* que podem oferecer informações interessantes em publicidade, propaganda, promoção de vendas e áreas afins, além de *sites* de institutos de pesquisas que podem fornecer dados interessantes para análise do ambiente da organização.

Sempre que encontrar uma informação interessante na Internet, anote sua fonte e verifique a credibilidade da mesma. Pode haver muita bobagem na Internet, mas também há muita coisa útil.

Indique no seu trabalho alguns *sites* que podem ajudar futuros estudantes a encontrar dados.

Os *links* abaixo foram divididos por algumas áreas e listados em ordem alfabética.

Comunicação e Marketing

ABA – Associação Brasileira de Anunciantes: <http://www.aba.com.br>.

ABAP – Associação Brasileira de Agências de Publicidade: <http://www.abap.com.br>.

ABEMD – Associação Brasileira de Marketing Direto.: <http://www.abemd.com.br>.

262 COMO PLANEJAR E EXECUTAR UMA CAMPANHA DE PROPAGANDA · PÚBLIO

ABERT – Associação Brasileira de Emissoras de Rádio e Televisão: <http://www.abert. org.br>.

ABI – Associação Brasileira de Imprensa: <http://www.abi.org.br>.

ABIGRAF – Associação Brasileira da Indústria Gráfica: <http://www.abigraf.org.br>.

ABMN – Associação Brasileira de Marketing de Negócios: <http://www.abmn.com.br>.

ABP – Associação Brasileira de Propaganda: <http://www.abp.com.br>.

ABRE – Associação Brasileira dos Representantes de Veículos de Comunicação: <http://www.abre.inf.br>.

ABTG – Associação Brasileira de Tecnologia Gráfica: <http://www.abtg.org.br>.

ADVB – Associação dos Dirigentes de Vendas e Marketing do Brasil <http://www.advb.org>.

AESP – Associação das Emissoras de Rádio de São Paulo: <http://www.aesp.com.br>.

AMPRO – Associação de Marketing Promocional: <http://www.ampro.com.br>.

ANJ – Associação Nacional de Jornais: <http://www.anj.org.br>.

APP – Associação dos Profissionais de Propaganda: <http://www.appbrasil.net>.

APRO – Associação Brasileira de Produção de Obras Audiovisuais: <http://www.apro. org.br>.

ASSOCIAÇÃO NACIONAL DA MEMÓRIA DA PROPAGANDA: <http://www.memoriada propaganda.org.br>.

CCPR – Clube de Criação do Paraná: <http://www.ccpr.org.br>.

CCSP – Clube de Criação de São Paulo: <http://www.ccsp.com.br>.

CENP – Conselho Executivo das Normas Padrão: <http://www.cenp.com.br>.

CENTRAL DE OUTDOOR: <http://www.outdoor.com.br>.

CONAR – Conselho Nacional de Autorregulamentação Publicitária: <http://www.co nar.org.br>.

FENAPRO – Federação Nacional de Agências de Propaganda: <http://www.fenapro.org.br>.

GRUPO DE MÍDIA CURITIBA: <http://www.midiacwb.com.br>.

GRUPO DE MÍDIA: <http://www.gm.org.br>.

GRUPO DE PLANEJAMENTO: <http://www.grupodeplanejamento.com.br>.

JORNAL *PROPAGANDA & MARKETING*: <http://propmark.uol.com.br>.

MEIO & MENSAGEM – Jornal de propaganda e Marketing: <http://www.mmonline.com. br>.

POPAI BRASIL – *Point of Purchase Advertising Institute*: <http://www.popaibrasil.com.br>.

PORTAL DA PROPAGANDA: <http://www.portaldapropaganda.com>.

REVISTA *ADVERTISING ON-LINE*: <http://www.adonline.com.br>.

SINAPRO – Sindicato das Agências de Propaganda do Paraná: <http://www.sinapro.org.br>.

Dados

ABAV – Associação Brasileira de Agências de Viagens: <http://www.abav.com.br>.

ABEP – Associação Brasileira das Empresas de Pesquisa: <http://www.abep.org>.

ABRAS – Associação Brasileira dos Supermercadistas: <http://www.abrasnet.com.br>.

ACNIELSEN: <http://www.acnielsen.com.br>.

ANAC – Agência Nacional de Aviação Civil: <http://www.anac.gov.br>.

ANEEL – Agência Nacional de Energia Elétrica: <http://www.aneel.gov.br>.

ANFAVEA – Associação Nacional dos Fabricantes de Veículos Automotores: <http://www.anfavea.com.br>.

ANP – Agência Nacional do Petróleo: <http://www.anp.gov.br>.

ANS – Agência Nacional de Saúde: <http://www.ans.gov.br>.

ANTT – Agência Nacional de Transporte Terrestre: <http://www.antt.gov.br>.

ANVISA – Agência Nacional de Vigilância Sanitária: <http://www.anvisa.gov.br>.

APAS – Associação Paulista de Supermercados: <http://www.portalapas.org.br>.

CADE – Conselho Administrativo de Defesa Econômica: <http://www.cade.gov.br>.

DATAFOLHA Instituto de Pesquisas: <http://datafolha.folha.uol.com.br>.

DIEESE – Departamento Intersindical de Estatísticas e Estudos Socioeconômicos: <http://www.dieese.org.br>.

FIEP – Federação das Indústrias do Estado do Paraná: <http://www.fiepr.org.br>.

FIESP – Federação das Indústrias do Estado de São Paulo: <http://www.fiesp.com.br>.

FIPE – Fundação de Pesquisa Econômica Aplicada: <http://www.fipe.org.br>.

IBGE – Instituto Brasileiro de Geografia e Estatística: <http://www.ibge.gov.br>.

IBOPE: <http://www.ibope.com.br>.

IBRAC – Instituto Brasileiro de Estudos de Concorrência, Consumo e Comércio Internacional: <http://www.ibrac.org.br>.

IPEA – Instituto de Pesquisa Econômica Aplicada: <http://www.ipea.gov.br>.

MINISTÉRIO DA JUSTIÇA DO BRASIL: <http://www.mj.gov.br>.

OECD – Organização para a Cooperação e o Desenvolvimento Econômico: <http://www.oecd.org>.

OMC – Organização Mundial do Comércio: <http://www.wto.org>.

Secretaria de Acompanhamento Econômico: <http://www.seae.fazenda.gov.br>.

Secretaria de Direito Econômico: <http://www.mj.gov.br/sde>.

SUSEP – Superintendência de Seguros Privados do Ministério da Fazenda: <http://www.susep.gov.br>.

IPSOS/MARPLAN: <http://www.ipsos.com.br>.

264 COMO PLANEJAR E EXECUTAR UMA CAMPANHA DE PROPAGANDA · PÚBLIO

Legislação

PRESIDÊNCIA DA REPÚBLICA FEDERATIVA DO BRASIL: <http://www.presidencia.gov.br>.

Órgãos oficiais

BANCO CENTRAL DO BRASIL: <http://www.bcb.gov.br>.

BANCO DO BRASIL: <http://www.bb.com.br>.

BANCO MUNDIAL BRASIL: <http://www.bancomundial.org.br>.

BANCO MUNDIAL: <http://www.worldbank.org>.

EMBRATUR: <http://www.turismo.gov.br>.

GOVERNO DO ESTADO DE SÃO PAULO: <http://www.saopaulo.sp.gov.br>.

GOVERNO DO ESTADO DO PARANÁ: <http://www.parana.pr.gov.br>.

IAP – Instituto Ambiental do Paraná: <http://www.iap.pr.gov.br>.

IBAMA – Instituto Brasileiro do Meio Ambiente e dos Recursos Naturais Renováveis: <http://www.ibama.gov.br>.

INCRA – Instituto Nacional de Colonização e Reforma Agrária: <http://www.incra.gov.br>.

MINISTÉRIO DA AGRICULTURA: <http://www.agricultura.gov.br>.

MINISTÉRIO DA FAZENDA: <http://www.fazenda.gov.br>.

SECRETARIA DA RECEITA FEDERAL: <http://www.receita.fazenda.gov.br>.

Publicações especializadas

REVISTA *EXAME*: <http://portalexame.abril.com.br/>.

JORNAL DO COMÉRCIO: <http://jc.uol.com.br>.

JORNAL VALOR ECONÔMICO: <http://www.valoronline.com.br>.

Terceiro setor

ABONG – Associação Brasileira de Organizações não Governamentais: <http://www.abong.org.br>.

BSR – Business for Social Responsibility.: <http://www.bsr.org>.

COMUNIDAR. Acciones para el Tercer Sector: <http://www.comunidar.org.ar>.

INSTITUTO ETHOS DE RESPONSABILIDADE SOCIAL: <http:www.ethos.org.br>.

RITS – Rede de Informações para o Terceiro Setor: <http://www.rits.org.br>.

SETOR3 – O terceiro Setor em rede: <http://www.setor3.com.br>.

NÓS PODEMOS: <http://www.nospodemos.org.br>.

BIBLIOGRAFIA

ABEL, Derek F.; HAMMOND, John S. *Strategic market planning*. Prentice Hall, 1979.

ALENCAR, Eunice M. L. Soriano de. *Criatividade*. Brasília: Editora UnB, 1995.

ALTENFELDER, Ruy. Comunicação, uma área estratégica. SEMINÁRIO DE COMUNICAÇÃO BANCO DO BRASIL. Rio de Janeiro: Gráfica do Banco do Brasil, 1999.

ANDRADE, Cândido Teobaldo de Souza. *Para entender relações públicas*. 4. ed. São Paulo: Loyola, 2005.

ANDREWS, K. R. *The concept of corporate strategy*. Homewood, IL: Irwin, 1971.

_____. *El concepto de estrategia de la empresa*. Pamplona: Ediciones Universidad de Navarra S.A. (EUNSA), 1977.

ANSOFF, H. Igor (Org.). *Do planejamento estratégico à administração estratégica*. São Paulo: Atlas, 1990.

_____. *Implantando a administração estratégica*. São Paulo: Atlas, 1993.

_____. *A nova estratégia empresarial*. São Paulo: Atlas, 1991.

BANGS JR., David. *Guia prático*: planejamento de marketing. São Paulo: Nobel, 2000.

BARRETO, Evandro. *Abóboras ao vento*: tudo o que a gente sabia sobre propaganda mas acabou esquecendo. São Paulo: Globo, 1995.

BLESSA, Regina. *Merchandising no ponto-de-venda*. São Paulo: Atlas, 2003.

BRONDMO, Hans Peter. *Fidelização*: como conquistar e manter clientes na era da Internet. São Paulo: Futura, 2001.

CAHEN, Roger. *Tudo que seus gurus não lhe contaram sobre comunicação empresarial*. São Paulo: Best Seller, 1990.

CARRASCOZA, João Anzanello et al. *A evolução do texto publicitário*: a associação de palavras como elemento de sedução na publicidade. São Paulo: Futura, 1999.

CASTOR, B. V. J. *Estratégias para a pequena e média empresa*. São Paulo: Atlas, 2009. v. 1. 200 p.

CERTO, Samuel C.; PETER, J. Paul. *Administração estratégica*: planejamento e implantação da estratégia. MB, 1993.

CESAR, Newton. *Direção de arte e propaganda*. São Paulo: Futura, 2000.

CHANG, David Yao-Jen. *An investigation into considerations for the design of is to improve the utility of the use of the co-alignment model*. 2004. Dissertação (Doutorado) – Virginia Polytechnic Institute, Blacksburg.

CHIAVENATO, Idalberto. *Administração nos novos tempos*. Rio de Janeiro: Campus, 1999.

_____. *Administração*: teoria, processo e prática. São Paulo: McGraw-Hill do Brasil, 1985.

_____. *Introdução à teoria geral da administração*. 6. ed. Rio de Janeiro: Campus, 2000.

CHURCHILL, Gilbert A.; PETER, J. Paul. *Marketing*: criando valor para o cliente. Tradução de Cecília Camargo Bartalotti e Cid Knipel Moreira. São Paulo: Saraiva, 2003.

COBRA, Marcos. *Marketing básico*. São Paulo: Atlas, 1995.

COLLINS, James C.; PORRAS, Jerry I. Construindo a visão da empresa. *HSM Management*, São Paulo: Savana, ano 2, nº 7, p. 32-42, mar./abr. 1998.

COMPARATO, Doc. *Roteiro*: arte e técnica de escrever para cinema e televisão. Rio de Janeiro: Nórdica.

CORRÊA, Cristiane. Agora é concorrência total. *Exame*, 2005. Disponível em: <http://portalexame.abril.com.br/edicoes/843/marketing/conteudo_72826.shtml>. Acesso em: 8-6-2005.

CORRÊA, Roberto. *Contato imediato com planejamento de propaganda*. São Paulo: Global, 1998.

_____. *Planejamento de propaganda*. 8. ed. São Paulo: Global, 2002.

COSTA, Aloysio Teixeira. *Administração de entidades sem fins lucrativos*. São Paulo: Nobel, 1992.

COVALESKY, Rogério. *Cinema, publicidade e interfaces*. Curitiba: Maxi Editora, 2009.

DIZARD JR., Wilson. *A nova mídia*: a comunicação de massa na era da informação. 2. ed. Rio de Janeiro: Jorge Zahar, 1999.

DRUCKER, Peter F. *Exercícios de auto-avaliação para empresas*. São Paulo: Futura, 2001.

_____. *Administração de organizações sem fins lucrativos*: princípios e práticas. São Paulo: Pioneira, 1994.

_____. *Administrando em tempos de grandes mudanças*. São Paulo: Pioneira, 1995.

_____. *Desafios gerenciais para o século XXI*. São Paulo: Pioneira, 1999.

DURANDIN, Guy. *As mentiras na publicidade e na propaganda*. São Paulo: JSN, 1997.

ECO, Humberto. *Como se faz uma tese*. São Paulo: Perspectiva, 1977.

BIBLIOGRAFIA **267**

FERNANDES, Amaury. *Fundamentos de produção gráfica*: para quem não é produtor gráfico. Rio de Janeiro: Rubio, 2003.

FERRACIÙ, João de Simoni Soderini. *Promoção de vendas*. São Paulo: Makron Books, 1997.

FERRARI, Flávio. *Planejamento e atendimento*: a arte do guerreiro. São Paulo: Loyola, 2002.

FIGUEIREDO, Celso. *Redação publicitária*: sedução pela palavra. São Paulo: Pioneira Thompson Learning, 2005.

FISCHMANN, Adalberto A.; ALMEIDA, Martinho Isnard R. de. *Planejamento estratégico na prática*. São Paulo: Atlas, 1990.

FORTES, Waldyr Gutierrez. *Pesquisa institucional*. São Paulo: Loyola, 1990.

FRANZÃO NETO, Angelo. Mídia: função básica. In: PREDEBON, José (Org.). *Propaganda*: profissionais ensinam como se faz. São Paulo: Atlas, 2000.

GALE, B. T. *Gerenciando o valor do cliente*: criando qualidade e serviços que os clientes podem ver. São Paulo: Pioneira, 1996.

GAUDENCIO TORQUATO, Francisco. *Comunicação empresarial, comunicação institucional*. 2. ed. São Paulo: Summus, 1986.

HARBINSON, John; PEKAR. *Alianças estratégicas*: quando a parceira é a alma do negócio e o caminho paa o sucesso. São Paulo: Futura, 1999.

HENDERSON, Bruce. *The logic of business strategy*. Ballinger, 1984.

HINDLE, Tim; LAWRENCE, Margaret. *Field guide to strategy*: a glossary of essencial tools and concepts of today managers. Boston: Harvard Business School Press, 1994.

IASBECK, Luiz Carlos A. Imagem empresarial: o lugar do cliente. *Revista Comunicação Empresarial*, ano 8, nº 32, p. 17-20, 3º trimestre 1999.

JOHNSON, Steven. *Cultura da interface*. Rio de Janeiro: Zahar, 2001.

KIRK, J.; MILLER, M. *Reliability and validity in qualitative research*. Beverly Hills: Sage Publications, 1986.

KOTLER, Philip. *Administração de marketing*. 10. ed. São Paulo: Prentice Hall, 2000.

_____. *Marketing para o século XXI*. São Paulo: Futura, 1999.

_____. *Marketing para organizações que não visam o lucro*. São Paulo: Atlas, 1978.

_____. *O marketing sem segredos*: Philip Kotler responde as suas dúvidas. Tradução de Bazán Tecnologia e Linguística. Porto Alegre: Bookman, 2005.

_____; ROBERTO, Eduardo L. *Marketing social*: estratégias para alterar o comportamento público. Rio de Janeiro: Campus, 1992.

_____; ARMSTRONG, Gary. *Princípios do marketing*. Tradução de Vera Whately. 7. ed. Rio de Janeiro: Prentice Hall, 1998.

_____; ZALTMAN, Gerald. Social marketing: an approach to planned social change. In: LAZER, William; KELLEY Eugene J. *Social marketing*: perspectives and viewpoints. Richard D. Irwin, 1973.

268 COMO PLANEJAR E EXECUTAR UMA CAMPANHA DE PROPAGANDA · PÚBLIO

KUNSCH, Margarida M. Kroling. *Relações públicas e modernidade*: novos paradigmas na comunicação organizacional. São Paulo: Summus, 1997.

_____. *Planejamento de RP na comunicação integrada*. 3. ed. São Paulo: Summus, 1996.

LEGRAIN, Marc; MAGAIN, Daniel. *Promoção de vendas*. São Paulo: Makron Books, 1992.

LÉVY, Pierre. *As tecnologias da inteligência*: o futuro do pensamento na era da informática. Tradução de Carlos Irineu da Costa. Rio de Janeiro: Editora 34, 1993.

_____. *Cibercultura*. São Paulo: Editora 34, 1999.

LIMA, Samantha. 46 milhões de novos consumidores: *Exame*, 2007. Disponível em: <http://portalexame.abril.com.br/revista/exame/edicoes/0903/negocios/m0140034.html>.

LOVELOCK, Christofer; WRIGHT, Lauren. *Serviços, marketing e gestão*. São Paulo: Saraiva, 2002.

LUPETTI, Marcelia. *Administração em publicidade*: a verdadeira alma do negócio. São Paulo: Pioneira Thompson Learning, 2003.

MARTINS, Jorge S. *Redação publicitária*: teoria e prática. São Paulo: Atlas, 1997.

MARTINS, José S. *O poder da imagem*. São Paulo: Intermeios, 1992.

MARTINS, Zeca. *Propaganda é isso aí!*: um guia para novos anunciantes e futuros publicitários. São Paulo: Futura, 1999.

_____. *Redação publicitária*: a prática na prática. São Paulo: Atlas, 2003.

MATTAR, Fauze Najib. *Pesquisa de marketing*: metodologia, planejamento. 5. ed. São Paulo: Atlas, 1999. v. 1.

MAXIMINIANO, Antonio Cesar Amaru. *Teoria geral da administração*: da revolução urbana à revolução digital. 4. ed. São Paulo: Atlas, 2004.

McCARTHY, Jerome. *Marketing essential*. Rio de Janeiro: Zahar, 1976.

McDONALD, Malcolm. *Planos de marketing*: planejamento e gestão estratégica, como criar e implementar planos eficazes. Rio de Janeiro: Campus-Elsevier, 2004.

McKENNA, Regis. *Marketing de relacionamento*. Rio de Janeiro: Campus, 2001.

MENEGHETI, Silvia Bonjuda. *Comunicação e marketing*: fazendo a diferença no dia a dia das organizações da sociedade civil. São Paulo: Global, 2003.

MINTZBERG Henry; AHLSTRAND Bruce; LAMPEL, Joseph. *Safári de estratégia*: um roteiro pela selva do planejamento estratégico. Porto Alegre: Bookman, 2000.

MOREIRA, Sônia V.; BIANCO, Nelia R Del. *Rádio no Brasil*: tendências e pespectivas. Rio de Janeiro, UERJ, 1999.

NASSAR, Paulo. Comunicação organizacional e novas relações públicas. SEMINÁRIO DE COMUNICAÇÃO BANCO DO BRASIL. Rio de Janeiro: Gráfica do Banco do Brasil, 1999.

NEVES, Roberto de Castro. *Imagem empresarial*. São Paulo: Muuad, 2000.

OGDEN, James R. *Comunicação integrada de marketing*: um modelo prático para um plano criativo e inovador. São Paulo: Prentice Hall, 2002.

OGILVY, David. *Ogilvy on advertising*. New York: Vintage Books, 1985.

PETIT, Francesc. *Marca*: meus personagens. São Paulo: Futura, 2004.

_____. *Propaganda ilimitada*. São Paulo: Siciliano, 1997

PORTER, Michael E. *Estratégia competitiva*: técnicas para análise de indústria e da concorrência. Rio de Janciro: Campus, 2003.

_____. *Competição*: estratégias competitivas essenciais. Rio de Janeiro: Campus, 1999.

_____. *Vantagem competitiva*. Rio de Janeiro: Campus, 1990.

PRAHALAD, C. K.; HAMEL, Gary. A competência essencial da corporação. In: PORTER, Michael. (Org.). *Estratégia*. Rio de Janeiro: Campus, 1998.

PREDEBON, José (Org.). *Curso de propaganda*: do anúncio à comunicação integrada. São Paulo: Atlas, 2004.

_____. *Propaganda*: profissionais ensinam como se faz. São Paulo: Atlas, 2000.

PRINGLE, Hamish; THOMPSON, Majorie. *Marketing social*. São Paulo: Makron Books, 2000

PÚBLIO, Marcelo A. *Marcas próprias*: implicações sobre o ambiente concorrencial alimentício. 2001. Dissertação (Mestrado) – UFPR, Curitiba.

RABAÇA, Carlos A.; BARBOSA, Gustavo. *Dicionário de comunicação*. Rio de Janeiro: Codecri, 1978.

RADTKE, Janel M. *Strategic communications for nonprofit organizations*: seven steps to creating a successful plan. New York: Wiley Nonprofit Series, 1998.

REY, Luís. *Dicionário de termos técnicos de medicina e saúde*. 2. ed. Rio de Janeiro: Guanabara Koogan, 2003.

RIBEIRO, Julio et al. *Tudo o que você queria saber sobre propaganda e ninguém teve paciência para explicar*. São Paulo: Atlas, 1991.

RIBEIRO, Julio. Planejamento estratégico: a arte de perguntar. In: PREDEBON, José (Org.). *Propaganda*: profissionais ensinam como se faz. São Paulo: Atlas, 2000.

RIES, Al; TROUT, Jack. *Marketing de guerra I*. São Paulo: McGraw-Hill, 1986.

_____. *Posicionamento*: a batalha pela sua mente. São Paulo: Pioneira, 1999.

_____; RIES, Laura. *A queda da propaganda*: da mídia paga à mídia espontânea. São Paulo: Campus, 2002.

SAMARA, Beatriz Santos; BARROS, José Carlos de. *Pesquisa de marketing*: conceitos e metodologia. São Paulo: Prentice Hall, 2002.

SAMPAIO, Rafael. *Propaganda de A a Z*. Rio de Janeiro: Campus, 1999.

SANT'ANNA, Armando. *Propaganda*: teoria, técnica e prática. São Paulo: Pioneira, 2002.

SCHULTZ, Don E.; TANNENBAUM, Stanley I.; LAUTERBORN, Robert F. *O novo paradigma do marketing*: como obter resultados mensuráveis através do uso do database das comunicações integradas do marketing. São Paulo: Makron Books, 1994.

SELLTIZ, Claire et al. *Research methods in social relations*. New York: Holt, Rinehart, 1959.

SERRA, Fernando; TORRES, Maria Cândida S.; TORRES, Alexandre Pavan. *Administração estratégica*. Rio de Janeiro: Reichmann e Affonso Editores, 2004.

SHETH, J. N.; MITTAL, B.; NEWMAN, B. *Comportamento do cliente*: indo além do comportamento do consumidor. São Paulo: Atlas, 2001.

SHIMP, Terence A. *Advertising promotion*: supplemental aspects of integrated marketing communications. Forth Worth: Dryden, 2000.

SILVEIRA, Henrique. Swot. In: TARAPANOFF, Kira (Org). *Inteligência organizacional e competitiva*. Brasília: UnB, 2001.

SOUZA, Jesús Barbosa de. *Meios de comunicação de massa*: jornal, televisão, rádio. São Paulo: Scipione, 1996.

TACHIZAWA, Takeshy; REZENDE, Wilson. *Estratégia empresarial*. São Paulo: Makron, 2000.

TAHARA, Mizuho. *Contato imediato com mídia*. 7. ed. São Paulo: Global, 1985

TARAPANOFF, Kira (Org). *Inteligência organizacional e competitiva*. Brasília: UnB, 2001.

TAVARES, Mauro Calixta. *Planejamento estratégico*. São Paulo: Harbra, 1991.

_____. *A força da marca*: como instituir e manter marcas fortes. São Paulo: Harbra, 1998.

_____. *Gestão estratégica*. 2. ed. São Paulo: Atlas, 2005.

TENÓRIO, Fernando (Org.). *Gestão de ONGs*: principais funções gerenciais. Rio de Janeiro: FGV, 1997.

THOMPSON, Charles. *Grande ideia*: como desenvolver e aplicar sua criatividade. São Paulo: Saraiva, 1995.

TREVISAN, Nanci Maziero. *O mito da comunicação integrada*. Trabalho apresentado no Núcleo de Publicidade, Propaganda e Marketing, da INTERCOM – Sociedade Brasileira de Estudos Interdisciplinares da Comunicação, no XXVI Congresso Anual de Ciências da Comunicação, Belo Horizonte/MG, 2-6 set. 2003.

UFPR. *Teses, dissertações, monografias e trabalhos acadêmicos*. Curitiba: Ed. da UFPR, 2002.

VAZ, G. N. *Marketing institucional*: o mercado de ideias e imagens. São Paulo: Pioneira, 1995.

VESTERGAARD, Torben; SHRODER, Kim. *A linguagem da propaganda*. 2. ed. Tradução de João Alves dos Santos e Gilson César Cardoso de Souza. São Paulo: Martins Fontes, 1994.

YUDELSON, J. Adapting McCarthy's four p's to the twenty-first century. *Journal of Marketing Education*, Boulder: Western Marketing Educators Association Marketing Division, 1999.

Formato	17 x 24 cm
Tipografia	Charter 11/13
Papel	Alta Alvura 75 g/m² (miolo)
	Supremo 250 g/m² (capa)
Número de páginas	288
Impressão	Escolas Profissionais Salesianas